宗教改革の人間群像

エラスムスの往復書簡から

木ノ脇悦郎 KINOWAKI, Etsuro

新教出版社

テルミヌス像に手を置くエラスムス。ハンス・ホルバイン
による木版画。フローベン書店からの出版物に掲載された。

目次

凡　例

・書簡のラテン語原典は、P. S. Allen (ed.), *Opus Epistolarum Desiderii Erasmi Roterodami*. Oxford, 1906-1958を利用し、EE. Tom. VI., p. 123のように表記した。
・書簡番号は上記P. S. Allen編集の書簡集番号を利用し、Ep. 123のように表記した。
・英訳版書簡は、*Collected Works of Erasmus*. Univ. of Toronto Press, 1974-を参照し、CWE. Vol. 10., p. 123のように表記した。
・書簡以外のエラスムス著作の原典はJ. Clericus (ed.), *Desiderii Erasmi Roterodami Opera Omnia*, Tom. I-IX, Leiden, 1703-1706 (Rep. 1962)を用い、LB. Tom. V., p. 123のように表記した。
・エラスムスの著作は、初出の際に日本語とラテン語を併記し、それ以後は日本語のみを表記した。
・本書の本文および注で取り上げた書簡は、巻末に年代順の一覧表を設けた。
・初出の人物には登場順に〔　〕で番号を付し、巻末に解説を付した。ただし本文で主題的に取り上げる人物、および歴史上よく知られている人物（ツヴィングリ、トマス・モア等）は解説を省略した。解説にあたっては主として以下の辞典類を参照した。

Ed.Peter G. Bietenholz, *Contemporaries of Erasmus : A Biographical Register of the Renaissance and Reformation*. Univ. of Toronto Press. 1985-87 in 3 Vols.

The Encyclopedia of the Renaissance (Ed.by Thomas G. Bergin, Jeninfer Speake) New York.

1987

Ed. Hans J. Hillerbrand, *The Oxford Encyclopedia of the Reformation*. Oxford Univ. Press. 1996 in 4 Vols.

『キリスト教人名辞典』日本基督教団出版局　１９８６年

『新カトリック大事典』研究社　１９９６―２００９年

はじめに

　２０１７年は、宗教改革５００周年を記念する年である。プロテスタント教会にとっては、教会誕生から５００年という節目の年であり、カトリック教会にとっても改革を推進していく契機となった年となる。キリスト教以外にも、ヨーロッパや世界の政治、経済の歴史にとって大きな変動をもたらしたのが宗教改革運動の進展であったことは誰の目にも明らかな事実と言える。

　本書は、そのような記念すべき節目に、宗教改革運動の時間的経過の中でその評価が否定的に変化していった人物、デシデリウス・エラスムス（Desiderius Erasmus, 1466/67-1536）を取り上げようとしている。しかも、プロテスタント教会のみならず、カトリック教会においてもその評価は変化していき、両陣営から敵対者として徹底的に批判され排撃されてきた人物である。ところが、時間を巻き戻してみると、改革運動が激化し両陣営の対立が決定的となる前は、時代の寵児として誰もがその人との交流を望み、書簡の交換を求められたような人物であった。その人文学的素養は人々の憧れであったし、教会と社会の改革に対する彼の見識にも人々が賛同し、その見解を共有しようとしたのであった。ではなぜ、その人が否定されなければならなかったのか。また、どうして彼に対する評価が変わっていったのか。そこに歴史上の人物評の不可思議、否むしろ人間存在の不可思議さと弱さを見ることができるのではないか。

著者は、1991年から99年までキリスト教史学会学術大会において連続して「○○とエラスムス」という発表を続けた。その際、第一次資料としてエラスムスの往復書簡を用いることとした。動乱の時代の諸相を彼自身の言葉のみならず文通相手の言葉との響きあいから聞き取ることによって、エラスムス自身がその中で何を求め、何を拒み、何を重視して生きてきたのかを知ることができるのではないかと考えたゆえである。もちろん、当時の書簡はある程度公開されることを前提として書かれたであろうから、全面的に本音が吐露されているかどうかという危惧はあろう。そのため、傍証としてその他の人物の書簡も参照することにしたのである。そうすることによって、ある程度の精度が確保されたのではないかと考えている。この方法は、これまで気づくことのなかった意外な視点を提供してくれることとなった。つまり、人物間の関係性をその立場を前提にして固定的に捉えていたことが、一面的な思い込みによる誤解あるいは偏見に過ぎないことに気づかされたのである。ちょうど万華鏡を覗くように、エラスムスと文通者の書簡という覗き窓を通してみると、今まで見えなかった様々な新しい景色があの時代の中で現れ出てくるということである。

これは、16世紀の歴史像に限ったことではない。我々が生きている時代の中で、固定的に捉えている人物評にも当てはまるのではないか。特に、先にも述べたようなエラスムス評を再検討しようとする場合、この方法が有効な手法であることは明白であり、新しいエラスムス理解に資するものと確信するものである。さらに本書に描かれている歴史上の人物たちについても、エラスムスとの関係の中で、新しい理解を提供することができたなら、著者としては執筆の労苦が報われたことになろう。

第1章　メランヒトンとエラスムス

1　メランヒトンの軌跡

メランヒトン（Philipp Melanchthon, 1497-1560）は、終生エラスムスとよい関係を保った人文学者であったが、その一方で、ヴィッテンベルク大学に就任して以来ルターの改革のよき理解者として彼を助け、ルター没後も指導的な立場で運動の中心を担ってきた人物である。その思想は『神学綱要』（*Loci Communes Theologici*）にまとめられ、またアウクスブルク帝国議会の際にはプロテスタント教会初の信仰告白である「アウクスブルク信仰告白」（*Confessio Augustana*）を起草している。だが後にルター派の中では、『神学綱要』や「アウクスブルク信仰告白」がルターから離反しているとの批判を受けるようになる。まず、彼の生涯を簡単に描写しておこう。

その出生は１４９７年ドイツのブレッテンであり、父親は鎧武具師であったという。12歳からハイデルベルク大学（１５０９—12年）とチュービンゲン大学（１５１２—18年）で学び、ヴィッテンベルク大学に新しく開かれることになったギリシャ語講座の教授として１５１８年に若くして招かれた。その際、著名な人文学者であったロイヒリン〔1〕の強力な推薦を受けている。ヴィッテンベルク大学においては、初期のルターによる聖書講義を聴講し、宗教改革思想に共鳴するようになった。1519年聖書学士となって、その年の秋学期には「ローマ書講義」を始めている。ルターから新約聖書講義を任されるようになったからである。聖書講義を基にして宗教改革最初の教義学書であり、改革思想の中心である信仰義認を強調した『神学綱要』を公刊している。この書は、その後改訂（1535年）、全面改訂（1543年）が繰り返され、1559年彼の死の前年に最終版が全二巻で出版されている。

1519年には、ルターと共にライプチヒに同行してエックとの討論に参加しており、その頃から神学研究への傾斜が強くなり、彼の最優先課題となっていった。先に述べたとおりヴィッテンベルク大学でローマ書の講義を始めたのもこの頃である。1520年、ローマ教皇からルターに破門状が出されると、その破門状を焼却し、学生たちに向けて檄文を書き、改革の正当性を訴える文書を発行するなどルターの同僚として活動を活発にしている。ヴィッテンベルク市長の娘と結婚したのもこの年であった。1520年代に入ると、聖霊の直接指導を謳う熱狂主義者の活動やカールシュタット〔2〕等の扇動による教会の聖像破壊運動が活発化してきた。メランヒトンは、熱狂主義者や再洗礼派との明確な違いを主張して激しく対立するが、一方で学生たちには学問の必要性を説き、教室に戻るよう説得している。1525年初頭には農民戦争が起こるが、その際には仲裁者として働き、過激な福音理解を戒めると同時に、領主に対しては寛大な処置をとるように勧告し、教会改革をも勧めた。しかし農民戦争は全土に拡大し、暴力による解決を求めていったのである。同じ年、ルターとエラスムスのいわゆる「自由意志論争」が始まり、彼はその狭間に立って対立を避けるべ

EFFIGIES PHIL: MELANCHTHONIS · ANN · AET ·
XXX C̄Z LVCA CRONACHIO PICTORE ·
· M · D · XXXVII ·

く努力を重ねるが、論争は先鋭化していくことになった。それでも、彼は両者の調停を試みるが、そのことが彼をルターから離れているとの批判にさらすことになった。また、宗教改革の核心的思想である信仰義認論の堕落であるとの非難を招く結果ともなったのである。1529年、シュパイエル帝国議会が開かれ、ローマ教会の優位な中でヴォルムス勅令(1)の貫徹やカトリック礼拝の存続、それに改革運動の過激なグループの撲滅など改革陣営にとっての不利な決議がなされたため、諸侯と都市代表が良心の自由と権利を主張してフェルディナント1世〔3〕に正式な抗議書（Protestation）を提出することになった。これがプロテスタントの名称の歴史的起源となっている。メランヒトンは、この時フェルディナントに書簡を送り、教会分裂は暴力によって解決されるべきではないこと、キリストの教えは平和を宣布しているのであり、問題の争点を徹底的に討議するようにとの願いを明らかにしている。メランヒトンの改革への姿勢が見える出来事といえようし、恐らくこのような改革思想はエラスムスの立場と共通するものがあり、書簡の交換の中で彼の影響を受けていたことも考えられる。

1529年秋には、シュパイエル帝国議会による宗教改革の危機を克服するために、改革勢力の一致を図るマールブルク会談が開かれ、メランヒトンは、ルター、ツヴィングリ、エコランパディウス、ブーツァー等と共にこの会談の主な構成員として参加している。しかし、この会議で聖餐論の違いが明らかになり一致を見ることはできなかった。この時も、メランヒトンはその解決のため

1　ルターとその同調者の追放刑、ルターの著作の処分を定めた勅令。しかし、帝国諸侯の多くはルターを支持していたのでこの勅令の実施は困難であった。

に奔走したが、ツヴィングリの死により実現することはなかった。

1530年代に入ると、神聖ローマ帝国皇帝カール5世〔4〕がカトリックとプロテスタントの神学者の協議により教会の分裂を克服しようとアウクスブルク帝国議会を開いている。メランヒトンの働きがこの会議において提示された「アウクスブルク信仰告白」で発揮されたことは既に述べたとおりである。その中で、彼は信仰義認、自由意志、聖餐等に関する理解を定式化してプロテスタントの立場を明確化した。その後は、この信仰告白の内容をめぐってエック等との論戦が繰り返され、そのための解説の著述に忙殺されるようになっていった。こうした中、1535年には『神学綱要』の改訂第一版が出版され、1541年までに六版を重ねていくことになる。

1540年になると、メランヒトンは「アウクスブルク信仰告白」を書き直して新版を作成する。そこでは、聖餐式におけるいわゆる二種陪餐、パンとブドウ酒の両方が授けられることが確認されている。カトリックとプロテスタント両派の対立という事態が進展していく中で、たびたび会議が開かれ討論が繰り返されていくが、両派の相互理解が得られることはなかった。カトリック教会側は、プロテスタント教会に対抗するような形で、1545年末にトリエント公会議を招集している。主な議事は、教義の誤謬を正すことと教会改革を進めること、そしてキリスト教会の一致を実現することであった。さらに、ヴルガータ訳聖書を権威あるものと承認した上で、唯一の標準的な聖書解釈者は教会であるとの決定もしている。これは、エラスムスをはじめ多くの人文学者を中心に行われるようになった聖書の研究やヴルガータ訳批判に対抗するためであった。しかし、この公会議にプロテスタント教会は出席せず、カトリック教会の体制を確認したに過ぎなかった。そうしているうちに1546年、ルターが没する。

1555年、カトリック教会とプロテスタント教会の間で、ようやく調停が整うことになる。アウクスブルク帝国議会が開かれたのである。神聖ローマ帝国皇帝であったカール5世は既に政治の第一線を退いており、その弟フェルディナント1世が主導していた。その会議でカトリック教会と共にアウクスブルク信仰告白を持つ教会がその存在を認められ、諸侯はいずれかの教会を選択する権利を持ち、住民は領主の選択した教会に従う（cujus regio, ejus religio）との原則が成立したのである。両派の対立に一応の決着がついたとはいえ、徹底した解決とは言えず、後の三十年戦争[2]の原因を作ることとなった。この時、メランヒトンは、この解決策に対して沈黙している。1557年、この宗教和議に続いてヴォルムスでの神学者会議が招集されており、カトリックとプロテスタントとの和解のための最後の試みがなされるが、それに対しても、プロテスタントの不一致が原因で、メランヒトンはじめ誰も期待を寄せる者はなかった。プロテスタントの不一致の最大の原因であった聖餐理解について、1559年にハイデルベルク聖餐論争が行われた際には、メランヒトンは意見書を提出したが、自陣営から多くの敵意が表されるという悲劇的な結果となったのである。こうして、宗教改革期をルターと共に歩み、ルター死後も改革陣営の代表的人物として働き、一方で人文学者として終生エラスムスと親交を保ったメランヒトンは、1560年4月19日の夕刻、宗教改革陣営の分裂を修復することができぬままその生涯を閉じている。

2　1618年から48年までドイツ国内で戦われた宗教戦争。ハプスブルク家の反宗教改革政策に対してボヘミアのプロテスタント教会が反乱を起こしたことに端を発する。

最後に、人文学者として、教育改革、特に大学教育の改革のために多大な影響を与えてきたメランヒトンにも触れておこう。ヴィッテンベルク大学では、人文学者としてその線に沿ったカリキュラム改革を行い、大学の移転の際にもその手腕を発揮している。また、ニュルンベルクでは新しい学校設立のために奔走し、チュービンゲン大学やライプチヒ大学、ハイデルベルク大学ではその再編のために助言を与えている。このように教育への関心は、改革の激しい戦いの間も彼の心を占めていたし、エラスムスと共有していた人文学への取り組みも継続していた。また、改革派に属しつつも、エラスムスとの親交は続いていたのみならず、プロテスタントの中でエラスムスが批判を受けると、その弁護に回り、エラスムスを宗教改革の先駆者と位置づけているし、1557年にはヴィッテンベルクの学問的集まりにおいて、宗教改革の支持者としてさえ紹介しているのである。以下では、メランヒトンとエラスムスが交わした書簡を通じて、彼らの関わり方、宗教改革の進展の中でその関わりがどのような意味を持っていたのかを明らかにしてみよう。

2　自由意志論争まで

メランヒトンは、1514年チュービンゲン大学時代にエコランパディウス等のサークルと親交を深め、その中ですでにエラスムスを読んでいたようである。しかし、二人の交流が始まるのは直接的にはメランヒトンがエラスムスに送った短いギリシャ語の頌詩からである。(3) それは1516

3　Ep. 454, EE. Tom. II., p. 319-20, CWE. Vol. 4. p. 40-42.

年8月のことであった。おそらく同年3月にバーゼルのフローベン書店から印刷出版されたエラスムスの『校訂版新約聖書』*Novum Instrumentum* においてメランヒトンを高く評価したことがその背景にあったことを推察できる。[4] エラスムスは、その時点でメランヒトンにケンブリッジに行くことを勧めていたようであるが、[5] それについての回答は受け取っていない。そのうちにメランヒトンは、1518年ロイヒリンの推薦によりヴィッテンベルク大学のギリシャ語教師に就任することとなった。

メランヒトンは、ヴィッテンベルク大学に就任した次の年1519年1月にエラスムスに書簡を送っている。[6] そのきっかけとなったのは、前年にエラスムスがカピト〔5〕[7]に宛てて書いたメランヒトンについての言説であったと考えられる。その中で、エラスムスはメランヒトンが自分の新約聖書についていろいろと批判をしていることを述べている。このことを伝え聞いたメランヒトンは、すぐにエラスムスに書簡を送ったものと思われる。その論旨は、エラスムスの優れた新約聖書註解

4　エラスムスの『校訂版新約聖書』初版のうち「テサロニケ信徒への手紙1」第2章の註解の中に見られる、メランヒトンの言語に関する素養を称えた部分を指している。Erasumus "*Novum Instrumentum*" *Annotationis Novi Testamenti*, Basel, Froben, 1516, p. 555 参照。

5　メランヒトンのケンブリッジ行きについては、直接の言及はないが、ロイヒリンへの書簡（Ep. 457, 1518. 8. 27）の別れのあいさつの後に追伸の言葉が書かれており、その中に見ることができる。EE. op. cit. p. 331, CWE. op. cit.p. 54-57.

6　Ep. 910, EE. Tom. III., p. 467-68, CWE. Vol. 6. p. 220-221.

7　本文で挙げた手紙は Ep. 877 (1518. 10. 19)。EE. op. cit., p. 414-16, CWE. op. cit., p. 147-49.

に対して策謀家たちが、疑いを持っており、さらに彼らが策略によって検閲しようとしているということである、そのこと自体馬鹿げたことであるし、エラスムスが公明正大であることはよく分かっていると伝えている。その上で、1517年の『ローマ書パラフレーズ』についての自分の見解に触れ、自分が何か過ちを犯したのであれば許してほしい旨を述べている。そして、エラスムスの著書について非常な関心を寄せていることを明らかにし、最後にルターが、エラスムスに非常に好意を持っていること、またあらゆることにおいて賛同を得たいと願っていることを伝えてこの書簡を終えている。

それに対するエラスムスの返書は、同年4月22日付書簡である。(8) メランヒトンの見解に対して、人文学が危機的状況に置かれていることを心配しており、「教養ある人々の判断、特に聖なるムーサを尊重している人の判断は正しいというだけでなく、公平でかつ誠実なものでもあるのです。どんなに大きな憎しみが、いわば人文学に対して結託しているかということをあなたはご存知です」と書いて、人文学を守っていくために互いに協力していこうと呼びかける。ルターについては、その生き方に関しておおかたの人が賛同しているが、その教義理解については様々な意見があるとした上で、自分は彼の書物をまだ読んではいないと断言している。しかし、手紙の最後に「ルターが正しく警告していることがうまくいくように」との一文を加えていることから、この段階ではまだルターと対決するような状況ではなかったことが窺えるし、ルターについて、その庇護者であった

8　Ep. 947, EE. op. cit.p. 539-40, CWE. op. cit.p. 308-310.

フレデリック選帝侯に手紙を書いたことも明らかにしている〔6〕。(9) その書簡においても明らかなルター批判はなされていない。また、その少し前、3月28日にはルター自身がエラスムスへの最初の書簡(10)を送っており、その手紙の最後に、メランヒトンが研究のために健康を損ないそうであることを告げて、彼に手紙を書くことがあれば、自分たちのために、また人文学のためにも体を大切にするように伝えてほしいと依頼している。そのこともまた、初期の改革者たちがエラスムスに親近感と大きな期待を寄せていたことを示しているといえよう。(11)

翌1520年再びメランヒトンに手紙を送っている。(12) その書簡の最初に「我がメランヒトン、私はあなたの神学研究がたいへん進歩していることを非常にうれしく思います。ただもう一つのことを繰り返し御注意申し上げたく思っています。それはご自身の健康を十分に注意してほしいということなのです」と書き、先のルターの依頼を果たしているのである。また、神学の進展は、その前年ライプチヒ論争に同行して以来、メランヒトンが神学研究に傾斜していったことを示しているものと思われる。この書簡の意図は二つのことを伝えることであった。その一つは、「真のキリスト教的教えや人文学に対する悪人どもの一致協力は全く止まることを知りません。繰り返し

9　Ep. 939 (1519. 4. 14), EE. op. cit., p. 527-32, CWE. op. cit., p. 295-99.
10　Ep. 933., EE. op. cit., p. 516-19, CWE. op. cit., ., p. 281-83.
11　その当時のルターがエラスムスにどのような見解を持っていたかについては、拙著参照のこと。『エラスムスの思想的境地』関西学院大学出版会、2004、67—73頁。
12　Ep. 1113. EE. Tom. IV., p. 286-88, CWE. Vol. 7., p. 312-13.

新しい怪物が現れてきます。もっとも最近のものはリーであり、その人は全く無教養で、有害です。害毒を生み出し、悪口を広めようとしているのです」と書き、人文学の危機とそれをもたらしているリー〔7〕の活動と英国におけるエラスムスの著作への反対論を批判しているのである。そして、もう一つはルターに関するものである。「ルターについては、いろいろと報告がなされています。私は、その人が立っている場と私のそれが同じである限り、その人に好意を持っています。彼の書物は英国では、明らかに燃やされてしまうでしょう」とその状況を説明し、ルターの活動については、「ルターに好意を持っている人たち（彼らは、すべて善意を持つ人たちにも好意的なのですが）は、彼にもっと控えめに、慎重に書いて欲しかったと願っています。けれどもそれは今となっては遅すぎました」と述べ、この書簡の直前に出された（6月15日）教皇による破門警告教書によって状況が不和を拡大していることを嘆いている。実際、ルターの著作の激しさはその度合いを強めており、この年には、いわゆる宗教改革の三大著作と言われる『キリスト者の自由』『教会のバビロン捕囚』『ドイツのキリスト者貴族に与える書』で、ローマ教皇とカトリック教会を厳しく断罪している。この頃から、改革運動は激化の一途をたどり、1521年1月にはルターに破門教書が発令され、その後ワルトブルク城に匿われたルターはドイツ語訳新約聖書を完成している（1522年9月）。さらに、1523年には熱狂主義者がルターに敵対し、彼らとの対立が深刻化すると同時に、1524年から25年にかけては農民戦争が状況をいっそう複雑困難にしている。同じ時期、1524年9月にはルターとの論争となった『自由意志論』*De libero arbitrio* を公刊している。

エラスムスがメランヒトンに書簡を送ったのもその同じ月のことである。(13)

この書簡では、まずメランヒトンがバーゼルに着いたことを友人が知らせてくれたこと、できれば直接会って話がしたいと述べている。この書簡は当時彼らが置かれていた状況を強く反映しており、その状況にエラスムスがどのように対処すべきだと考えていたのかも読み取ることができる。まず、当時エラスムスが直面していたフッテン(8)からの誹謗中傷について述べている。フッテンは既にその前年に亡くなっており、その人について、「かの梅毒持ちの兵士は、その病ともども私の家に入れてくれるように期待していたのです」とした上で、彼がどんなに恥知らずで無作法な図々しい人間であるかを挙げ、彼を保護しているツヴィングリでさえ金をせびられたようで、「どんなに忍耐強い人でさえこんなに図々しい人間を甘んじて受け入れることはできないでしょう」と切り捨てている。次にルターに宛てた最初の書簡(Ep. 980, 1519.5.30)が公にされたことによって自分がいかに危険な目にあっているかが述べられる。つまり、カトリックの教会政治家アレアンドロ(9)が、その手紙を教皇や司教たちに見せて回り、自分についての評判を貶めようとしていることを伝えているのである。このような状況を報告した後、メランヒトンの『神学綱要』全体を読んでいるのである。

13　Ep. 1496. EE. Tom. V., p. 544-50. CWE. Vol. 10., p. 377-86. メランヒトンは、この手紙とエラスムスの『自由意志論』をシュパラティン（Georg Spalatin, 1484-1545）宛に自分の書簡と同便で送り、その書簡の中で、この問題がキリスト教信仰にとって重要なものであり、エラスムスがその見解を明確にしたことの意義を高く評価している。また、ルターに対してそのようなことを誰かが書くことを期待していたが、エラスムスがそれであると思えなかったのは自分の大きな過ちであるとさえ告白している。

だことを告げ、その感想を好意的に書き送っている。宗教改革の混乱した事態に対しては、福音的自由が回復されるために神学者の叫びや王の粗暴さが抑制される必要があるとの見解を示す。そして、ルターと距離を置いているのは人文学を守るためであり、「混乱なしに、少なくとも大きな混乱なしに、私は福音について思い巡らす機会を求めているからである」という。このような姿勢は１５２０年にロイヒリンに宛てた書簡でも明らかにしており[14]、エラスムスの基本的なスタンスであったことが明らかである。従って、同じ時期に激しくなっていた画像破壊についても触れ、ツヴィングリが大きな混乱を惹き起こしていることを嘆いている[15]。さらに、彼に警告を与える手紙を書いたこと[16]、それに対して彼が渋々返事を寄こし、その中で「あなたの知っていることは我々の役には立たないし、我々が知っていることはあなたの理解とは一致しません」と書いていることを紹介している。

ルターについてはさらに、彼の書いたものを読んで自分がルターと一緒に行動することはできないと感じること、それのみでなく福音から離れて憎悪する人間に変わってしまうし、人文学からも離れてしまうことになると断じている。『自由意志論』についても触れ、自分は結果的にその出版

14 Ep. 1155., EE. Tom. IV.p. 370-72, CWE. Vol. 8., p. 77-79.

15 １５２３年10月25—28日に開かれた第二チューリッヒ討論で、画像の存在は非聖書的であるとして、それは破壊すべきであると決した。そして１５２４年６月15日、市会は聖像破壊の命令を出し、大きな混乱もなく画像が破壊されていった。

16 １５２３年８月31日付の Ep. 1384 を指している。EE. Tom. V., p. 326-30, CWE. Vol. 10., p. 80-84.

によって三重の敵を引き受けたことになるというのである。まず、神学と人文学を憎んでいる者たちで、ルーヴァン大学は自分が人文学の言葉で神学の領域を汚していると騒ぎ立て、その上で私がルターの仲間であると君主たちに触れ回っていると言う。そして、同書の執筆に至った経緯を説明して、友人たちが、教皇や君主たちのためにルターの見解に対する立場を明らかにしたほうが良いと勧め、その機が熟したことから執筆に至ったと告げている。さらにローマでは、異教文学者を自称する者たちが（実際には彼ら自身が異教的なのに）、反ドイツ的な立場から自分に対してありもしないことを捏造しており、それによって教皇や君主たちを過ちに導こうと試みていると言う。ところが一方で、自分が教皇一派であるという誤解も広まっていると、その状況の複雑さを示している。最後に、メランヒトン自身のことを心配している。彼がどこかに移れないだろうかと枢機卿カンペッジョ〔10〕も心配していると述べ、心からメランヒトンを信頼しているので、その輝きを悪い者たちにばら撒くようなことはしないで欲しいとこの書簡を閉じているのである。

3　自由意志論争をめぐって

メランヒトンは、エラスムスの書簡に同じ9月30日に返書を送る。[17] 冒頭で、過激な人々に対するエラスムスの非難が正当なものであると述べ、ルターはそのような人々とは全く違うと断言している。さらに、ルターを信用できないのはルターの方法が悪いのか、教えが良くないのかと問うた

17　Ep. 1500., EE. Tom. V., p. 553-55, CWE. Vol. 10., p. 390-92.

上で、彼を理解することは難しいことではないし、過激なやり方はルターとは相容れないものであり、むしろそのような人々とは対立しているとルターの立場を弁護している。「私は、ルターの健全で良心的な教えを否定することはできません。彼は聖書に促されてそれを勇敢になしているからです」と。

自由意志の問題について、それは冷静に受けとめられるべき問題であり、大切な神学上の問題は当然自由に論じられるべきであるとの見解を明らかにしている。続けて、それが多くの人にとって有益なものとなるのであるから、個人の感情に流されるべきではないとも書いている。自分が、エラスムスに対するルターの好意を信頼していることを伝え、従ってエラスムスには感情的な悪口でこの問題を混乱させないで欲しいとの希望を伝えている。そして、最後に「あなたは私たちの所で誠に尊ばれ、愛されているということをお伝えしたいと思います」「ルターが心からあなたに挨拶を送っています」と結んでいる。ところで、同じ時期にメランヒトンはエコランパディウスにも書簡を送っており、その中では同じ問題について違う見解を述べている。つまり、平和の創始者であってほしいと願っていたエラスムスが、教皇派の戦いを元気づけた。自由意志についての作品は静かに受けとめられており、ルターも節度を持ってそれに答えると約束しているが、しかし、何が起こってくるか分からない状況であるというのである。

エラスムスはメランヒトンにかなり長い返書を送っている。同じ1524年12月10日付書簡である。[18]この書簡に関して、メランヒトンは自分の弟子カメラーリウス〔11〕への書簡の最後に、このことは厳重に秘密を守るように命じた上で、エラスムスからの憤慨の手紙を同封したという。[19]では、エラスムスの憤慨とはどのようなものであったか、その書簡の概要は次のようなものであった。

福音の名によって争いを惹き起こす者を批判した理由は、現状を見れば分かるはずである。私自身はたとえ誹謗されたとしても福音の前進さえあればまったく平静な心でいることができる。彼らの軽率さが最良の学問と福音の現実をダメにしている。ルター派を名乗る者がルターの権威をないがしろにし、教皇のために戦うという者たちは教皇の問題をひどく傷つけている。私はそのような騒乱の元凶にはなりたくない。私はあなたにその見解を変えてほしいと求めているのではない。私は他人の良心の審判者ではないし、ましてや他人の信仰の主人でもない。私が求めたのは、あなたが人文学に献身することであった。ルターが教え、守ろうとしていることの有益さは理解できるが、それはあまりに極端になっており、キリスト者の習慣が破滅に至るまで改訂されることが強要されているではないか。私の自由さと慎重さは教皇主義者や修道士達をもキリスト教の改善という共通の仕事に取り込むためのものである。ルターは何をしたいのか。福音の誠実さを再建しようとしている者とクレメンス７世[20]が対立しているとは考えられない。長い習慣によって保持され、徐々に改訂が加えられていることをルターは性急に除こうとしている。神がこの世を変える場合、今の状

18　Ep. 1523. EE. op. cit., p. 593-99, CWE. op. cit., p. 441-49.
19　Ep. 1523 の解説参照。CWE. op. cit., p441.
20　Clement VII（1478-1534, 在位 1523-34）については、本書第６章で詳細に取り扱う。

況を見捨てるのではなく、現状の中で変更されるのである。薬が病気に悪いこともある。ルターの教えていることの正しさは承認するにしても、無教養な群衆がそれを聞いたり、青年たちがそそのかされたりしてキリスト教信仰にとっては有害になることもあり得る。教皇は反キリストであるとか、司教は無益であるとか、人間的な規定が異端的であるとか、また自由意志や人間の業は何物でもないとルターが主張しているかのように彼らは言っている。そのような粗野な連中とルターが同じであることをあなたも否定するだろう。良かれと思ってしたことが、結果として非常に悪く世界を混乱に陥れているようなので、たとえ彼らが私と協定を結びたいと願っていても、私はむしろ教皇主義者と手を結ぶほうを選ぶ。『自由意志論』に対して、ルターが控え目に答えてくれるようにあなたは心配してくれているが、私は自分の慣習で控え目に書いているのであり、彼もいつものやり方でやればよいと思う。なぜなら、ルターがいつもと違う仕方で論じれば、批判する者たちは、私たちがへつらい屋どもとグルになって計画したと叫びたてるだろう。この問題では個人的な感情や、敵か味方かというよりも真理の探究こそが大切である。ルターの指摘は大切であり、私も遠慮なくそのことについて論じることにする。ルターが世に与えた苦く、激しい薬は教会の病状にとって良いことかもしれない。現在の病状に薬は効かず、切開するか、焼き切ってしまうことで癒されるのだろう。不和を撒き散らしている者たちは、自分では何も具体的に示すこともできないのに、私が一貫していないと喚いているのだ。エコランパディウス、ツヴィングリ、カールシュタット等を誰も抑制することはできない。そこで、ルターが司教や教皇と同じような凶暴な手段をとることになりはしないかと心配している。

以上のような、これまでにない激しさで現在の状況を指弾しているが、メランヒトン自身に対しては「私はあなたの精神の誠実さに何の疑いも持ってはおりません。それは、あなたがなさることは注意深くなされているからです」と書いて、その直後に「ルターの精神については、忠告する者が多くありますし、私も疑いを持っています」と、彼の天性の激しさと性急さを問題にしているのである。エラスムス自身の基本的な考え方は「私の用心深さや中庸は、両方の陣営に役に立つこと以外の何も求めてはおりません。私は不和を憎んでいます。そして、いつも変わらずに君主たちが粗暴にならないように制止もしてきたのです」という句の中に見て取ることが出来よう。そして、彼自身あまりに激しく書きすぎたことに忸怩たる思いを持ったのだろうか、別れの挨拶と日付の後に次のように付け足している。「この手紙が、あまり準備もなしに書かれたが故に、あなたが読めないのではないかと心配しています」と。この年は、エラスムスの重要な著作が多く出版されているが、彼を取り巻く状況はますます厳しさを増しており、そのようなこともメランヒトンへの手紙に反映したのではないかと考えられる。

１５２５年は、先に述べた通り農民戦争が激しくなりドイツ全土に広がっていった年である。ルターはカールシュタットや農民戦争に対して論駁を加える著作に忙殺される中で、その年の暮れにエラスムスの『自由意志論』に対して、『奴隷意志論』*De servo arbitrio* を公にしている。そのような中、メランヒトンは仲裁者として立ち回り、意志論の問題についても論争の尖鋭化を心配して、対立を避けるべく努力している。また、１５２７年には選帝侯の命令によりザクセンの教会、学校を巡察し、熱狂主義者たちの誤謬を正そうと努めている。その中で、メランヒトンはルターと共に教会の教えを統一しようと働き、ヴィッテンベルクに帰ってから「ザクセン地方への訪問者によって明らかにされた断片」*Articuli de quibus egerunt per Visitatores in regione Saxeniae* を書いている。その文書は、メランヒトンの知らないうちに印刷、公刊されていく。その文書の内容についてエラスムスが彼に書簡を送ったのが、1528年2月5日付書簡である。[21] それはごく簡単なものであり、フローベン[12]が経営するバーゼルのフローベン書店から出版された Articuli 文書を読んだことを伝え、ルターの教義に関する弁護が激しいことを問題にしつつも、彼の努力によって不和が除かれるようにという願いを表明している。同時に、自分は人文学の自由のため害を取り除こうとしていることを伝えつつ、その災禍が迫っているという現実を予感していることも読み取れる。この書簡のもう一つの目的は、誠実で優秀な青年を紹介しようとすることであった。自分と同じ国の生まれで、名はディルフト[13]であるという。

メランヒトンは3月23日、この書簡にすぐ返事を送った。[22]「あなたの手紙は私にとって最大の喜びでありますが、最近の手紙はこれまでのものにも増してたいへん嬉しいものでした」と、エラスムスからの書簡を受け取ったことへの感謝でもってこの書簡を始めている。先に述べたように、状況の激化の中で苛立ちを示したエラスムスが、彼に対する感情を硬化させているのではないかと心配していた様子がうかがえる。しかし、それだけではなく、1526年2月に公刊されたエラスムスの『ルターの奴隷意志論への反駁』*Hyperaspistes adversus servum arbitrium Lutheri* におい

21 Ep. 1944, EE. Tom. VII., p. 320-21, CWE. Vol. 14., p. 63-64.
22 Ep. 1981, EE. op. cit., p. 370-72, CWE. op. cit., p. 137-40.

て、ルターの所説との関連で、メランヒトンをも批判していたことを心配してのことであったろうし、続いて1527年8月にはその続編が出版され、心を痛めていたところにエラスムスの書簡が届いたということだろう。ルターの辛辣すぎる論調にはメランヒトン自身も少々ためらいを感じていたが、そのことを彼に伝えるのは火に油を注ぐことになり、それをしなかったと断った上で、その論争があまり激しいものにならないことを願い、「この分裂が癒されて、一つにされるのでありましたら、あなた方二人の努力は教会にとって非常に大きく役に立つものとなるのです」とその期待を告白している。そして、人文学のためにエラスムスが果たしている役割と同様の闘いを、彼の指図に従いながら、闘っていきたいとも述べている。その目指すところは、「私にとって平和を創り出すより大切なことはなく、私が役に立ちたいのは、教会で教えている人々を励ますことであり、ザクセン公にも節制を促したく存じます」と書簡を結んでいる。

同日付で、メランヒトンはもう一通の書簡を書いているが、[23] 先にエラスムスがディルフトを紹介したように、ボーデンシュタインという青年をエラスムスに紹介するのが目的の書簡である。その後、シュパイエル帝国議会（1529年4月）、マールブルク会談（1529年10月）、そして1530年6月にはアウクスブルク帝国議会が開かれ、そこでメランヒトンは、「アウクスブルク信仰告白」を提出したのである。

23　Ep. 1982, EE. op. cip., p. 372-73, CWE. op. cit., p. 140-41.

4　事態の混乱と二人の悲劇的状況

アウクスブルク帝国議会でも問題が解決されなかったことを受けて、エラスムスがメランヒトンに書簡を送っている。[24]　1530年7月7日のことである。その中で、エラスムスはいくつもの会議が開かれても混乱した悲劇が克服されないことを悲しんでいることを伝える。しかし、この書簡の大半は自分の病状についての詳細な報告となっている。[25]　この年の3月頃から体調を崩していたエラスムスは、歩くことにも不自由していると告げている。メランヒトンは、この書簡を読む前に、既に8月1日付書簡を送っている。[26]　当然そこではエラスムスの病状については一切触れられておらず、帝国議会のことだけに限定されている。以下の内容である。

「アウクスブルクの論争では、君主達ですら節度ある、柔和な態度で臨んでいるのに、エックやその仲間たちの乱暴さ、残忍さというものは全く人間のものとも思えないほどひどいもので、彼らは原則から引き離そうという企みしか持っておりません。あなたは皇帝が、そんな乱暴な会議から

24　Ep. 2343, EE. Tom. VIII., p. 474-75, CWE. Vol. 16., p. 369-70.

25　4か月もの間、腹部の腫物で苦しんでいること、疝痛がひどく、吐き気が止まず胃もダメになっていくことが述べられている。それはエラスムスが長年抱えている持病であった。この年の3月から7月に書かれた多くの書簡でも、その病気のことに触れていることから、彼にとってかなり深刻な状況であったことが窺える。

26　Ep. 2357, EE. Tom. IX., p. 1-2.

うか。ほっておいて自然に公の利益というものがなるでしょうか。私たちは、平和のため状況がどうであれ会議を嫌がったりすることはできないのです。そうすることが少しでも状況の変化に役立つことは明らかだと思われます。突然に攻撃が始まって、教会が破壊されたり、国民に対して戦いが行われたりしないように皇帝にとりなしてください。政治的なことを教会のことから区別したとしても、そのことが私たちにもたらすものは何もないのです」。メランヒトンの苛立ちを読み取ることができる文言である。

フライブルクに滞在中であったエラスムスは、その次の日、8月2日にメランヒトンに再度書簡を送っている。[27]先の書簡においてメランヒトンがエラスムスに苦言を呈した皇帝宛書簡（そんな乱暴な会議からは遠ざかったほうが良いという内容）については、自分は会議に関して皇帝に何も書いてはいないと、その誤解を解くように求めている。もちろん、それが前日に書かれたメランヒトンの書簡への返事とは考えられないので、そのような噂があったことをエラスムスは他の情報源から得ていたのだろうと思われる。そして、この状況の中で自分の立場を次のように述べる。「私は、枢機卿カンペッジョに、教義の問題については争うことなしに協定がなされるよう、彼の最大限の努力を求めました、同様なことをその他の友人たちにも書き送りました。争いの最中にある人々は、悪口や強情さでいつも君主の心を戦争に駆り立てようとしているので、私にとりなしを求められて

27　Ep. 2358, EE. op. cit., p. 2-3.

も無理なのです。今まで、私は神学者たちの過酷さを制してきましたし、君主たちの心をも過酷な決定から遠ざけるように努めてきたのです」[28]。そして、最後に当時エラスムスと敵対し論争していたかつての友人ヘルデンフーヴァー〔14〕がストラスブールに去っていったことを告げ、彼の書物がいかに悪口と虚偽に満ちたものであるかと怒りを込めて伝えている。同じ人文学者であり、親しく交わっていた人々の間にも宗教改革関連の会議が進展していく中で変化が生じ、敵対していくこともあったことが読み取れるし、エラスムスの場合に、特にその変化に翻弄されていたことが分かる。

エラスムスは、8月12日にも続けてメランヒトンに書簡を送っている[29]。その趣旨は、状況が悪化して戦争の危機が迫っていること、そのことが原因でバーゼルでは修道参事会からの通達が出され、所有物を8日以内に家から持ち出すようにと言われていることを伝えている。その背景にあったのは、直前に開かれたマールブルク会談でルターとツヴィングリの相違を調停しようとしたことに失敗したヘッセン方伯フィリップ〔15〕が、マールブルク国会からも逃げ出したとの噂があったことであり、手紙の中でそのことにも触れている。「我がフィリップ・メランヒトンよ、私たちには

28　ここに示されているカンペッジョ宛書簡は、１５３０年6月24日付の Ep. 2328, EE. Tom. VIII., p. 447-51. CWE. Vol. 16., p. 328-33 を指している。その中で、彼は両方の陣営が共通の目的のために、ただキリストにだけ目を止めるように、その心をキリストに向けるようにと要請しており、カンペッジョにはその真実な心に信頼していることを繰り返し述べている。この書簡においても、自分の体調に触れており、その健康に対する危惧を述べているのである。本文中の引用は書簡の概要。

29　Ep. 2363, EE. Tom. IX., p. 10-11.

最良のことを選ぶ自由があるのです。教皇たちは、ドイツ人が互いに肉を引き裂きあうような不快な有様をもたらしたりはしないでしょう」とこの書簡を閉じている。

8月17日にも、エラスムスは立て続けにメランヒトンに別の書簡を送る。[30] これは、その内容から武力による問題解決への動きが見られ、戦争の切迫した状況の中で急いで書かれたものであることを想像させるものである。つまり、自分の書いたものが戦争の企てのために利用されており、多くの人が平和を望んでいるのに、彼らは武力で解決するように君主たちに叫びたてている。それに、彼らは勝利を確信しているが、結果が悪ければ逃げ出してしまうのだ。彼らは、ふさわしい議論をするよりも争いを好んでいる。だから、ルターは状況を熟考し、その天性を役立てるべきである。さらに、「その会議について、私は皇帝にもフェルディナントにも何も書いてはおりません。多くの人が、これに加わってくれるように書き送ってはきますが、私は自ら危険な仕事に関わる気はありません」と、この問題から距離を置くことを宣言している。しかし、自分への批判にははっきりと反論している。つまり、エックがエラスムスを言外に異端であると呼び、その文書の中で皇帝の前で弁明すべきであると述べたことに対しては、「確かに、エックは私のある見解を異端者の中に置いており、しかも、エラスムスと言明する代わりに『ある者』と呼んでいるのですが、私は彼についてはは何ら恐れてはおりません。ブーツァーは、酔っ払いで気が狂った大馬鹿者のヘルデンフーヴァーと一緒にその見解を公に発表しました」と、その怒りを爆発させている。最後に、「戦いに

30 Ep. 2365, EE. op. cit., p. 12-13.

よって何が生まれるというのでしょうか。しかしながら、今や安全な港はどこにもないように思えます。この時代だからこそ、私たちに福音が提示されているのです」とその手紙を締めくくった後、「私は急いで、しかし平安のうちに書いています」と加えている。しかも、日付を書いた後に「再読しておりません。お許しを」と、さらに付け加えるのである。おそらく、直面している現実の中で、アウクスブルク帝国議会をめぐってメランヒトンとの立場の違いに苦しみながらも、自分の置かれている立場の苦しさを告げざるを得なかったことがこのような二つの書簡となって表れたのではないかと思われる。

メランヒトンが、エラスムスに書簡を送るのは、その2年後1532年10月25日になってからである。[31]「この2年間、面倒なことと争いとに煩わされ、私の本性は全くたじろいでおりましたし、何も得ることはありませんでした。その中で、ただあなたのとても心地よいお手紙だけが安らぎを与えてくれていたのです」と書き始めている通り、メランヒトンにとっては、耐え難い時期を過ごしていたことになろう。エラスムスからの書簡は必ずしも「心地よい」内容であったとは言い難いものであったにもかかわらず、その書簡を喜びとしていたということは、メランヒトンがルター派の中心にありながら、なお人文学者としてのエラスムスに対し深い信頼感を抱き続けていたという証左でもあろう。この書簡の内容を見る限り、改革運動の中心にありながら、その展開過程の中で状況が悪化し、混沌としていったことに困惑していたメランヒトンの思いが伝わってくるのであ

31　Ep. 2732, EE. Tom. X., p. 120.

る。彼は言う。「私は事柄を熟考することが公の利益に資するものと考えてきましたが、慎重に考える人間は他の人たちから拒まれ、会談は無に帰してしまいました。機会があれば、あなたの権威を平和創出のために役立ててほしいのです。多くの市民の戦争で教会をダメにしてしまわないように、事柄にあたりうる人たちを励ましてください。人々の戦争によっては、すべての事柄の荒廃以外に何が生み出されうるというのでしょうか」と。さらに自身の困難な立場について、「議論そのものに関わっている私の提案に関して、私は分別のある人、知性のある人、また有徳な人々に期待を寄せています」とした上で、不毛な論争を避け、信仰のありようを明らかにして秩序ある教会の栄光のために努めてきたことを伝え、「私のこの判断と意志の証人たちにさえ、今や私はローマに自らを売り渡していると思われているのです」と、その不条理さを訴えている。

　現存する書簡のうち、次にエラスムスがメランヒトンに送っているのはさらに2年後の1534年10月6日付書簡である。[32] その書簡の最後には、新たな論争についての報告が見られる。すなわち、「アムブロシウス・ペラルグス〔16〕が、アナバプテストに対して文書を公にしました。その中で、彼は繰り返しルターを非難していますし、あなたをも名指しで厳しく非難しています。また、私についても多く触れておりますが、それは名前を出すことなく慎重になされています」と、親交のあった人物からも非難されている様子が読み取れる。そして、メランヒトンのパウロ註解について、それを3部手に入れたこと、そのうち2部を親しい司教に贈り、1部を手元に置いて読んでい

32　Ep. 2970, EE. Tom., XI., p. 43-44. エコランパディウスによる改革運動で混乱したバーゼルを逃れていたエラスムスは、この時フライブルクに滞在しており、この地から書簡を送っている。

ることを伝え、「それについての私の感想は、おそらく別に書くことになるでしょう」としているが、同じ月の31日にフランス、カルパントラの司教サドレート〔17〕に宛てた書簡ではよい評価を下している[33]。

現存するメランヒトンの次の書簡は、1536年5月12日付のものである[34]。その前年1535年には、メランヒトンの『神学綱要』改訂版が公にされている。エラスムスは、1524年に『神学綱要』初版について好意的な手紙を送っているが、この改訂版については、メランヒトンの所説をめぐって反論したことがこの書簡から読み取れる。つまり、当時その敵対者たちから判断停止あるいは学問的懐疑論との批判を受けていたエラスムスは、メランヒトンがその序文において、神学と哲学の方法論の違いに触れ、特にその見解や討論における曖昧さを批判的に論じているのを、自分に対する批判であると受けとめていたのだろう。エラスムスは、反論を書いた書簡を送ったようであるが、その書簡は現存しない。その書簡に対するメランヒトンの応答がこの書簡である。その冒頭には、先ずエラスムスへの感謝が述べられる。エラスムスの不満について「それは私に対するあなたご自身の疑問を表明しておりますし、それは特別な好意ある申し立てであると理解しておりますす」と、その受けとめ方を述べる。その上で、弁明に努めている。「私が、教義の判断をする際に、あなたのものを借用したのだということはあなたもお分かりになるでしょう」と、エラスムスの見解に全面的に依存していること、その判断を容認していることを明らかにしている。さらに、

33 Ep. 2971, EE. op. cit., p. 44-45.
34 Ep. 3120, EE. op. cit., p. 322-24.

その著作の意図の背後には解決できない不和があるのみならず、なお新しい争いを生じさせようとする人々の扇動もあるという状況を詳しく述べている。そのような状況の中で、自分は教会に役立つことだけを考えており、「不確かで不条理な見解が批判もされず、むしろ確かな教義、あるいは徳や信仰にとって有益なものとして求められていること」を批判しているというのである。彼が懐疑論者という言葉を用いたのもそのような人々を指していたのだと主張する。また、論争の中で自分が述べてきた多くのことはエラスムスの見解と一つであることも加えている。そして最後に、この手紙を届ける青年[35]にあなたの手紙を託してほしいと述べる。「彼を通して私にお手紙を頂けますように。それによってあなたが、私と和解しているということを知ることができますように、お願いいたします」と結んでいる。

この手紙を受け取ったエラスムスは、６月６日に返事を送っている。[36]死の１か月前のことであり、メランヒトンへの最後の手紙となった。エラスムスは体調を崩し、１５３５年５月末にはバーゼルのフローベン書店に移り、フライブルクの自宅も売却した。蔵書はバーゼルに移されており、そこが彼の終焉の地となったのである。この書簡は次のように書き出される。「あなたの手紙によってこんなにも早く疑いの雲を取り払うことができて非常にうれしく思っています。あなたは、私たち

35　この青年は、Ebergard Rogge といい、この書簡に記録が残る。この青年がバーゼルへの途上でエラスムスに書簡を届けたのである。また帰途にはメランヒトンへの返書のみならずその他の人への文書も届けるように依頼されたようである。

36　Ep. 3127 EE. Tom. XI., p. 332-34.

の楽しい友情を取り戻してくれたのです」。メランヒトンへの敵意など決して持ってはいないことが示されるが、ルターについては、彼がいつも自分を悪口で攻撃していることを伝えている。エラスムスが世界をまとめていくために働いていないことや教義に関しては懐疑論者であるというルターの批判である。また、以前の手紙（Ep. 2970）の中で、ニコラウス(18)に触れつつ、あなたがルターにあまり密接に結びつくことがないようにと希望したことが、あなたを不快にさせたのではないか心配しているとも言う。さらに、マルティン・ブーツァーがカトリック公理に対してキリスト教の教義を弁護した文書を取り上げ、それに対する批判を展開している。そのことは宗教改革の中で論点となった諸問題についてエラスムスが持ち続けていた関心のありようを示すものでもある。ブーツァー自身は自分の教義理解を正当なものと提示しているが、エラスムスは異論を唱える。ブーツァーによる修道請願の否定、聖体の秘跡に関する理解等を問題としているのである。特に、聖体の秘跡についてはプロテスタント諸派の間でも様々な見解に分かれており、一致を妨げていたことを考えると、避けて通ることのできない問題、あるいは徹底的な論議を要する問題であったことをエラスムスの主張からもうかがうことができる。書簡の後半は、様々な批判がエラスムスに加えられていることを、その名を列挙し、そのようなキリスト教の実情にサタンが働きかけていると嘆いている。そして、ダビデが荒々しい非難を浴びせられた時の言葉を取り上げ、「主は彼らが私の悪口を言うことを命じられた。主が私を憐れんでくださるかどうか誰が分かるだろうか」(37)として、こ

37　サムエル記下16・11―12をエラスムスがパラフレーズした言葉だろう。ダビデ王がその息子アブサロムによって苦しめられ、迫害されている中で語った言葉を、宗教改革期の争いの中に置かれた自分やメランヒ

れはあなたの胸にも注がれているとまとめているのである。これが、エラスムスとメランヒトンの信頼に満ちた友情関係を示す最後の証言となった書簡である。エラスムスの没した１５３６年からメランヒトンの没した１５６０年までの間、ヨーロッパにおけるキリスト教の状況は大きく変化していったし、その中でメランヒトンの属したルター派にも変化が生じている。しかも、その中でメランヒトンに対するルター派正統主義からの批判も激しさを増していったのであるが、彼は、最初に述べた通りエラスムスを弁護し続けたのである。

５　人文学の力――悲劇的状況の中で

以上、メランヒトンとエラスムスの関わりを示す往復書簡をその年代順に取り上げ、内容を紹介してきた。そこで明らかになってきたことを次のようにまとめることができる。まず、二人の関係を結んでいたものであるが、両者とも互いに認め合っていることは、混乱しているこの時期の解決のために人文学の力が有効であるということである。したがって、両者に関わるその他の人物についても人文学者が多く、肯定的に取り上げられているのは、中庸と寛容な姿勢で時代と向き合っている人々であった。それに対して、過激で急進的な改革を推し進めようとしている人間については否定的ないしは敬遠している様子が見えてきたのである。宗教改革陣営にその身を置いているメランヒトンにエラスムスが終生親近感を持ち、見解の相違を超えてその関係を良好なものとして保ち

トンの立場と同定したものと思われる。

えたのは、ひとえにこのような基本的姿勢の類似によるものであったといえる。当初エラスムスは躊躇しながらもルターの立場に理解を持っていたのだが、運動の激化の中で自分の立場とは相いれないと感ずることになった。

メランヒトンは、そのようなエラスムスに対してルターを擁護し続けている。また、自由意志についての論争が激しくなると、その調停のために書簡を通じて働きかけていた。しかし、その調停は実を結ぶことはなかった。それでも、エラスムスとの関係を最大限重要なものとして保持することを望んでいたのはなぜであったのか。戦いは何も生まないし、むしろ憎しみと破壊を増大するだけであることを身をもって体験したが故に、改革を求めつつエラスムスの立場を理解し、その協力を最後まで求め続けていったのではなかったか。

大きな歴史的展開期には複雑な人間関係が生じるものである。一つの問題に関しては同調し協力しながら、その他の問題をめぐって関係が悪化し、修復不可能な事態が生じることもある。そのような状況の中で人間は何を求めてその活動を続けていたのだろうか。宗教改革という事件の中で、メランヒトンとエラスムスの関係や彼らを取り巻く多くの人物の動きを見ていくと、時間の経過の中で変化し態度を変えていく人間と、終始一貫してその立場を守ろうとして批判を浴びることを余儀なくされた人間がいることが見えてくる。人文学者として一貫した二人の立場は、大きな岐路に立たされた人間のありようを問う試金石ともいえるのではないだろうか。

第2章　エコランパディウスとエラスムス

1　時代が求めたエラスムスへの期待

エラスムスが、宗教改革期という激動の中で、相反する陣営からそれぞれに期待され、運動の経過の中で、両方の側から批判をも受けるようになったことは第1章のメランヒトンとの往復書簡の分析からも明らかである。

期待されたというのは、当代随一の人文学者として、その学問的影響力が大きかったことが原因といえる。カトリック教会の保守的神学者たちにしてみれば、台頭しつつあった宗教改革派の誤謬を判断する拠り所としてエラスムスの発言は有力な武器となっただろう。反対に、改革を目指す人々にとっては彼の学問的影響、特に聖書の歴史的、批評的研究の影響が彼らを改革思想に出会わせ、改革運動にその身を投ぜしめることになったと感じる人々も多くいたわけであるから、エラスムスの彼らに対する承認の発言は大きな支えともなっていたのである。

こうして、エラスムスはカトリック、宗教改革の両陣営から期待を集めることになった。しかし、もう一つの立場があったことも事実である。自身の立っている陣営がどこであれ、ヨーロッパの社

JOAN OECOLAMPADIVS
IN DOMINI QVONDAM FVLSI LVX SPLENDIDA TEMPLO
CVM TALI VVLTV CONSPICIENDVS ERAM
SI VELVTI VVLTVS POTVISSENT PECTORA PINGI
STAREM DOCTRINAE CVM PIETATE TYPVS
HA

会、キリスト教世界の分裂に様々な仕方で心を痛めた類の人々の存在である。彼らもカトリックや改革陣営同様エラスムスに期待していた。混乱している状況を調停し、闘いの中止を求め、一致のために働く意思を強く持っていた人々である。エラスムスの立場は微妙であるが、どちらかといえば、第三の部類に近いといえよう。しかし、それは、カトリック教会の過ちを訂正したいという願いを持ちつつ、急進的な改革を推し進めることが大きな危険性をもはらんでいるという危惧の両方を持っている立場であった。したがって、カトリック、改革派のいずれをも切り捨てることはせず、またいずれかの陣営に積極的に荷担するということをも避けてなされた決断であったといえる。これは、激しく動いている歴史的現実の中では理解されがたい立場であった。それゆえ、その両派の争いが深まり混迷の度が増していくにつれて、両方の期待は、エラスムスへの非難に変わっていったのである。すなわち、エラスムスの学問研究や、それに伴う発言がカトリック教会の一致を乱すものになっているという批判にさらされる一方で、改革の思想を持ちながら行動することのできない弱虫あるいは不誠実な人間であるとの攻撃を受けることになる。

2　エラスムスのエコランパディウス評

エコランパディウス（Johannes Oecolampadius, 1482-1531）は当初エラスムスと親交を結びつつ、後にはツヴィングリの影響下でバーゼルの改革者としてその運動の中心人物になっていった人文学者である。エコランパディウスとエラスムスの交渉の跡を、宗教改革史が進展していく状況の変化と関わらせつつ概観しておこう。

エコランパディウスは、1482年にこの世に生を享けている。ルターが83年、ツヴィングリが84年であるから、エラスムスに遅れること十数年、メランヒトンよりも十五歳年長ということになる。1499年、ハイデルベルク大学に入ったエコランパディウスは、その当時、詩学、修辞学教授であったヴィンフェリンク(19)の指導下にあり、人文学者たちの改革運動を知るに至っている。しかし、そのことが以後のエコランパディウスの思想形成にどのような影響を及ぼしたかについては、この論考では明確になし得ない。

彼の生涯に大きな影響を与えたのは、1513年から15年にロイヒリンの指導下でギリシャ語へブライ語の研究をしたことだろうと思われる。この間に彼は若いメランヒトンとも出会っている。それ以上にバーゼルでの出会いで特筆すべきは、その生涯にわたっての友情を築くことになったカピトとの出会いである。

1515年、カピトが神学教授、大聖堂説教者としてバーゼルに移ると、エコランパディウスもまたカピトに従ってバーゼルに移っている。かの地において、彼はフローベン書店の校正係として働き、この時にエラスムスと出会っている。ちょうど、エラスムスは『校訂版新約聖書』を準備印刷中であり、エコランパディウスはその注解 *Annotatio* のヘブライ語原典引用について校訂作業をなしたのである。

エラスムスはこの共同作業の機会にエコランパディウスを非常に高く評価するようになっている。事実、エラスムスはその序文である *In Annotaiones Novi Testamenti Praefatio* のうち読者に向けて書かれた *Pio Lectori S.D.* においてエコランパディウスの仕事を高く評価して取り上げている。

エラスムスは自身の用いた注解の方法や教父達の文献からの引用について述べた後、旧約聖書の証言については「セプチュアギンタのみでなく、ヘブライ語原典との照合をなしましたが、その際にエコランパディウスの全面的援助を受けたのです。もしこのテーセウスがいなかったならば、この仕事は不可能であったでしょう。イソップの譬を借りるとすれば私は孔雀の羽で自分を飾ろうとしたカラス以上のものでは決してありません。三つの言語知識に関して卓越し、真の神学者たるエコランパディウスの判断によっているのでありまして、私はヘブライ語を判断する権威など持ってはおりません」(1)と述べている。さらに、同じ文書の「あとがき」はエコランパディウスの手になるものであり、このことからもエラスムスがヘブライ語学者として彼をどのように高く評価し、また神学者としても期待していたかを窺い知ることができる。エコランパディウスが、その「あとがき」においてエラスムスを最大限に称えていることは言うまでもない。このように、最初から両人の関係は人文学者として認め合う良好なものであったということができよう。

３　訣別

その仕事の後、エコランパディウスはかつて聖職禄を得ていたヴァインスベルクに帰り、そこか

1　*In Annotationes Novi Testamenti Praefatio.D.Erasmus Roterodamus Pio Lectori. S.D.* Froben, Basel, 1516, p. 2261. この序文は書簡集にも Ep. 373 として収録されている。EE. Tom. II. p. 167-68, CWE. Vol. 3. p. 200.

らエラスムスに宛てて書簡を送っている。１５１７年3月のことである。[2]『エラスムス書簡集』の中に収録されているエコランパディウスのエラスムス宛書簡はこの一通のみであり、あとの書簡は存在が確認できていない。往復書簡集として発信と、返信を同時に編集しているその書簡の中に人文学者として重要なエコランパディウスの書簡が一通だけしか残されていないということにわれわれは奇異な感じを受ける。ちなみに、ツヴィングリ全集を見ると、そこには実に多数のエコランパディウス書簡が掲載されている。

先のエコランパディウス書簡に戻ってみよう。この書簡は、１５１６年『校訂版新約聖書』が出版されて未だ間もないこともあり、エラスムスへの賛辞に満たされている。特に、エラスムスが「注解」の序文で、エコランパディウスのことを「我がテーセウス」と呼びかけていることに最大の喜びを見出している様子が伝わってくる。そして、エラスムスが出版を準備していた『ヒエロニムス全集』で用いる写本におけるヘブライ語との照合およびその全集の索引を準備していることを伝え、決してエラスムスの期待を裏切ることのないように仕事をしたいという決意が述べられている。この手紙の末尾に、メランヒトンのことが触れられており、彼から頻繁に手紙をもらうこと、メランヒトンがエラスムスへの推薦を依頼していることを伝え、将来きっと第二のエラスムスになりうる人物であることをも強調している。そして、メランヒトンがその資質において、その生き方においてエラスムスにふさわしい人物であると論じている。この書簡を見る限りエラスムスとの関

---

2 Ep. 563, EE. Tom. II., p. 522-24, CWE. Vol. 4., p. 303-307.

係、特に彼からの評価がエコランパディウスにとってはよほど嬉しくまた誇らしいことが知られる。最後に、エコランパディウスはこの手紙を「我が頭上の冠」とエラスムスを称えて結んでいる。

しばらく間をおいて、7月にエラスムスの返書が届いた。その中に歴史的状況を映し出している部分を見出すことができる。「今や、キリストの装いのもとにキリストの教えをだめにしようとするような者たちがいる」と述べた部分である。[3] ここでの批判は、彼の『校訂版新約聖書』を感情的に非難した保守的なカトリック神学者たちを指しているものと断定できる。同様な非難はこれ以後の書簡においても頻繁にみられるようになるからである。ヒエロニムスに関する仕事の成功を祈る言葉とともに、健康への気遣いをも記してこの手紙は終わっている。

1518年になると、16年に出版した『校訂版新約聖書』に対する批判は、内容的にも具体的なものになっていく。エコランパディウス宛にルーヴァンから出した書簡の中にそのことを読み取れる。[4] すなわち、テーセウスという名を喜んでいるのであれば、その役割を果たすべきであることを述べる。その上で、ルカ福音書におけるイエスの系図注解に対するアンニウス〔20〕の資料を利用した者からエラスムスが受けた批判を取り上げ、五月までにはバーゼルに行くので全力を注いで仕事を助けてほしい旨依頼している。この依頼内容は、おそらく1519年に出版されることになる

3　Ep. 605, EE. Tom. III.p. 18, CWE. Vol. 5, p. 29.
4　この書簡は、その内容から、1517年秋に行われたフランクフルトの書物市にエラスムスの新約聖書が置かれていなかったことについてエコランパディウスが報告した手紙への返書だろうと見られている。Ep. 797, EE. Tom. III.p. 252, CWE. Vol. 5. p. 345-46.

第二版を予測してのことであったろうと考えられる。事実、改訂作業のためにエラスムスはその五月にバーゼルに入っている。この問題については、エコランパディウスの友人で、カピトの師でもあったマタイス・アドリアヌス〔21〕の名をあげて暗にエコランパディウスへの激励としようとしている。

1518年11月に、エコランパディウスはその友人ピルクハイマー〔22〕の世話によってアウクスブルクの司教座教会に転じている。エコランパディウスはそれに先立ちバーゼル大学から神学博士の学位を得ている。(5)

アウクスブルクでルターの著作に出会ったエコランパディウスは宗教改革への関心を深めるようになり、1520年には自らの見解を明確にするため、学問に専念しようとアルトミュンスターの修道院に入ることにする。そのことについてピルクハイマーがエラスムスに次のように報告している。「私がこの手紙を書いている時に、私たちの友人であるエコランパディウスは4月23日に修道士になったという確かな知らせがありました。それはアウクスブルク近くの Saviour で、通常女性が院長を務めるブリッギド会の修道院です。私は彼にとって何がよいことなのかもっとよく知ってほしいと願っています」と。(6) その同じ年、エラスムスは三通の書簡をエコランパディウスに送る（Ep. 1064, 1102, 1158 の三通であるが、このうち Ep1064 については現在紛失して現存しない。編者のアレン

5　この学位授与については、エラスムスがバーゼルに送った若い学者ホロニウスからの手紙（Ep. 904）の追伸において報告されている。EE. Tom. III, p. 446, CWE. Vol. 6, p. 193.

6　Ep. 1095 (1520. 4. 30), EE. Tom. IV., p. 244-50, CWE. Vol. 7., p. 266-71.

は他の書簡等からその要旨を再現している)。[7] エコランパディウスは自分の修道院入りをエラスムスに報告したと考えられるが、先に述べた通りその書簡の存在は不明のままである。しかし、エラスムスは彼が既に修道院に入ってしまったとは考えず、一時的な決心をしたにすぎないと考えていたようである。それゆえ、エラスムスは5月15日付書簡（Ep. 1102）[8] において「あなたの求めていることが達成されますように」と書き始めながらも、修道院生活に退屈するのではないかとの心配も示している。ただ、人生とはそんなものかもしれないのだから心から求められるべき平安を求めることについてはエラスムスもそれを是認している。このように、エコランパディウスの修道院入りについては一般的な語り方をするに止めており、修道院入りという事件そのものについてエラスムス自身の見解を見ることはできない。

この書簡では、6月上旬に開かれる予定の英仏国王の会談のこと、およびカンタベリー主教がエラスムスにその会談への出席を要請しているということが伝えられている。それと同時にイギリスではルターの書物がほとんど焼かれていることを次のように伝えている。「ルターの書物はイギリスでは大方焼却されてしまいました。救済策はありませんでした。無力であるけれど時代に対して目を見開いている友人が、ことの成り行きを説明してくれたのです。もとよりルターが書いたことに判断を下すのは私ではありません。ただ、そのような権柄づくの手続きは全く私の気に入るものではありません」と書いた後、別れの挨拶を述べたにもかかわらずその後に、自分がリーへの反論

7　1520年2月5日付書簡、EE. op. cit., p. 186-87, CWE. op. cit., p. 201-203.
8　EE. op. cit., p. 261-62, CWE. op. cit., p. 282-83.

を書いたことにも触れている。(9) さらに、ペテロ書簡のパラフレーズに取り掛かっていることを伝え、「狂った者と争うよりもその方を私は選びます。私はこの種のキリスト者、わけてもパリサイの徒にあきあきしているのです。それよりも私は、むしろ自分にとって不快な取税人でありたいとさえ願うのです」とその手紙を結んでいる。全体の文脈からみる限り、攻撃を強めてきたルーヴァンの保守的神学者を「パリサイの徒」と批判したものと受けとめることもできるが、エコランパディウスは最初の修道院のこととあわせてこれを読み、自分が願っていた修道生活への批判と受けとめたようである。(10) この頃からエコランパディウスの姿勢が変化し、エラスムスの言葉を善意で受けとめられなくなっていった可能性は否定できない。混乱の様相を呈し始めた状況の中で苦闘しているエラスムスの姿は、エコランパディウスには見えていなかった。

それゆえ、エコランパディウスはこのエラスムスの手紙に対して、修道院滞在中にそのことについて長い手紙を書いたと予想されるが、それはエラスムスの書簡 Ep. 1158(11) の冒頭から知られるのみで、その全容については残念ながら知る由もない。エラスムスの書簡から判ることは、先の手紙の「パリサイの徒」という表現が修道院生活についてのものであるとのエコランパディウスの誤解

9　リーがルーヴァン大学の保守的神学者たちに扇動されて書いた批判書である *Annotationes in Annotationes Novi Testamenti D.Erasmi* に対して書いた弁明書 *Apologia invectivis Lei* を指している。

10　エコランパディウス自身は、その修道院生活の末期になると修道生活そのものの中に潜んでいる欺瞞性を批判的に捉えるようになっている。

11　EE. op. cit. p. 376, CWE. Vol. 8. p. 84 (1520. 11. 11).

を解こうと弁明に努めていることである。概要は次の通りである。「私はあなたを聖なる生活から引き離そうなどと考えているのではありません。あなたのなすことがうまくいくことをこそ願っておりますし、実際にうまくいっているということを喜んでもいるのです。パリサイの徒と私が言ったことについては考えすぎではないでしょうか。そのことで私が明らかにしようとしたのは、信仰的な装いをして真の信仰に戦いを挑んでいるような人々がおり、しかもその人々は不思議なテクニックで私達に不快なごたごたを持ち込んでいるというものなのです」と、当時の状況が彼を悩ませていることを指摘している。エラスムスは続けて、自分にも静かなところに移ることが許され、しかもそのために健康状態が許すならそうしたいと述べ、疑いを消すように求めている。

このように、エラスムス自身は、1516年の『校訂版新約聖書』の出版以来、様々な批判、特に感情的非難をも受けざるを得なくなっており、そのことを苦にして発言したことが、思わぬ誤解の元となっていたのだろう。加えてそのような周囲の状況変化は、1517年ルターの「95箇条提題」によってより強くなっていったことが推測される。特に、1520年はルターに対する破門警告教書が出され、さらにルター自身のいわゆる宗教改革三大著書の執筆出版がなされたりと、社会全体が騒然としてきた状況も反映している。ところで、1521年、エコランパディウスはミサと信仰告白に関する改革的文書を書き、翌1522年には修道院を離れている。その年の終わり頃、バーゼルに戻ったエコランパディウスは12月10日付でツヴィングリに手紙を書き二人の交流が始まっていく。[12]

１５２３年にはバーゼル大学で神学教授に任ぜられ、「イザヤ書」注解を講じ、同時に聖マルティン教会の説教者としても働き始めている。この頃からエコランパディウスはツヴィングリとの関係を深めていくようになる。この頃になると改革派の側にもカールシュタットのような過激な熱狂主義者が現れ、世情は混沌の度合いを深めていくようになる。ツヴィングリとの関係については、エラスムスが彼に送った書簡にその様子を窺うことができる。[13] その中で、同年7月ブリュッセルでルター派異端として殺害されたアウグスティヌス会修道士のことを取り上げ、ルターの過激性にその殺害の原因があることを指摘し、自分との立場の違いを明らかに示している。また、エラスムスが改革者たちに対してとっている立場について、ツヴィングリがエラスムスを「決断できない人」あるいは「無定見の人」と呼んでいることについても、いったいツヴィングリは自分に対して何を望んでいるのかと問いかけ自分の立場を弁護している。この書簡においてエコランパディウスについても触れているが、それは必ずしも彼を批判的に取り上げるものではなかった。ただ、エコランパディウスは優れた人物であるが、自分の助言を聞こうとはしないと嘆じつつ、それでも友情を持ち続けていることを強調している。ツヴィングリに対しては、自分が霊的なことに対して重きを置いていないというルターの批判をどうしたらよいか教示してほしいとの依頼さえ伝えてい

---

12 *Corpus Reformatorum Vol.XCIV. Zwinglis Samtliche Werk. Bd.VII.* p. 634-35, Oecolampadius 書簡 No. 258.

13 Ep. 1384 (1523. 8. 31), EE. Tom. V., p. 326-30, CWE. Vol. 10., p. 80-84.

る。しかし、ツヴィングリは明らかにエラスムスに対して批判的な立場をとっており彼らの関係が破綻をきたしていることは明らかであった。

1524年9月6日には、メランヒトンに書簡を送り、現状認識とその分析を伝えている。[14] その中で、エコランパディウスはまだ慎ましいが、ツヴィングリは騒動を起こしただけであり、特に画像破壊については大きな問題であることを示している。ところで、メランヒトンは9月30日にエラスムスに書簡を送り（Ep. 1500）過激派への批判を明らかにする。その中で、ルターはそのような者と相容れないのであり、あなたに対してルターの好意は変わっていないのだから決して感情的になって問題を混乱させることがないようにと伝えている。ところが一方で、同じ日にエコランパディウスに対しても手紙を書き、エラスムスについて「平和の創始者であってほしいと願ったエラスムスは、今や教皇派としての戦いを始めた」[15] と書いているのである。状況の混乱が人々の相互理解をいかに妨げているかの証左と見ることができるだろう。

4　決定的対立へ

1525年になると、エコランパディウスとエラスムスは明確に反対の方向へ向かって歩み始める。既にバーゼルの改革運動において重要な役割を果たすようになっていたエコランパディウス

14　Ep. 1496, EE. Tom. V.p. 544-50, CWE. Vol. 10. p. 377-86.
15　*Melanchthons Werk. Bd.VII/I, Ausgewahlte Briefe* 1517-1526, *Nr.*92, Gutersloher Verlaghaus, 1971, s.209-10.

は、1525年バーゼル市会が改革の決議をするに至って、その全権を託されている。エコランパディウスは同年聖餐に関する文書『〝これは私の体である〟という神の言葉の真意について』*De genuina verborum Dei; "hoc est corpus meum" etc. Expositione* を公にし、「自由意志」教説に関しても明確にルターの立場に立って論じるようになっていく。エラスムスはこの時期、意志論をめぐってルターとの論争を始めており、一方で保守的カトリック神学者ノエル・ベダとの討論をも開始している。

このような時に、エコランパディウスが『イザヤ書注解』*In Iesaiam Prophetam* を3月に公刊するに先立って、エラスムスにその草稿を示している。その序文においてエコランパディウスは、バーゼルにおける学問研究について述べ、「われらが偉大なるエラスムス」と書いている。それを見たエラスムスは、このような状況の中でエコランパディウスの「われらの」という語句は多くの人に誤解を与えるものであると理解し、それを取り消すようにエコランパディウスに求めている。それが1月25日に出された書簡である。[16]

彼は、まずエコランパディウスがとっている立場について「私はあなた方について判断を下したりはしません。あなた方が立つか、倒れるか、それは主にお任せすることです」と述べた上で、現実的には蔑ろにすることのできない皇帝、教皇、枢機卿、国王、主教達の権威ある判断を考えざるを得ないとしている。彼らは、あなた方について「異端を唱える者」あるいは「分派の創始者」と

16　Ep. 1538、EE. Tom. VI.p. 4-6　CWE. Vol. 11. p. 7-11.

考えているとして、彼の著作の序文で「われらの偉大なエラスムス」等と表現されては、一般にどのような判断がなされるようになるか問題があるとしている。自分がイザヤ書について何かを書いているなら別であるが、そのために何も自分の名に言及することなど必要ないだろうと論じている。

そして、一般にエラスムスとエコランパディウスの間がうまくいっていないと取り沙汰されていることについては、無責任な人々の言葉で友情が左右されることなどはないと訴えつつ、知性的人間であるあなたが非寛容な憎悪を募らせているのは良くないとの忠告も与えている。さらに、従来中庸であることを求めてきた自分であるから、このような状況の中で、特定の立場を明らかにしたあなた方からは誉められも謗られもしないことこそ最善であると、「時によっては、ふさわしくない好意というものは敵意と同じになる」のだと断じている。私に誉めてほしいという人間は大勢いるが、その時私は彼らが何を欲しているかということをまず考えると論じる。この状況における自分の立場、影響力への顧慮を示しながらエコランパディウスに対しては再考を促している。

さらに、『自由意志論』執筆以来、彼に加えられた批判者の立場にエコランパディウスが既に立っていることを指摘する。つまり、エコランパディウスは1524年12月4日に意志論に関する教父達の見解の抜粋を作成し、それを『自由意志論』*De libero arbitrio* として出版している。その序文に、ルターの見解に反して自由意志を主張するグループがあり、それを現代のペラギウス主義であると論難している。エラスムスは、この書簡において、ペラギウス云々という句に言及し、エコランパディウスの批判が自分に向けられていることは分かっていると断言する。そして、最後に、彼と関わりのあった改革者たち、[17]中でもペリカヌス〔23〕についての非難をしてこの書簡を閉じる。ここにはエコランパディウスに対する人文学者としての評価や思いやり、友情を確認できる言葉は一切見られない。

１５２５年のバーゼルの状況は、かなり切迫した雰囲気であり、その中での自分の立場に関して周囲の状況から誤解を受けるような判断材料を与えないようにエラスムスは極力注意していたものと思われる。

メランヒトンやその他の人々にも改革の進展が過激に破壊的になっていくことの虚しさを訴え続けていたエラスムスは、スイス宗教改革の中で行われた画像破壊について苦々しい思いを持っていたに違いないし、そのことについては既に先に触れたメランヒトンへの手紙（Ep. 1496）にも言及されている通りである。

過激になっていく画像破壊について、エコランパディウスと直接にかかわりはないが、しかし、彼の立場の後ろ楯となっているツヴィングリについて、１５２６年2月の新版『対話集』の中で暗示している。「聖なる巡礼」*Peregrinatio religionis ergo* がそれである。全体としては、聖遺物崇拝、聖人への巡礼にまつわる迷信と民衆の迷信を利用する教会人への批判皮肉を内容としている。その中で、献げ物が少なくなり、貧しくみすぼらしくなった聖母マリアが自ら書いた手紙というものを登場させている。ソルボンヌ大学は、その対話が公にされるとすぐに異端的文書として警

17　書簡に現れた名前は、Carolus, Pellicanum, Pharello, Constantiae N. 等であるが、中でも Pellicanus は重要な関わりのある人物といえる。

告を与えている。エラスムスは、ソルボンヌの非難に対し『対話の有用性について』*De utilitate Coloquiorum* を書き、その中で、この対話は何よりも聖像破壊者への非難として書かれたものであると弁明している。ともかく、対話においてマリアの手紙は次のように始められている。

「イエスの母マリアからグラウコプルトゥスに挨拶を送ります。ルターに従っているあなたが、聖人に呼びかけることなど全く余計なことであると一生懸命に説得していることを私は存じております」。そして、これまで様々な人々が恥ずかしいような多様な祈りを私に唱えて困らせていたが、最近はそのような不都合もなくなった。しかし喜んでばかりはおられないようなより大きな不都合が生じているという。それは、誰も私を見向きなどせず献げ物もなく、おかげで私は襤褸を身にまとっているだけである。しかし、天の軍勢、聖人達の力を甘く見てはいけないという脅迫的な手紙である。ところで、名宛人のグラウコプルトゥスであるが、この名前はエラスムスの得意な創作の一つである。つまり、ギリシャ語の γλαυκα と πλοῦτος の合成であるという。これはエラスムスの母国語ではそれぞれ uil（γλαυκα 英語の owl）と rijk（πλοῦτος 英語の rich）となり、uilrijk つまりツヴィングリの名である Ulrich と重なるというわけである。[18]

18　『対話集』における登場人物の名前についてはヘブライ語、ギリシャ語、ラテン語の音や意味を組み合わせて作られるものが多く、古典や現存する人物を模したり創作や直接指名することもあるが、多くの場合そこにはモデルとなる人物がある。エラスムスの「聖なる巡礼」の全訳とその解説については次の拙論を参照のこと。「エラスムスの Peregrinatio religionis ergo（1526）について」『福岡女学院短期大学紀要（人文科学）』第27号、１９９１年、１―31頁。

ともかく、聖像破壊者への非難をこめてこの作品を書いたとエラスムス自身が語り、ツヴィングリをマリアの手紙で皮肉っているということは、バーゼル改革者の中心となったエコランパディウスに対しても同様な思いがあったことを示している。先の1525年の書簡以来、しばらくは書簡の往復が途絶えてしまっている。もちろん、その間エコランパディウスはバーデン討論（1526年）、ベルンでの討論（1528年）、マールブルク討論（1529年）に参加するのみでなく、それと並行して聖餐論争、アナバプテストとの論争等々多忙な時を送っているので、それゆえに音信が途絶えたと考えられなくもないが、1525年の状況変化によりエラスムスはエコランパディウスへの言及、判断をやめてしまったと考えるのが自然ではないかとも思われる。

最後の書簡は、1529年4月10日付である。[19] エラスムスは、この手紙でエコランパディウスとの対談を求めており、その実現の後に二人は円満に別れたと言われている。しかし、ここでもエラスムスの『対話集』がエコランパディウスを不快にさせていたようである。つまり、同年3月フローベン書店から発刊された九篇の新作対話を含む『対話集』がそれである。新作の中に「キュクロプス」*Cyclops sive Evangeliophorus* が含まれており、二人の登場人物 Polyphemus と Cannius の対話によって成り立っているものである。この二人は共にエラスムスの家で働いていた人であるが、カニウス〔24〕については本人の名前をそのまま用いており、Polyphemus は、その言語知識の広さから来るニック・ネームで本来ゲントの Felix Rex がそのモデルとなっている。エラスムスに

19 Ep. 2147, EE. Tom. VIII., p. 134-36, CWE. Vol. 15., p. 205-207.

よれば、このPolyphemusなる人物は「自分の生以上に汚れたものは何もないくせに、いつでも美しく飾り立てられた一巻の福音書を持ち歩いている」のである。この二人が、人間の表面とその内面について対話するくだりがあり、Plyphemusが「頭は羊で、心は狐であるような人間を知っている」と述べるのである。[20]

エコランパディウスはこのPolyphemusの科白が自分のことを皮肉っているのだという噂を聞いたようである。エラスムスはこの書簡で、それは自分の奉公人であるカニウスについて述べたことであると弁明をしている。この書簡の冒頭で、エラスムスはエコランパディウスに久しぶりの対談を申し入れている。エコランパディウスは、『対話集』についてのエラスムスの弁明を受け入れ、先に述べたとおり二人は円満に別れたということになっているのである。しかし、果たしてそうだろうか。この対談が行われた時には、エラスムスは既に貴重品をフライブルクに送った後であり、その三日後にはバーゼルを去って、ライン河を下りフライブルクに移っている。そして、1531年エコランパディウスがツヴィングリの後を追うようにその生を終わるまでエラスムスはバーゼルに帰っていない。とすると、この二人が和解のための対談を実現したとは考えにくい。

これまで述べてきた経過をもとにして、われわれは次のことを確認できる。まず、エラスムスは1516年、『校訂版新約聖書』出版に際しては、エコランパディウスを非常に高く評価していた。

20　この対話についての邦訳と解説は、拙論参照のこと。「エラスムスのCyclops sive Euangeliophorusについて」『キリスト教と文化研究』第二号、関西学院大学キリスト教と文化研究センター、2001年、15―30頁　Ep. 2147、EE. op. cit.p. 135, CWE. op. cit., p. 206.

そして、エコランパディウス自身もそのことを誇りとし、エラスムスの期待に応えるべく努力を重ねていた。しかし、『校訂版新約聖書』出版以来、同書への批判が生じることによって、エラスムスのエコランパディウスに対する評価に変化が見られるようになっていったといえよう。1520年以後は、宗教改革諸派の動きを反映して、二人の間にその発言や状況への対応をめぐり、かなり誤解が介入し始める。特に、エコランパディウスがツヴィングリとの関係を深めるようになって、バーゼルに改革運動が持ち込まれると、改革勢力と自分の立場の違いをエラスムスは鮮明にさせるようになっていった。その間もエラスムスは、改革諸派、カトリックの保守的神学者との論争を続けながら『対話集』に代表されるような人文学者としての著作活動および『新約聖書パラフレーズ』執筆を継続していったのである。

以上のような諸点を総合的に考察してみると、一般に言われているように、エコランパディウスとの関係が決定的な決別には至っていないということは問い直されなければならないものと思われる。何よりも人文学者としてその関係が始まったという前提に立って考えてみると、メランヒトンとの往復書簡とエコランパディウスとのそれの間には明らかに内容的に決定的な違いが確認される。メランヒトンに対しては、その改革思想と人文学研究の間に何か期待する要素も込められており、共に人文学研究を守っていこうとする姿勢、いわば保守的神学者たちに対する共同戦線を張った様子が見られるが、エコランパディウスに対しては人文学について言及した文言が一切見られなくなるという変化が生じている。

すると、エラスムスの関心は、教会や社会の状況を捨象して、現実とかけ離れた学問研究にのみあったと結論すべきだろうか。エラスムスの改革への意志が、感情的あるいは激情に駆られた陣営間の対立とは距離を置き、事柄をそのものとして分析し、客観的に状況を判断することによってなされていくものであったと考えれば、彼の人文学研究、人文学者としての立場は現実に関わっていく立脚点として、動かすことのできない重要なものといわなければならない。それゆえに、保守的神学者たちとの論争においても、人文学の扱いの問題が重要な争点となっていたのである。

このようにみたとき、エコランパディウスへの手紙の中に、エラスムスの年来の重要な主張が見られないというのは、エコランパディウスの人文学者としての限界を見ていたか、それともスイス宗教改革に対してエラスムスが一線を画したとみるべきだろう。その詳細な経緯についてはツヴィングリとの往復書簡の分析を待たねばならないだろうし、さらにはピルクハイマーのように宗教改革に好意的であったにもかかわらず、後にカトリックに復帰し、エラスムスとの親交を続けていた人との関係をも傍証としてみることによって解明されることになろう。

第3章　フランソワ1世とエラスムス

1　エラスムスの君主論

エラスムスは、多くの著作において君主たるものの具体的なあるべき姿やその理想像について論じている。フランソワ1世（François I, 1494-1547）との具体的な関係に触れる前に、エラスムスの君主論の一般的特色について見ておこう。

まず、1503年に公にされた『キリスト者兵士提要』*Enchiridion Militis Christiani* の中からその特色を見ておく。この書物の中には、まとまった君主論が一箇所見られる。すなわち、第八章、キリスト者の一般的法則（Caput VIII, Regulae quaedam veri christianismi）のうち、第六則に含まれている「キリスト者にふさわしい見解」（Opiniones Christiano Dignae）である。そこで概略次のように述べられている。(1)

「君主は公共の人格であり、それ故に自分の利益ではなく、公共の利益を考えなければなりませ

1　LB.Tom. V., p. 48D-49A に示された内容の要約。

ん。ですから、君主が賢明な人間であれば、彼は自分の偉大さよりもいかに大きな重荷を負わされているかと考えるべきなのです。彼は、その国の統治に関しては、歴史家たちの評価するハンニバル、アレクサンダー大王、カエサルやポンペイウスというような人々に模範を取るのではなく、先祖や追従者たちの助言によるのでもなく、ただキリストを範とすべきなのです。最高の王はキリスト自身ですが、彼は地上ではその王性を隠され、仕える者でありました。それ故、異教徒の君主が人々を支配するのと違い、キリスト教的な君主は臣下の者に対して権力を用いるのではなくて、愛の実践をこそするのであり、さらにすべての人々の上に立つ者ではなく奉仕する者であるとの理解を持たなければなりません。それこそが王という名にふさわしいあり方なのです」と。さらに、その名を誤解してそれにふさわしくない者がいかに多いかということを、君主のみならず教皇、司教、神学者という名称をもあげて論じている。

1511年トマス・モアに献じられた有名な作品『痴愚神礼賛』*Moriae Encomium* がある。この作品は、よく知られているように痴愚神が語るという形式をとっているので、君主としての理想的なあり方を直接的、教訓的に語るような表現はとられていない。しかし、理性の人エラスムスが、同様に痴愚神 Moria とは最も縁遠い賢人モア Morus に書いているということを考慮して解釈すれば、そこにも先に取り上げた『キリスト者兵士提要』同様の見解が見られることに気が付く。以下のように語られている。(2)

2　LB.Tom. IV., p. 479C-480A に示されている内容の要約。

「王様について、彼らに少しでも良識があるなら、その生活ほど悲しくて避けたいものは他にないことに気が付くでしょう。なぜならば、彼が真に君主らしく行動しようとすれば、様々な重荷が降りかかってくるからなのです。すなわち、王様の権力を得たなら、公共のことだけを考えて、自分のことなど考えてはならず、公共の利益を唯一の目的としなければならないのです。自らの発した法は当然遵守しなければならず、司法や行政において人間の公正を要求され、あらゆる視線が自分に向けられていて、自らの美徳によって人々に救いをもたらす星とならなければなりません。逆に人々に災禍をもたらす星となってはいけないのです。また、所有する財の故に追従者たちや数々の誘惑に取り巻かれてもいます。このような身の上であることを考えれば、ゆっくり眠ることも、食事を楽しむこともできはしません。しかし、痴愚神のおかげで、そのようなことは神々に任せて、楽な生活を楽しむことができるのですよ」。

続けてエラスムス（否、痴愚神）は、この世に現に存在する王について次のように語る。

「彼らは、法を認めず、公共の福祉に敵意を持ち、自分の快楽のみを考え、快楽におぼれ、学問、自由、真理を憎み、公益などせせら笑い、欲望と利己心のみに従っているのですね。正義と廉潔な魂の表象たる王笏や国家に対する献身の印としての緋の衣を着てはおりますが、その意味していることと自分の行動とを比べてみれば、君主は顔を赤らめなければならないでしょうし、辛辣な批評家たちがそれを笑いの種にしはしないかとびくびくすることになるのですね」。

16世紀も10年代に入るとヨーロッパ諸地域の政治的動きが激しさを増し、君主同士の争いが激化し、戦乱があちこちに生じるようになっていく。ユトレヒト司教に叙任されたフィリップ・ド・フルゴーニュへの献辞を添えて、1517年に『平和の訴え』*Querela Pacis*が出版される。この文書は、混乱の増大するヨーロッパ諸国の外交が戦争によらずに解決されるべきこと、戦争は最大の災禍であることを訴えた文書であるが、それゆえに当然その任にあたる君主についての言及が何度も出てくるのである。そのうち典型的なものを幾つか紹介しよう。[3] まずは人間の争いの惨状について述べ、そこで君主に期待が寄せられていることと、現実には期待が裏切られていることについて論じる。「君主は大衆の心であり、大衆の目であるのですから、庶民よりはるかに賢明であり、まずは和合を目指すはずであります。ところが実際はそうではなく、君主達の間に和合など見られず何もかもが偽りで、彼らにあってはあらゆることがあからさまな派閥や人目を隠れた陰謀、嫉妬によって分裂をもたらしているのです。そして、一切の戦争の源泉、温床がここにあるのです」と難じている。

ところが、そのような戦争、混乱の原因としての君主の責任について論じる一方で、フランスについての記述は、異なった論調を示す。まず、彼はフランス王国の繁栄についてこれを賞賛し、その治世やアカデミアの隆盛等について全面的な肯定的評価を下している。そして、戦争の原因は、そのような繁栄した国に対する攻撃から生じるものであるとして、次のように論じている。[4]

「よろずの国々の中でフランス王国が最も栄えた国であるという事実の他に、今までにかくも多くの人間を動かして、この王国に対して武器を取らせ、また現に武力攻撃をそそのかしている原因

3　Op. cit., p. 628 の内容要約。邦訳全文については、『平和の訴え』（箕輪三郎訳）岩波文庫、1974年、26頁。

4　Op. cit., p. 633E-F. 同上53—54頁。

が何かあるでしょうか。……ただ、フランスだけがキリスト教的権威の無疵の花、最も堅固な砦とも申せましょう。これらの攻撃者がキリスト教精神のひとかけらでも持っていたなら、フランスのために賛辞を呈することに意見がまとまったでしょうに」

また、君主の勤めに関しては、「君主たる者は民衆のために英明でなければならず、人民の幸福と豊かさを求めるべきものでして、私腹を肥やしたり戦争のために人民の金を搾り取るべきではありません。政治を行うのは、人間として人間を、自由人として自由人を、キリスト者としてキリスト者を統治しているのだということを忘れてはならないのです。また国民は、君主が国民全体の福祉を図るためにその財源を供出することがあってしかるべきです」[5]。

それゆえ、たとえば王位継承についても様々な理解を展開した上で、要は、公共の利益を考えて継承はなされるべきであると論じている。そして、文書の最後の部分で、「君主達よ」と呼びかけ、次のように訴える[6]。

「君主達はこの世におけるキリストの姿を代表するものでありまして、主がそうされたように平和を勧めて叫ぶ声でなければならず、長い間、戦争に苦しんだ世界が、平和への切実な願いをあなた方に奉げていることを良く考えるべきなのです。事は重大かつ緊急を要するものであり、つまらない理屈によってその平和の実現を遅らせることは許されません」。そして、優れた君主達の例を模範とすべきであると述べ、まずフランソワ1世が平和のためになしている働き、カール5世、マ

5　この部分は Op. cit., p. 636E-F の概要である。邦訳は、同上68―70頁。
6　Op. cit., p. 641D-42C の抄訳。邦語は同上94頁参照。

クシミリアン皇帝、それにヘンリー8世がそのよい範例であるとしている。

このような著作に共通している明らかな点は、エラスムスの君主論が、君主たる者は公共の利益のために働くべきだということ、それゆえ君主の務めは苦労の多いものであって決して特権ではないこと、そしてその最大の模範がキリストであるという点に尽きることである。そこには特別に優れた政治的見解があるとか、現状分析があるわけではなく、一般的理念としての君主像が述べられているだけであるといえよう。

しかも、彼の賞賛するフランソワ1世やカール5世、マクシミリアン、ヘンリー8世が、果たして、正しく理想的な君主の働きをしていたのかどうかについては全く別の評価が存在するのである(7)。しかしそれはともかくとして、エラスムスの君主論の特徴はきわめて単純であり、格別の独自性を有するものであったとは言い得ないだろう。では、そのような単純明快な君主論を持つエラスムスが、現実の中でフランソワ1世とどのように関わっていたのかに目を転じてみよう。

2　フランスからの招請

1515年即位したフランソワ1世は、「芸術、文芸の復興者」あるいはパトロンとしてよく知られている。

フランスは前世紀より中央集権化を推し進め、王権のもとにあるフランス教会のローマに対する

7　特に、ここで取り上げるフランソワ1世のフランスにおける改革的人文学者への初期の姿勢と晩年になってからの弾圧への転化等をどのように理解するかという点は重要な論点となる。

独立を主張するようになっていた。フランソワ1世は、従ってその治世の最初から終わりに至るまで皇帝カール5世との争いの中にあったといわねばならない。この二つのことが、フランソワ1世の中に共存しつつ彼の活動を推し進めていくことになる。つまり一方では芸術や学問の愛好者、保護者として振舞い、一方では絶対王政の中央集権国家君主として対ローマ教皇あるいは外国勢力との争いや交渉を進めていったということである。

ところで、フランソワ1世は即位した年にイタリアに侵攻を開始し、ミラノ近郊のマリニヤンにおいてスイス傭兵軍からなる教皇軍を破っている。(8) その結果、1516年に教皇レオ10世との間に「政教条約」Concordat de Bologne(9) を締結し、フランスにおける高位聖職者の任命権を国王のものとし、ローマ教会からの独立を益々強めていく。その一方で、スイス連邦と永久平和条約を結んでいる。このような政治的軍事的行動を精力的に行う一方で、イタリアからレオナルド・ダ・ヴィンチを招いて、芸術活動を推奨している。フランソワ1世とエラスムスの関係が始まるのはその次の年、1517年である。

8　この戦争に従軍司祭として参加したツヴィングリは、傭兵の問題性を取り上げ、傭兵、従軍、戦争への非難をはじめることになり、さらにそれがスイス宗教改革へと発展していったことは重要である。

9　教会と国家の両方に関わる問題を調整するため、教皇と国王との間で取り決められた条約である。歴史的には、何度もその協約は結ばれているが、フランソワ1世とレオ10世の間で結ばれた1516年の協約では司教や大修道院長などの任命権が国王の権限となり、教会の側から特権の譲渡がなされたものと理解され、ソルボンヌ大学はこれに反対して抵抗を示したのである。

後にフランソワ1世の王立図書頭となり、フランスのエラスムスと呼ばれていた人文学者ギヨーム・ビュデ〔25〕は、王の聴罪司祭であるギヨーム・プティ〔26〕と相談の上、ギリシャ語ラテン語に通じている人文学者をフランスに招くべく、エラスムスに依頼の手紙を書いている(Ep. 522, 1517.2.5)。この手紙の中で、特にエラスムスを選んだことについて、それは自分だけでなくプティとも相談したことであるし、プティの進言によって王も非常に熱心になっている、したがって、提供できるものは何でも提供する用意があると明示している。さらに、ビュデはこの計画に関してパリ司教であるエティエンヌ・ポンシェ〔27〕やエラスムスの友人であり王の侍医でもあるギヨーム・コップ〔28〕もエラスムスの来仏を望んでいることを明らかにしている。

この手紙から明らかなことは、エラスムスのフランス招請に関わっていた人達は、新しい時代の学問振興のために古典語研究を熱望した人々であり、しかも司教であったポンシェは修道院や教区教会の改革をも考慮に入れた人物であったという事実である。このような人々がフランソワ1世の側近として働いていたのである。

ビュデの手紙が書かれた次の日、2月6日にはコップがエラスムスに招請の手紙を送っている。[10]そこには、エラスムスの気持ちを確かめるよう自らコップに依頼するほどの、王の熱意と厚遇の約束の言葉が述べられている。

一方、エラスムスはこの招きに時をおかずに返書を送っている。2月14日、ポンシェ宛、[11]2月

10 Ep. 523, EE. Tom. II., p. 449, CWE. Vol. 4., p. 210-211.
11 Ep. 529, EE. op. cit., p. 454-458, CWE. op. cit., p. 215-221.

15日、ビュデ宛、[12] 2月21日同じくビュデ宛、[13] 2月24日、コップ宛[14]の書簡がそれである。それぞれに内容の異同はあるが、共通しているのは、招きに対して非常な喜びを感じており感謝していること、しかしその喜びはあるにしても、老齢、健康およびカール5世との関係等により招きを受けることは不可能であることを伝え、フランソワ1世のような素晴らしい君主に恵まれているフランスの幸福について称えている。

同じ頃、ストラスブールの改革者としてブーツァーと共に働くことになるファブリキウス・カピトに宛てて、フランスへの招きについて報告している。[15] その中で、エラスムスは今や新しい黄金時代とも言える時代の到来を喜び、教皇レオ10世の下で君主達が平和と一致のために心を傾けるようになったとの認識を示している。そして、中でもキリスト教的君主としてフランス王フランソワ1世が力を持っていると賞賛し、同時にカール5世、ヘンリー8世、マクシミリアンをも世界の最も偉大な君主達であると述べている。

特にフランソワ1世については、15世紀中葉以来フランス王に付される形容詞として用いられた Tres-Chrétien, ラテン語表記で Christianissimus（「最もキリスト教的な」）という用語を用いつつ、「ただ形式的呼称という以上に賞賛に値する行動によって最もキリスト教的なフランス王フランソ

12　Ep. 531, EE. op. cit., p. 459-474, CWE. op. cit., p. 223-243.
13　Ep. 534EE. op. cit., p. 478-480, CWE. op. cit., p. 248-250.
14　Ep. 537, EE. op. cit., p. 482-483, CWE. op. cit., p. 255.
15　Ep. 541 (1517. 2. 26), EE. op. cit., p. 487-492, CWE. op. cit., p. 261-268.

ワ」と表記しており、エラスムスの王に対する気持ちが良く表されているといえよう。そして、これら君主の偉大さは、戦争の温床を除き、平和の絆を結ぼうとしているだけでなく、高い道徳性、キリスト教信仰の隆盛と同時に「それだけでなく真実の文学や美しい学問に一部は改革を加え、一部は輝きを増すように」しようとしていることであると述べている。

3　エラスムスの謝絶

ところで、エラスムスがフランソワ1世自身に対して書いた書簡の最初のものがこの同じ時期に見られる。1517年2月21日付のものである。[16] これは2月5日付のギヨーム・ビュデによる招請の手紙に触発されたものといえる。ヨーロッパの平和を願い続けていたエラスムスが平和の擁護者としてフランソワ1世を称える内容となっている。また、その招きに対する答えとしては、それとなく暗示する程度のもので、内容は概略以下に示すとおりである。[17]

「最高にキリスト教的王であるフランソワ殿。王の王であられたキリストご自身、際立った印として相互の平和以外を望まれることはありませんでした。あなたも同様に平和を望まれる君主であると確信いたしております。あのスイスとの戦い（1515年）でさえもあなた自身が望んだものではありませんでした。しかし、その結果、永久の平和が確立されたのです。そして平和と友愛こそが、黄金時代のように優れた信仰、最善の法、立派な学問の繁栄をもたらすでありましょう。平

16　Ep. 533. EE. op. cit., p. 476-477, CWE. op. cit., p. 246-247.
17　Ep. 533 の概略を示す。

和とよき統治というあなたの威厳が多くのことを作り出すことになります。それは、王国の中に多くの卓越した有徳の人や知識人を持つことになり、王国の飾りともなるでありましょう。そのようなものこそが最大の報酬でありまして、それは戦利品や戦勝記念塔などよりはるかに立派なものであります。私も、そのような期待に応えられるべき本性と教養の徳が備わっておればと願うものであります。ところで平和の復権という神聖な努力は、キリスト教世界にあって何よりもあなたに依存しているのであります。平和の王の前進に関して言えば、その心は神の手の内にあって励まされるのです。神が信仰による一致を求められ、それを見守っておられるからです」。

これは、以前にエラスムスが描いていた君主理解と一致しているものであり、フランソワ1世こそ事実において理想的君主であるとの確信がエラスムスにはあったことを示している。

ところが、フランスへのエラスムス招請はなかなか実現せず、エラスムスのはっきりしない態度への困惑とフランソワ1世からの再度の要請、質問への回答を迫られて困り果てた手紙が4月5日付でビュデから届いている（Ep. 568）。その後もビュデの熱意に満ちた、あるいは少々いらだった手紙がエラスムスに届けられている。7月17日（Ep. 609）、12月21日（Ep. 744）、年を超えて1518年4月12日（Ep. 810）、そして間を置かず4月20日（Ep. 819）である。特に、4月12日付書簡では、招く側の誠意ある申し出や熱意に対して応えないのは失礼ではないかとの激しい言葉があり、自分はその結果については何も保証しないし、その問題で責任を負うつもりはないとまで言い切っているが、4月20日に書かれた次の手紙では、フランソワ1世はあなたが来ないことを残念がっていること、運命はあなたに傾いているということ等、前の手紙の激しさを打ち消す内容が示されている。

こうしているうちに、1517年8月末には、フランスに先立ってルーヴァン大学に三言語学寮が設立され、ヘブライ語、ギリシャ語、ラテン語の古典教育が始められている。その秋、ルターの「95箇条提題」が掲示されるに及んで、キリスト教界の改革への歩みが表面化し、混乱も深まっていくことになる。

1518年になると、フランソワ1世がレオ10世と1516年に結んだ政教条約をめぐり、パリ高等法院の抵抗にあいつつも、王の聖職叙任権を認める一方で、教皇はフランスの聖職者から初年度収入税を取ることを条件として条約は認められていく。高等法院の反対は当然ともいえようが、一方パリ大学神学部の不満も非常に大きなものとなっていく。

このような騒然とした状況の中で、エラスムスは新約聖書の校訂版をはじめとして、新約聖書各文書の『パラフレーズ』をも次々と精力的に発表している。また、改革運動の進展の中で、保守的神学者たちからの攻撃も激化していく。特に、ルーヴァン大学神学部は、エドワード・リーを中心にエラスムスの新約聖書解釈に対して攻撃を加えるようになるのである。その代表的なものが1520年2月に出版された『エラスムスの新約聖書註解についての付注』*Annotationes in Annotationes Novi Testamenti Desiderii Erasmi* であり、当然エラスムスもこれに対して反撃を加えるのである。1520年3月に出された『リーの攻撃に対する反論』がそれである。

1521年になるとフランスにおいてもモーの司教ギヨーム・ブリソンネ(29)を中心に、ルフェーブル・デタープル(30)等のいわゆる「モーの人々」と呼ばれるグループが、その司教区において福音主義的説教を始め、さらには聖書翻訳等を介して改革に乗り出している。フランソワ１世の姉ナヴァールのマルグリートの支持を受け、フランス宮廷とも密接な関係を持ったブリソンネは、改革を王国全体に広めようと計画していた。

ところが一方、ルターの改革が様々な形で影響を広げ始めると、パリ高等法院とパリ大学神学部は警戒を強めてルターの文書やそれに類するものを検閲し、異端として告発することに踏み切っている。その間もフランソワ１世はエラスムスの文書を仏訳させてしばしばそれを読んでおり（ビュデからの１５２２年12月14日付書簡[18]）、さらに、１５２３年６月にパリ大学神学部がルフェーブル・デタープルの『四福音書注解』の検閲を始めると、これに対して不快感を示す等、始終人文学者の活動に対して好意的に対応し続けたのである。

ところが、その検閲に先立ってルイ・ド・ベルカン〔31〕の家宅捜索が行われ、ベルカンの蔵書の中に含まれていたエラスムス、ルター、ルフェーブル、フッテンの書物等についても６月16日にパリ大学神学部が検閲を開始するに至る。そのことを知ったフランソワ１世は、検閲中止を求める書簡を神学部に宛てて書いている。

また、フランソワ１世は７月７日にエラスムス宛に自署のフランス語招請状を送り[19]、自分の招待をぜひとも受けてほしいこと、来仏を望むならできるだけのことをして歓迎する旨を伝えている。エラスムスはそれに応えるように12月１日に完成した『マルコ福音書パラフレーズ』の献辞をフ

18　Ep. 1328, EE. Tom. V., p. 152-155, CWE. Vol. 9., p. 214-218.
19　Ep. 1375, EE. op. cit., p. 306-307, CWE. Vol. 10., p. 49-50.

ランソワ1世宛に書き[20]、12月17日付の手紙[21]を添えて使いの者に持参させている。その献辞の中に、フランソワ1世に対するエラスムスの気持ちが述べられている。略述する。

エラスムスは、まずフランソワ1世の招きに応えられなかった理由を、時代の混乱の故であるとし、自分達双方に責任はないことを主張する。その上で、この奉げ物はフランソワ1世の好意に対する感謝の保証金だと述べる。そしてそれぞれの福音書の『パラフレーズ』を4人の君主に送ることも報告している。即ち、マタイ福音書を自分の君主たるカール5世に（Ep. 1255, 1522.1.13付）、ヨハネ福音書をカールの兄弟フェルディナントに（Ep. 1333, 1523.8.23付）、ルカ福音書をイギリスのヘンリー8世に（Ep. 1381, 1523.8.23付）そして、この献辞を添えてマルコ福音書をフランソワ1世に送るというわけである。この意味しているところは、四つの福音書が地上の指導的君主に奉げられることこそふさわしいということであり、福音の精神によって和合し、福音にふさわしい一致を作り出してほしいというエラスムスの願いが込められている。

「キリスト教全体にとって有害な戦争よりもひどい破滅は外には何も考えられません。しかも君主たちに対しては適当な理由をもって戦争をけしかける者たちがおりますので、キリスト者の君主たる者は正しい理性で判断を下してほしいと願っております。すべての人間の生活に過酷さを与える悪の中でも戦争ほど有害で罪あるものはありません。なぜなら、戦争では罪のない小さな民が苦しまなければなりませんし、キリストはこの人々のために自らの血を流されたのですから、このよ

20　Ep. 1400, EE. op. cit., p. 352-361, CWE. op. cit., p. 113-126.
21　Ep. 1403, EE. op. cit., p. 365-366, CWE. op. cit., p. 131-133.

うな人々を蔑ろにするということは即ちキリストを否定することと同じことになるのです。王の徳の中で第一のものは精神の偉大さであり、最も名誉あることは平和と平穏を保持することでありま す。それ故、使徒達には福音の担い手として剣を持つことが禁じられておりますが、君主は公の平安を守るために神から与えられた剣を帯びているのです。しかし、その剣の用い方は公の平安のためというように、はっきり指示されておりまして、それを自分の野望実現のための手段とすべきではありません。王は王として、司教は司教としてそれぞれのふさわしいあり方をすべきですし、その役割にふさわしくない振る舞いはみっともないものと言わねばなりません。キリストによって役割を与えられた代理人としては、それを与えた主人に倣うべきなのです。即ち、キリストがその全生涯を救助者、慰めを与える者、善を行う者として振舞われたように、同様になすべきなのです。カール5世や、あなたや、ヘンリー8世の資質について忠告する者が分別ある文書を献じることがありましたならば、その有益な助言に従われるということを信じております。無思慮な助言者たちは権力と領土の拡張を訴えるのでしょうが、大切なのは拡張することよりも今あるものを正しく管理することなのです。そのためには、不一致による世界の不安が根底から除かれなければなりません。この世の悪は次から次へと現実に現れ、戦争は空しい口実によって生み出されて参ります。人間は、どうして大きな問題について洞察力を持たないのでしょうか。キリスト教君主達の間で、様々な名目による人間の悪、野望、そして戦争の根を取り除いて平和の法を確立することは決して困難なことではないはずです。それによって混乱は繰り返されなくなるでしょう。野心、富、傲慢、怒り、復讐、罪の欲の支配するところには福音的信仰は存在しません。新約聖書諸文書を読むことによって希望が与えられます。世界は病んでいるのでありますから、福音のヘリボー[22]を飲んで心の血管を清め悪の種を取り去り、イエス・キリストにより健全さがもたらされることを祈ります。その祈りが無にならないように、そして、自分の栄光、自分の正しさでなく、キリストの栄光、神の正しさが現れますように！」

このフランソワ1世宛献辞においても、新しい展開は特に見られず、福音の教え Philosophia Euangelica による一致と平和、その実現のための君主としての理性的判断の重要性が主張されている。

この場合、エラスムスが理性を強調することについていささかのコメントを付しておかなければならない。まず彼の理解の中で理性は信仰、宗教的信念と対立するような概念ではない。二つの局面を指摘できる。第一は歴史的な現実の中で用いるべき判断のあり方である。つまり、様々な口実や理由を正当化して、自己の野望を果たそうとするような政治的現実の中で、君主としての統治とは何であり、その責任はいかなるものであるかという根源 fons を問う姿勢（Ad fontes という理念）を示している。第二は、エラスムスの理念を支えている福音の教えについての把握の問題である。ここには、改革的機運の高まる中で、改革派であれ保守派であれ（特に保守的神学者の場合）自己の立場を先行させて、そこから福音を読み解釈しようとする立場への嫌悪が示されている。エラスムスにとっては、聖書そのもののメッセージをできるだけその執筆の意図に沿って汲み取り、そこか

22　Elleboro (Helleborus) あるいは veratrum と表記される。キンポウゲ科、クリスマスローズ属の植物で、古代人はその乾燥させた根を狂気を癒す薬として用いたという。

ら学び取る姿勢が大切であったといえる。従って、そのためには率直な、しかも公正な議論がなされてしかるべきであり、そのために人文学の研究が助けになるものであった。このような「理性」理解をさらに深めるため、特にパリ大学神学部との争いをめぐって、フランソワ1世とエラスムスの関わりを見ておくことにする。

4　ソルボンヌ対エラスムス

この問題は、ノエル・ベダとの関係と密接に結びついており、ソルボンヌからの批判とエラスムスの反論等についても論じなければならないが、できるだけフランソワ1世とエラスムスがこの問題を巡っていかなる対応をしたかを中心にその意味を問うてみる。エラスムスが『マルコ福音書パラフレーズ』をフランソワ1世に贈った次の年1524年は、パリ大学神学部の検閲がエラスムスの文書についても始められた点で、重大な意味を持つ。また、エラスムス自身についていえば、『自由意志論』の出版、黙示録を除く新約文書全体の『パラフレーズ』の完成、恩寵論のまとまった論述、『対話集』新版の出版等非常に重要で多面的な執筆活動がなされた年でもある。[23]

1524年4月には、前年7月のフランソワ1世からの直接の招きの手紙に続いて、ギヨーム・ビュデからのギリシャ語書簡が届いている。[24] その手紙の中で、ビュデはフランスにおける生活上の様々な心配については問題のないことを繰り返し述べているが、主なポイントは二つである。そ

23　このことについては拙著『エラスムスの思想的境地』関西学院大学出版会、2004年、109—125頁参照。
24　Ep. 1439, 1524. 4. 11, EE. op. cit., p. 440-442, CWE. op. cit., p. 238-241.

の一つは、王の熱心さと人文学に対する王の好意、人物としての素晴らしさを強調していること。そしてもう一つは、エラスムス来仏への期待は、真実の学問をもたらすこと、神学の再建をすること、もったいぶった講義をする学者ぶった半可通の人々の評判をひっくり返してくれることであると、明らかにソルボンヌに対抗する姿勢を読み取ることができる。

ギヨーム・ビュデは5月8日にも重ねて、同様のギリシャ語書簡を送り、エラスムスの来仏を促している。[25] そこでもやはり、王の熱意、好意と同時にソルボンヌのことが問題にされており、特に、ソルボンヌの神学者たちがエラスムスの来仏を邪魔するのではないか、あるいは聖書研究を妨害するのではないかというエラスムスの心配について、それは根拠のない恐れであり来仏が実現すれば全面的に王の保護下に置かれ完全な身の安全と平和が保たれるし、教養ある多くの人々は好意的であることを伝えて人文学の研究のためにぜひ決断してほしいと依頼している。

おそらくこの背後にはルーヴァンに既に設立された三言語学寮のことがあっただろうし、ソルボンヌの動きがはっきりしてきたこともその原因の一つであったかと思われる。そのことについてビュデの手紙から直接的な証言を得ることはできないが、その手紙の前にエラスムス自身が他の人に書いた手紙の内容から状況を推測できる。一つは、3月30日付カロンデール〔32〕宛の書簡、[26] もう一つはその次の日31日付ロビンス〔33〕宛である。[27] この二つの書簡は内容的にはほとんど重複した

25 Ep. 1446, EE. op. cit., p. 453-455, CWE. op. cit., p. 256-258.
26 Ep. 1434, EE. op. cit., p. 424-425, CWE. op. cit., p. 210-213,
27 Ep. 1435, EE. op. cit., p. 426, CWE. op. cit., p. 213-214

ものであり次のように書かれている。

「私は、再三にわたってフランス王からの招きを受けています。パリ司教のポンシェも王からの多くの条件と約束を伝えてくれています。それは、王がルーヴァンと同様な三言語学寮を設立しようと願ってのことであり、私にその責任者になってほしいということでした。しかしながら私はお断り申し上げました。というのは、ルーヴァン同様神学者たちからトラブルを持ち込まれるのは目に見えておりますし、それは私の意に反するからです」と。

そして、ロビンスへの手紙では、ハドリアヌス6世、クレメンス7世もそして皇帝も自分の味方であるが、彼らの寛大さや支持でさえも決して嬉しいとは思っていないし、熱狂的な改革派の騒動も困ったものであるとして、自分はどちらの陣営をも好んではいないと付け加えている。この手紙からエラスムスはビュデの再度の招請の前に、ルーヴァンの三言語学寮の実情やソルボンヌの頑迷な保守的姿勢に対して、それと正面から対決することに意味を見出していなかったことが知られる。そうしているうちに、一方でフランソワ1世は1524年11月から25年2月末までの間、ドイツ、スペイン連合軍とパヴィアで戦った後捕えられ捕虜として1526年3月までスペインに幽閉されることになる。

その間にパリ大学神学部は改革的見解を持った人々や人文学者に対する審問、告発、禁書、逮捕、追放といった一連の処分を精力的に行っている。パリ高等法院も神学部の告発を受け入れ同様にフランソワ1世とは異なった姿勢をとり始める。特にモーの人々のグループ、中でもルフェーブル・デタープルさらには最初に告発を受け王の命令で釈放されていたルイ・ド・ベルカンに対しては厳しい処置がとられるようになり、ベルカンは１５２６年１月に逮捕、投獄されている。それに先立ち１５２５年11月にはルフェーブルを異端審問委員会に召喚しているが、彼はストラスブールへ亡命する。このような厳しい対応は、もちろんエラスムスに対しても加えられており、１５２５年から26年にかけてはノエル・ベダやスートール〔34〕との文書の応酬が数多く見られる。

ベダやスートールとの論争だけに止まらず、エラスムスを悩ませたのはベルカンの非常に甘い状況認識でもあった。彼はベルカンが逮捕される前年、１５２５年８月25日に手紙を書き、[28] 彼らが置かれている状況の厳しさを伝え、あまり楽観視しないように警告を与えている。つまり、神学者の中に善意の者も多くあるが、少数の者が意地悪く問題を紛糾させ、争いを引き起こそうとしていること、高等法院のパピヨン〔35〕もわれわれを何とか助けようとしているが、しかし一方で血塗られたような悲劇が始まっており、その結果は全く分からないと伝えている。そして、あなたは自分の関心に従って一生懸命なのだろうが、一度静まった争いに関しては、二度とそれが起こらないようにあなたは身を引いていなさいと警告している。私達は世界から締め出されたような者であり、安全は神しかご存知ないのだ。王の姉がスペインへ出発したと思うが、あなたが考えているように状況に劇的変化がすぐ起こるとは考えられないし、そのような証拠も見出せないから、私がそのようなことについて書くことなど期待しないようにと厳しく撥ね付けている。こうして、事実、ベルカンは投獄されてしまい３月には異端と断ぜられ、世俗司直の手に渡されている。

28　Ep. 1599. EE. Tom. VI., p. 150-151, CWE. Vol. 11., p. 242-245.

1525年11月にフランソワ1世は、捕虜として幽閉されている間もパリ高等法院に対してルフェーブル・デタープルやモーの人々への追求を中止するよう命じているが、状況は悪化していく。そのような中、1526年3月に帰国したフランソワ1世は、4月には姉マルグリートと共に高等法院の決定に介入しベルカンを助け、11月に至ってベルカンは釈放されるのである。

一連の厳しい異端審問や禁書などについて、エラスムスはそれがパリ大学神学部の名で行われているにしても、その総意ではないことを知っていたし高等法院についてもそうであった。それはベルカンへの書簡やその他にも見られるとおりである。告発の主たる人物は先にも触れたとおり、ベダとその支持者スートールであった。5月16日、エラスムスの『対話集』が異端的書物として禁書処分にされ、さらにベダのエラスムスとルフェーブル・デタープルへの告発書『ルフェーブル・デタープルとエラスムスに対するベダのコメント』*Annotationes Natalis Bedae in Jacobum Fabrum et in Desiderium Erasmum Roterodamum* が5月28日に出版されると、エラスムスはパリ高等法院にその不当性を訴える書簡を送ると同時に[29]、フランソワ1世宛にも援助を求める書簡を出している[30]。次のとおりである。

「今の時代は有利な者に媚びていくような人間が集められております。しかもそのような者たちは君主の不一致によって益々力を得ていくのです。非寛容によって作り出された悪を癒せるのは最高の学問と教会であるはずですが、実際にはどちらも狂ったような叫び声を上げ、文書によって火

29　Ep. 1721, (1526. 6. 14), EE. op. cit., p. 359-360, CWE. Vol. 12., p. 237-243.
30　Ep. 1722, (1526. 6. 16), EE. op. cit., p. 360-363, CWE. op. cit., p. 343-347. 書簡本文の要約。

を投じようとするような屁理屈屋を抱え込んでしまっています。パリにも人文学や公の平和を憎む者が出てきているのです。その代表がベダとストールです。彼らは無知で、世の笑いものになりながら、私やルフェーブルに対し叫び続けているのです。私達が努力して得てきた研究の成果をも全く無駄にしてしまおうとするものであります。彼らの判断には嘘があり、その讒言は公になれば別段気にするほどのものでないことが分かるのですが、異端問題に関しては、善なる人が獄につながれるようなことが生じています。このようなことをするアカデミアというのは盗賊の巣以外のどんなものだというのでしょうか。こんな人たちに罪がなければ、善い人間にとって安全などはないことになってしまいます。彼らは信仰という名目で、しかも君主の訴えであるとして全く関係のない暴虐を働いているのです。しかも、彼らは二、三の修道士や神学者と共謀して、君主がこれに同調しなければ、異端者を保護していることになると喚き、教会から捨て去られてしまうとさえ言っています。それ故彼らの無教養な不正直さが、教養ある人々の誠実さより力を持っているというのが実情なのです。たとえば、ベルカンや私の文書のあちこちから切り取られた部分がベダの冷酷な検閲にさらされています。彼らは再度ベルカンに襲いかかり、しかも今度はルフェーブルやエラスムスにも向かっています。私の書物の中でキリスト教信仰に反するものを示すことなど出来はしないでしょう。そのような次第でありますから、もしあなたのキリスト教的権威でもって彼らの暴虐を抑えてくださるならば事態はよくなっていくと期待しております。あなたの権威でベダやストールの狂気を抑制し、中傷で善人を傷つけることのないようにしていただきたいと願っています。またパリで企まれていることに対しては、私たちの弁明が受け入れられるようにしてほしいと思います。彼らには毒を撒くことが許され、私たちには解毒剤を手に入れることが許されないというのは不公平であります。私の書いたことは真実であって、事柄自体がそのように語ってくれることでしょう。ベルカンの信仰はキリスト教にふさわしいものです。早く讒言から解放してくださるようにお願いいいたします」

５　人文学保護者としてのフランソワとその後

この年から次の１５２７年にかけて、人文学者に好意的なフランソワ１世およびマルグリートとソルボンヌ、パリ高等法院の間には様々なやり取りが行われ、先に触れたように26年11月にはルイ・ド・ベルカンが釈放されている。しかし、ソルボンヌや高等法院は基本的な姿勢を変えたわけではない。この間に、先に挙げた１５２６年5月のベダの批判文こそが異端的教説を含んでいるという作者不詳（ベルカンの作であるとの説がある）の文書『ノエル・ベダの不信仰十二箇条』*Duodecim Articuli infidelitatis magistri Natalis Bedae* が公にされ、フランソワ1世はソルボンヌに対してベダの著作及び『十二箇条』の内容を検討し、その結果を報告するように書簡を送っている。[31]その概要は次のとおりである。

「ノエル・ベダの文書に異端思想と瀆神の内容があると警告している人たちがいる。私はベダの

31　Ep. 1902, (1527. 11. 12) EE. Tom. VII., p. 233-242, CWE. Vol. 13., p. 431-49. このフランソワ1世書簡はエラスムス自身のソルボンヌ宛書簡の冒頭部に同時に所蔵されており、フランス語で書かれ、日付が7月7日となっている。エラスムス自身がソルボンヌに宛てた書簡の中にフランソワ1世の書簡を加えたものである。

書物の出版、販売を禁止した。その命令が守られないのは我々フランスの面目に関わることである。ベダは自説に固執し、しかもそれが神学部によって認められた立場であると公言している始末である。ベダの不信に関する十二箇条の文書を送るので、両者を照合しあなた方の結論を知らせてくれるように。私の意図するところは、王国にどんな怪物も誤謬も異端も瀆神もその支持者もいなくなり、それを排除することにある。正しい教義を明らかにすることがあなた方の責任であるのだから、私の意図に沿って役立ってくれるように期待するものである」

エラスムスとベダの論争も激化しており、彼らの個人的論争を超えてカール5世、スペインの宗教審問委員会、教皇クレメンス7世もその問題に関わるまでに複雑化し、それにまつわる様々な噂も飛び交うようになっていった。そのような中で、エラスムスはソルボンヌ宛に長文の手紙を書いたのであり[32]、さらに11月14日になると同じ内容の手紙をパリ高等法院にも送っている[33]。

これらの文書のポイントは次の点にある。一つは、エラスムスに対するベダの批判が正しくはなく、文脈を無視して切り取った言葉からの中傷に過ぎないこと。そして、そのようなことを他にも広め、同じことをしているスペインのエドワード・リーやフランシスコ会士達もその背後には、ベダの支えがあって行動しているということ。次には、そのようなベダが権威付けとして用いるソルボンヌへの批判が示される。ソルボンヌの権威とは、判断の尊厳性と公平によって保たれているの

32　この書簡は、フランソワ1世がソルボンヌ宛に送った11月12日付書簡の中に含まれており、別の日付が7月7日と付されているものである。

33　Ep. 1905, EE. op. cit., p. 245-248, CWE. op. cit., p. 453-58.

であり、ベダのような無知無責任な中傷者を放置しておくことはその品位を著しく貶めるものであること。第三に自分の意図は、誠実にキリストの教えを明らかにすることであって、異端や教会分裂などについては自分達が最も呪って止まないことである。ベダは、アウグスティヌスを引き合いに出して攻撃を加えようとしているが、実はその彼こそアウグスティヌスから最も遠く離れている。信仰の成長、人文学の研究、党派を作らないなどということは我々が最も努力してきたことだ。

こうしてみると1527年までの段階では、フランソワ1世に対するエラスムスの好意や依存というものはかなり強いものであり、特にその人文学への深い関心に対して期待も強く持っていたことが理解できる。さらに、フランソワ1世の側でも、ベダの誹謗中傷やためにする攻撃、異端審問について不快の念を持ち続けていたことも明らかである。

しかし、フランソワ1世のその後は、改革派に対して異なった態度を示すようになる。特に、1530年代になり、フランスの宗教改革運動はより過激化し、聖餐論をめぐって実体変化説を偶像礼拝と断じて、多くのパンフレットが出回り、マリア像の破壊が行われるようになっていく。フランスにおける改革の主流が、穏健なモーのグループからカルヴァン主義的なジュネーブの神学者に移っていったのである。そのような中で、フランソワ1世は1540年にはフォンテンブロウの法令によって自らの寛容政策が誤っていたことを明らかにし議会に対して異端の抑制をする権限を付与し、11月にはワルドー派に対する過酷な迫害弾圧を加えるようにさえなっていくのである。

フランソワ1世の改革派に対する姿勢の変化と人文学者への対応は同一のものなのか、あるいは改革の過激さと、それゆえに国家の安全を守るという王としての責務から出た対応なのかという問題は残るが、本章の課題であるエラスムスとの関係という点に絞って考えてみれば、パリ高等法院やソルボンヌを相手にしつつ人文学の意義を認め続けてエラスムスとの関わりを保ち続けていたことは明白であるといわねばならない。

第4章　ヘンリー8世とエラスムス

1　ヘンリーとエラスムスの出会い

ヘンリー8世（Henry VIII, 1491-1547）はその生涯の異なる側面において様々な顔を見せた王である。個人的には人文学の教養を身につけ、同時代の最大の著名人エラスムスと深い交わりを持ち、神学的な問題についても、たとえばルターに対して書いた文書『七つの秘跡についての主張』*Assertio septem sacramentorum* を１５２１年に公にしているように深い造詣をもっていたと思われる。しかし、一方においてはキャサリンとの離婚問題をはじめ、アン・ブーリンとの結婚、離婚、処刑そしてまた同じことを繰り返すというような悲劇的な人生を送った人物でもあった。(1)また、宗教改

1　ヘンリー8世の結婚に関しては、兄アーサーが父ヘンリー7世による政略結婚でキャサリンと結ばれたことから悲劇が始まっている。つまり、兄アーサーが早世したため兄嫁と結婚することになったのであるが、キャサリンの生んだ子供はいずれも夭逝し、ただ一人メアリーだけが残ったのである。キャサリンが40歳になってこれ以上王位後継者を生む可能性がなくなった頃、若く魅力的なアン・ブーリンが現れた。しかし、王妃の座について3年後には、姦通の罪で死刑にされた。キャサリンが皇帝カール5世の伯母に当たり、カー

革運動の進展の中に置いてみると、一方ではプロテスタントを火刑に処し、またその反対にイングランドの一つの傾向となっていた反聖職者的革命に対して反対するカトリック教徒を絞首刑や斬首刑に処している。

ところで、エラスムスはヘンリー8世には非常に高い評価を下しているし、その評価を持続させてもいる。なぜか。一つには人文学の推進に積極的であること、次にヨーロッパの平和、特に宗教的平和を確立するのに大きな役割を担っているというエラスムスの信頼と期待がその理由であり、再三そのことを王に対して進言し続けている。これはエラスムスが、フランス王フランソワ1世に抱いた期待とも一致するものである。以下、ヘンリー8世とエラスムスの関係を、周辺の人物とも関わらせながら考察しよう。

エラスムスがヘンリー8世と関わりを持つのは、彼がまだ王に即位するはるか前のことである。1499年、エラスムスはパリ時代に家庭教師として教えていたマウントジョイ卿(36)の招きで初めて渡英している。当時、卿はヘンリー7世の子供達、特に後のヘンリー8世の家庭教師をしており、彼とトマス・モアの働きかけによってエラスムスとこの9歳になる少年との出会いが実現している。この出会いでエラスムスはヘンリーの態度や品位に深く印象付けられ、三日とおかずに彼を称えるための詩を作って献じているのである。*Prosopopoeia Britanniae majoris* がそれである。そ

ル5世は当時の教皇クレメンス7世に影響力を持っていたこともあって、ヘンリー8世の複雑で悲劇的な人生が形成されたといえる。

の時、彼は献辞を付しているのであるが、[2]その中でヘンリーの学問に対する熱意を称え、王に捧げられるべき贈り物は消滅するような物質的なものや、画像、記念碑などではなく、時を超えて有効な詩人達の記録のようなものであると述べる。エラスムスはそのために賞賛の詩を書いたわけであるが、重要なのはこの書簡の中で教養の豊かさ、知恵や知性による判断が特に王に求められることを明らかにしていることである。「私たちの時代の君主には両方が欠けております。賢明なる王よ、彼らの愚かさにとってあなたの知性豊かな才能は激しく憎まれるものになるでしょう」[3]と、当時の一般的な君主の学問に対する無知、無教養を批判的に取り上げ、他の君主たちと比べて、ヘンリーを称えている。エラスムスが追従を言うために他の君主をいたずらに貶めたというのではなく、彼の本心であったことはこの後の書簡を中心とした王との関係の推移の中からも明らかとなっていく。

上に述べた書簡は初対面のいささか形式張った内容を示しているが、しかし二人の間には互いに魅力を感じ合う何かがあったようである。１５０６年エラスムスがヘンリーに対してフィリップ大公の死についての短い書簡[4]を送ると、ヘンリーはすぐに返事を書いている。その中で、ヘンリー

2 Ep. 104, １４９９年秋とだけ示されており、日付の特定はなされていない書簡である。EE. Tom. I., p. 239-41. CWE. Vol. 1, p. 195-97.
3 EE. op. cit., p. 240, C.W.E.op. cit.p. 196.
4 Ep. 204 (1506. 11. 17), EE. op. cit., p. 433-44, CWE. Vol. 2., p. 126. この書簡は断片しか残っておらず、そこにフィリップの死についての報告が記されているのみである。フィリップ大公は、女王イサベラの死（１５０４

はエラスムスの雄弁や簡潔な表現を称え、さらに自分に対するエラスムスの賛辞に対しても心からの謝意を伝え、「今後も何かあれば手紙でそのことを知らせ続けて下さい」[5]と、エラスムスとの関係を持続していく希望を伝えている。

ところで、ヘンリーの兄アーサーは1501年にアラゴンのキャサリンと結婚するが、1503年に死没し、そのためヘンリーが王位継承権者となっている。それゆえエラスムスとの最初の出会いがあったのはそれ以前ということであり、親しく私信を交し合うようになるのはその後ということになる。1509年に彼はヘンリー8世として即位するが、その際に、教皇ユリウス2世の特免を受け亡き兄の妻であったキャサリンと結婚している。その年の5月27日、マウントジョイ卿は秘書の手を通じてエラスムスに手紙を書いている[6]。その中で、ヘンリー8世の即位したことと彼の資質について詳しく述べ、特にヘンリーの学問に対する熱情と同時に学者に対する好意や支持、憧れを遺憾なく表現している。また、この書簡において目に付くのはこの頃からすでにエラスムスをイングランドに呼び戻そうという動きがあったことである。旅費として5ポンドが準備され、その他にもマウントジョイから別に5ポンドの金がエラスムスに送られている。

1513年になるとエラスムスは古典作品の校訂とそのラテン語訳を公にするようになってい

年）まで、その娘との結婚の効力によりカスティリャの王冠を要求していたが、書簡に示されているように1506年9月にスペインで死去している。

5　Ep. 206 (1507. 1. 17), EE. op. cit., , p. 437, CWE, op. cit., p. 129.

6　Ep. 215, EE. op. cit., p. 449-52, CWE, op. cit., p. 147-51.

る。その一つ、プルタルコスの作品*De discrimine adulatoris et amici*（『おべっか使いと友人の違いについて』）をヘンリー８世に献げている。その献辞が書簡として残されている[7]。宮廷に出入りする人間達の生臭いまでの現実を捉え、エラスムスは王としての資質に悪い影響がないように、この作品を献じていると考えられる。この時期、ヘンリー８世は対仏戦争に忙しく、学問の余裕さえ持たなかったにもかかわらず、古典作品を献呈する価値があるほどに人文学への関心を保持していると、エラスムスは高く評価していたからこそプルタルコスのラテン語訳草稿を送り次のように書いたのだろう。

「プルタルコスの作品『おべっか使いと友人の違いについて』は、王としてのあなたにとって実に有益なものであります。誠実で真実な友人こそが大切であり、それよりも大きな宝はありません。特に王にとっては多くの聡明で忠実な友人が備えられなければなりません。ペルシャ王ダリウスにとってのゾフィルス、クセルクセス大王にとってのデマラトゥス、アレクサンダー大王にとってのカリステネス、ネロにとってのセネカ等々、正しく忠告するものこそ真の友人であります。『順境は友人を作り、逆境は友人を吟味する』という諺は[8]、真の友人とただのおべっか使いを明らかに吟味するものと思われます。プルタルコスはそのことを明示する確かな知性を持っています。友情

7　Ep. 272 (1513. 7), EE. op. cit., p. 529-30, CWE. op. cit., p. 250-52. この作品に付けられたヘンリー８世への献辞については、その第三版（１５１７年）にも別のものが書かれている（Ep. 657, 1517. 9. 9)。これについては後に取り扱う。
8　セネカ『道徳論』からの引用。

が力を持ち得るのは友人の過ちを正す場合だけなのです。そのため、ここにラテン語訳をお送りいたします。あなたが最も素晴らしい国の王となられた今、その幼少時代から希望をもって忠誠を守ってきた精神から、私はそうしているのです」[9]と。ここにもエラスムスの同時代の支配層に対する期待と学問の役割に関する理解を見ることができる。

2　イギリスへの関心

エラスムスを軸にして16世紀宗教改革期の人間関係は様々な様相を呈していることが分かる。後には決定的に訣別することになる教皇とヘンリー8世もエラスムスを介してみると、両人の間には共通の時代認識が見えてくる。たとえば、エラスムスは1515年5月21日、教皇レオ10世に対し自分の校訂した『ヒエロニムス全集』を献じたいとの希望を長文の手紙で伝えている。[10]当時、エラスムスはロンドンに滞在しており、英国の学問、信仰、生活がいかに素晴らしいものであるかを称え、カンタベリー大司教からの挨拶をも付け加えている。レオ10世はこの手紙に対して7月10日に返書を送っている。[11]彼が『ヒエロニムス全集』の校訂をし、優れた学識をもって教会の知性のために優れた仕事をしていることを称えている。特にそれが自分に献じられることを喜び、これ以後エラスムスが著す作品を送ってほしいと依頼し、続けて英国でのエラスムスの生活に便宜が図ら

9　書簡272の要約。
10　Ep. 335 (1515. 5. 21), EE. Tom. II, p. 79-90, CWE, Vol. 3, p. 99-110.
11　Ep. 338 (1515. 7. 10), EE. op. cit., p. 114-15, CWE, op. cit., p. 139-42.

れるよう王に手紙を書くことを約束している。そして、実際に同日、ヘンリー8世宛の教皇書簡が以下のような内容で送られたのである。[12]

「学識のある人々に対する我々の姿勢は極めて明瞭なものである。我々は、最高の芸術と学問を追及する人々が善かつ健全な信仰を備えているか、またその知識が聖なる教会に援助となるのか、学者たちの雄弁がキリスト教共同体にとってふさわしい飾りとして最高に役立っているのかを深く吟味するものである。その理由からして、主にあって真に愛すべきロッテルダムのエラスムスを高く評価するものである。彼はこのような知識と学問の第一人者であると判断できるものである。現下、エラスムスは滞在しているイギリスから全き忠実さをもって書簡を送り、その中で貴殿の力量と雅量が十分伝えられ、我々は非常な喜びを感ずるものである。貴殿の威厳による好意は我々にとっても最高に喜ばしいものである。我々は、エラスムスを貴殿に対して推薦すべきであると考えている。それは彼のために何かを得たいとか、彼がそのことを我々に要求したという理由からではなく、我々が自発的にそうしているのである。そのことが貴殿にとっても名誉となるならば我々にとってもそれは慶賀すべきことである」。

この書簡で明らかなことは、レオ10世がエラスムスの持っている学識を教会あるいは社会のために有益なものと判断し、それをイギリスのヘンリー8世にも推薦していることである。これについてはヘンリー8世も同じような理解を示していた。

12　Ep. 339 (1515. 7. 10), EE. op. cit., p. 116-17, CWE, op. cit., p. 141-42.

エラスムスは、1517年になるとヘンリー8世に対して再度プルタルコスの『道徳論集』ラテン語訳校訂版第三版を贈り、その献辞として9月9日付書簡[13]を付している。エラスムスはヘンリー8世が時代の風雲の中で戦争に駆り立てられ、君主としての真の鍛錬をすることができない状況を理解している。しかし君主たるものは古典の中から対話すべき書物を選び、優れた古人の知恵との対話を大事にして正しい統治を目指さなければならないと薦めるのである。そのため、エラスムスは「賢い者との対話は君主を賢くする」というソフォクレスの断片的格言を用いている[14]。戦争に駆り立てられている君主に対し、あえて古典との対話を勧めているのは何故なのか。書簡では続けて次のことが強調されている。「賢明で敬虔な君主たる者の任務は共同体のすべてに配慮し、公のことに目を留めて自分の名誉や利益は後にするというものでなければなりません」と述べている。また、王の側近は適切な忠告と助言を与えるべきであるとした上で、エラスムスはそのために自分が文書によってそのような重大な仕事を果たしたいとの願いを持っていると告げる。同様にヘンリー8世に対してのみならず、カスティリア王フィリップやカール大帝に対しても文書を献じて[15]同じ役割を果たしていることを伝えている。書簡は、それに続いて、時代の状況がたいへん

13　Ep. 657, EE. Tom. III., p. 77-79, CWE. Vol. 5., p. 108-13.

14　なお、この格言については『格言集』にも採用されており、エラスムス自身でその解説を書いている。『格言集』III v 97, CWE. Vol. 35, p. 122-123 参照のこと。

15　フィリップ大公に対して1504年に『頌詩』*Panegyricus*（アテネを称賛したイソクラテスの詩を模してフィリップを称賛した頌詩である）を贈り、カール大帝に対しては、彼が帝位を与えられた時に『君主教育

な混乱を示していることを指摘して、「事柄が、君主の知恵と経験によって形成されるのでなければ、状況はもっとひどくなると思われる」ので、自分が助言者としての責任を果たそうとしているのだと断言している。

この書簡の最後に、エラスムスはヘンリー8世が彼を招いてくれたことについても触れており、「私が以前そちらにいた時、あなたは好意的な条件で招いてくださいましたし、宮廷にも親切に招いてくださいました。こんな小さな者を偉大な君主であるあなたは十分好意を持って知り愛してくださいましたので、私はそのことで十分なものを得たと思っています」と述べている。

このような状況の中で、エラスムスはイギリスに定住しようという意向を持つようになったと思われるが、そのために1515年に大法官に任ぜられたトマス・ウルジ[37]との関係が重要な意味を持っている。たとえば、上にあげたヘンリー8世への手紙と同日にウルジにも書簡を送っている。[16] 主な趣旨はヘンリー8世宛のものと同じであるが、その後半にはイギリスへの招きに対する感謝と同時に今はそれが不可能であることの理由を付している。つまり、エラスムスは前年1516年に『校訂版新約聖書』初版を出版したのであるが、それについての様々な意見が寄せられており、さらに完全を期するために校訂作業を続けなければならなかったからである。「此処しばらくの間は、新約聖書の仕事に熱中しなければなりません。それはたいへんな仕事なのです。そ

論』*Principis Institutionem* を書き、それを献じたという事実がある。Ep. 393 (1516. 3), EE. Tom. II, p. 205-208, CWE. Vol. 3, p. 247-250.

16 Ep. 658, EE. op. cit., p. 80-81, CWE. Vol. 5, p. 113-115.

れで、この冬はこの仕事に集中するためルーヴァンに留まるつもりです」とした上で、「この国では、たいへんな革命が起こるのではないかと心配しています。天の恵みや信仰、君主の信仰も人間的な事柄の考えの中でなされるようになっています」と、その状況への認識を報告している。

同じくその年の11月2日、ルーヴァンからピルクハイマーに宛てた書簡でも[17]「昨年春、個人的な用事で英国訪問をした際に王は親切に私を受け入れてくださいました。宮廷では年額600フローリンと素晴らしい家とを提供するとの申し出がありました。私は感謝しましたが、それを受けるか拒むかということについては曖昧な返事をしました」として、その理由がウルジ宛書簡と同様に、『校訂版新約聖書』の再校訂と印刷にあることを示している。この時期に同様の書簡は非常に多く存在している。要するにエラスムスの主な関心の中心は新約聖書の校訂であったが、同時に君主の古典的教養や社会と教会の平和の問題をめぐってイギリスへの関わりも捨て難いものとなっていたのである。

1518年になると、『校訂版新約聖書』をめぐってエラスムスに対し批判と賞賛が喧しくなり始める。特に、ルーヴァンの学者たちからの批判攻撃が強まっていくのであるが、同時にフランソワ1世からは三言語学寮構想実現のための招待を受け続けている。同じ頃、ヘンリー8世からも招待を受け、エラスムス自身はイギリスへの関心が高まっていったようである。その痕跡を4月25日付ヘンリー8世宛書簡の中に見ることができる[18]。かつてエラスムスが王に贈ったプルタルコスの

17　Ep. 694, EE. op. cit., p. 116-19, CWE. op. cit., p. 164-71
18　Ep. 834, EE. op. cit., p. 304-5, CWE. op. cit., p. 410-11.

作品への返礼として、王からの贈り物を確かに受け取ったことを知らせることと招待に際して提供された保障を讃えるためにこの書簡が書かれたのである。その中で、王がエラスムスを非常に愛し、また讃えていることに感謝すると共に、人文学に対する王の愛情が永遠のものであると思っていることを述べ、このような王の下で学問への誠実さでもって幾分かでも感謝したいと願っていることが明らかにされる。そして、「その宮廷はキリスト教的生活の実例となるでありましょうし、多くの教養ある人々がいて、いかなる大学でさえも彼らをうらやむことでしょう」と称えながらも、新約聖書の出版にとりかかって手が離せないことが述べられている。そして「その仕事が完成した後には、あなたの威厳に従うべく奉献するつもりであります」と結んでおり、友人のネーセン[38]宛にも同趣旨の書簡[19]を贈っておりここにも明らかに、イギリスへの関心のありようが示されている。

エラスムスのイギリスへの関心は、次の年1519年5月15日付のヘンリー8世宛書簡でも継続している。[20]この書簡の概要は次のようなものである。

「この劣悪な世界、政治や国民の状態はすべて君主に依存しているものであります。しかも、偽善者が王となる場合もあります。その際の偽善というのは、名は王でありながら、実際には独裁者、略奪者として存在している者を指しております。本当の王とは、国家に利益をもたらす平和と敬虔を持つ卓越した君主のことをいうのです。それに相当するのは教皇レオ10世、フランソワ1世、カール大帝等が挙げられますが、中でもあなたこそが最もふさわしい者であるといえましょう。あな

19 Ep. 816 (1518. 4. 17), EE. op. cit., p. 286, CWE. op. cit., p. 388-89.
20 Ep. 964, EE. op. cit., p. 578-583, CWE. Vol. 6, p. 356-362.

たは世界の平和修復のために働いてこられました。対仏戦争もキリスト教信仰の故に止むを得ずなしたものであることは十分に証言されております。あなたは控えめにやさしく行動されたのですから、心には大きな平安があるに違いありません。あなたは世界を、またキリスト教を危機的な戦争に駆り立てるようなことはなさっておられませんが、なおそれに満足することなく、知恵と威厳によって得られた平和を維持していくことに努められることを望んでおります。そして、最高の学問研究を進められるように。それこそ他のいかなるものよりも王国を飾るにふさわしいものといえましょう。公平、正義、一致、結婚、素晴らしい夫婦、これらはあなたの宮廷で最も際立って立派なものであります。今日、地上でこれほど素晴らしい所はどこにも見当たりません。それは王の精神によっているものであります。王とは、王として行為し、ふさわしい宮廷を持つことといえましょう。私は、以前学問のため、宮廷入りで時間を失うのではないかと心配もし、ためらってもいたのですが、英国宮廷の有様を知るに及んで、その支配者、王妃、長官連、助言者の構成を吟味し、今はそこに入りたいという希望を持っております。今はその招待を拒むようなことはいたしません。王の特別な徳が、その教養の故に優れたものであったと同じように、今後はさらに優れたものとなるようにと祈念いたしております。また、多くの優れた人々によってあなたの卓越性が支えられておりますが、学問という点において私もその一人に加えられるようにと願っております」

しかも、この書簡は同時期の書簡と共に一つのシリーズをなしている。つまり、同様の趣旨の書簡が立て続けに書かれているのである。たとえば、リチャード・ペイス〔39〕宛の書簡は日付がはっきりしないが、5月に書かれたものである。[21] また、ヘンリー宛書簡と同日付のものが二通、マウントジョイ宛のものと[22]ギルフォード〔40〕宛のもの、[23] さらに、5月18日にはトマス・ウルジ宛の書簡[24]がある。

さらに1520年5月3日には再びヘンリー8世宛に書簡[25]が送られている。先にも述べたように『校訂版新約聖書』の出版後批判が相次ぎ、直ぐにヘンリー8世のもとに行くことが叶わなくなったエラスムスは、そのことを伝えるために再度書簡を送ったのだろう。この書簡においても、先に述べたような英国への関心の深さを示す内容が保持され続けている。それは依然として変化していないものの、『校訂版新約聖書』に対する批判が英国の学者からも出ていることを問題にし、ヘンリー8世に訴えている様子が見られる。凡そ次のようである。

「人生と人間の喜びの大きな部分である学問が、今日ではある種の最も愚かな者たちによって非常な攻撃を受けております。キリストへの信仰と君主の栄光にとって有益である学問にあなたは好意を持ち続けてこられました。その点で、私は、他の君主や長官連もあなたの心を見習ってほしいと願っているのです。私が文書でなしうることは小さなことではありますが、それはキリストの栄

21 Ep. 962, EE. op. cit., p. 576-577, CWE. op. cit., p. 353-354.
22 Ep. 965, EE. op. cit., p. 583-584, CWE. op. cit., p. 362-363.
23 Ep. 966, EE. op. cit., p. 585-586, CWE. op. cit., p. 363-365.
24 Ep. 967, EE. op. cit., p. 587-93, CWE. Vol. 6., p. 365-72.
25 Ep. 1098, EE. Tom. IV., p. 256-257, CWE. Vol. 7., p. 278-279.

光のためでありましたし、これからも変わることはないでしょう。教皇を初め優れた人々は私たちの努力を認めておりますが、旧い葡萄酒に慣れ親しんだ人たちは新しいものを喜ばず、学問の復興を嘆いてさえいるのです。このような人々がエドワード・リーをそそのかし、私を攻撃しています。(26) 私は英国に対しては他のどの国よりも多くのものを負っているつもりです。私はリーへの反論を送りますが、それは彼を誹謗する目的のためではありません。私はそのために40日も浪費することになりました。もっと有益なことのために用いられれば良かったと感じております。王としてのあなたの好意に対し、私がどんなに感謝しているか明らかにするための時間が取れるようにと願っております。エラスムスが、あなたの被保護者としての好意を持って敬意を表すことが出来ますように」

26　１５１９年から20年の冬にかけてEdward Leeから届いた書簡Ep. 1037。これはリー自身の著書、『エラスムスの新約聖書註解についての付注』への序文としてかかれたものであり、パリで出版されたものである。これはエラスムスへの挑戦状のような内容を持った短い書簡である（EE. Tom. IV., p. 108-111, CWE. Vol. 7., p. 117-118）。なお、エラスムスはこれに先立ちリーへの批判を書簡にしたためている。Ep. 998がそれである（EE. Tom. IV., p. 9-12, CWE. Vol. 7., p. 11-14）。この批判に対し、リーは書簡Ep. 1061 (1520. 2. 1)をエラスムスに送り、エラスムスの発言をひとつひとつ取り上げてそれに反論を加えるという形式で書簡をまとめている（EE. op. cit., p. 159-179, CWE. op. cit., p. 171-195）リーの書簡はいずれも発信地がルーヴァンとなっているので、その背後にはエラスムスを批判していた当地の保守的神学者があったものと推測できるし、エラスムス自身書簡の中で「旧い皮袋云々」といっていることもそこから理解できる。

リーの誹謗中傷に対するエラスムスの憤りは、ヘンリー8世への手紙にとどまらず、英国の親しい友人であったトマス・モアへの手紙によってもその激しさを窺い知ることができる。トマス・モアは、二人の争いを調停しようと努め、エラスムスにそのことを書き送っている。[27] それに対してエラスムスは、5月2日すなわちヘンリー8世への書簡の前日にモアに宛てて返書を送っている。[28] モアのとりなしにもかかわらず、エラスムスはその怒りを収めることができなかったようで、「大兄のご忠告は私にはいささか不都合なものではありました」と書き出し、その忠告が実は自分に対するものではなく、リーに宛てたものではないかと述べた上で、彼の人物については「この種の悲劇を引き起こすために生まれたこの人物の気質をとくと見極めました。自分から勝手にめらめらと燃え上がっておきながら、日々炉に油を注ぐ人物をかかえこむといった人間なのです。大兄はあの男と親しく起居を共にした仲だというのに、彼の性格について同じことをお気づきにならなかったことを、一再ならず不審に思ったものでした」と不満さえ漏らしている。「私の苦心の著作の成果が学識ある人々の手に渡らぬよう、全身全霊を傾けて策動している連中の狂気の沙汰には、ただただあきれ返っています。連中は万人が裨益するのを妨げることが、人生の最大の成果だと思っているのです」と怒りを爆発させて、この書簡を閉じている。

27　この書簡は、エラスムスの書簡集には収録されていないが、最近出版された二人の往復書簡集の邦訳を参照した。『エラスムス＝トマス・モア往復書簡』（沓掛良彦・高田康成訳）岩波文庫、２０１５年、216―219頁。

28　Ep. 1097 (1520. 5. 2), EE. op. cit., p. 255-56, CWE. op. cit., p. 277-78. 邦訳、上掲書244―248頁。引用は邦訳を参照した。

エラスムスが、１５１０年代にはヘンリー８世および英国に対して極めてよい心証を持っており、英国に居住地を移してもよいとさえ考えていたことを明らかにしてきた。それでは１５２０年代になり宗教改革の状況が変化すると、その関係も変化していくことになるのだろうか。

3　『自由意志論』とヘンリー8世

ヘンリー8世は、ローマ・カトリック教会に対しては反教皇主義、反聖職者主義の立場を取っていたが、プロテスタントに対してもこれを容認しようとせず、ルターに対して批判的な立場に立っていた。１５２３年『自由意志論』に関するエラスムスの構想ができた頃からエラスムスにとっては一つの転機が訪れたものと考えられる。つまり、ルター批判あるいは彼と異なる見解の文書を公にすることが宗教改革の騒乱の中でいかに危険なものであるか察知しつつも、１５２４年にはそれを公にし、ヘンリー8世に献じている。丁度その頃、フランスではソルボンヌによる人文学者や改革者への弾圧が始まり、フランソワ1世がその救出に乗り出しており、エラスムスへの招請が活発になってくる。同時にヘンリー8世もエラスムス招請を再開している。しかし、ヘンリー8世との関係は良好であったにもかかわらず、エラスムスは次第に英国に住むことを望まなくなっていくのである。

その頃のことをもう少し詳しく見ておくことにしよう。エラスムスは、１５１６年に『校訂版新約聖書』を公にした後、なおもその校訂を続けると同時に１５１７年からは「ローマ人への手紙」を手始めに「ヨハネ黙示録」を除く新約聖書各巻の「パラフレーズ」を手がけている。そのうち、特に四つの福音書は、それぞれ各君主宛に献呈されていることは既にフランソワ1世の項目でも紹介したとおりである。マタイ福音書のパラフレーズをカール5世に、ヨハネ福音書パラフレーズをカールの兄弟フェルディナントに、ルカ福音書パラフレーズをヘンリー8世に、そして、マルコ福音書パラフレーズをフランソワ1世にそれぞれ鄭重な献辞を添えて送っている。そこには福音的な平和の擁護者としての君主に四つの福音書をささげるという意図が込められていた。ヘンリー8世への献辞では、特に著者であるルカの特徴を取り上げ、医者としてのルカに特に注目し、肉体のみでなく精神をも癒す医者の働きを君主の働きに重ねて、社会の病理を癒すものとしての働きを強調していることからも明らかであるといえる。宗教改革の混乱が激しさを増していく中ヘンリー8世への献辞の中で、レオ10世が与えた称号「カトリック信仰の擁護者」Catholicae Fidei Defensor[29]をわざわざ用いていることの中にもエラスムスがこのパラフレーズを送った意図が現れているといえよう。

ところで、この献辞とは別にルカ福音書パラフレーズを送付した時の書簡も残されている(1523年9月4日付)[30]。その中で、この時代の混乱した様相に対しエラスムスがいかに困惑していたかが窺える。それ故に永遠の救いの巨匠である医者ルカを送るのであると記される。また、そ

---

29 1517年にルターにより宗教改革運動が始められると、本文でも示したとおりヘンリー8世はルターの教説を容認せず、1521年には自ら反ルター文書『七つの秘蹟についての主張』を著し、教皇レオ10世はこれに対してヘンリーに「信仰の擁護者」という称号を与えたのである。

30 Ep. 1385, EE. op. cit., p. 330, CWE. op. cit., p. 85.

の書簡の最後には、新しい教義に対して何らかのことを書くように企てるつもりであると記されており、この頃既に自由意志について何かを書く予定で計画が練られていたことが分かる。(31)そして、エラスムスはついにヘンリー8世に対して『自由意志論』の草稿を贈ることになる。その際に付された書簡は1524年3月頃のものとされている。(32)この書簡でこの仕事がいかに苦痛であったか、またこのような混乱の中で努力することの空しさを嘆き、「あなたの威厳や他の学者たちによってこの試作品に賛同が得られるようでしたら、私たちはそれを完成し、どこかで印刷に付するように配慮しましょう。ただ私の意見では、ルターに対立する言葉をあえて印刷しようとするような印刷屋はいないでしょう。それはあたかも教皇に対して好き勝手なことを書くのと同じようなことなのです。これがドイツの現状であります」と報告し、ドイツにおいて反ルター的な発言がいかに危険なものであるかということを告げている。また、そのような文書を彼は好んで著したのでは

31　このことについては、傍証として他の書簡をも紹介しておこう。たとえば、ニュールンベルクの宗教和議の際にフェルディナント1世のために働いたJohannes Fabri（1478-1541）宛書簡、Ep. 1397が11月21日に贈られており、その中にも力があれば自由意志について何か書きたいと述べられている。また、それに先立って9月16日のTheodoricus Hezius宛書簡、Ep. 1386では、そのような企てがルター派の激怒を買い、書物が狂乱の中で飛び交い始めたら自分はドイツを去る羽目になってしまうだろうし、フランス王からの招待を受けているが、そこは戦乱に支配されており、英国には住みたくないと述べられている。同様な内容を持つ書簡は次の年にも現れている。Gerard de Plaine宛書簡、Ep. 1432は1524年3月26日付であり、この内容は上のHezius宛のものとほぼ一致している。

32　Ep. 1430, EE. op. cit., p. 417-418, CWE. op. cit., p. 200-201.

なく、ヘンリー8世の要請によって書いたのであるということを他の人への書簡で明らかにしている。その一つは、1524年1月8日付でピルクハイマー宛に贈られた書簡である。(33)同年2月にはイタリアの枢機卿カンペッジョ宛にも同様な書簡を送っており、(34)その中でルター主義者たちからの激しい攻撃があることや、多くの学者のうちで隠しながらルターの支持者が多くあることなどを論じている。そして自分はルターに対して沈黙を守っているわけではないことなどを明らかにして、ヘンリー8世の圧力により「自由意志」について文書を著すつもりであると述べている。このように『自由意志論』をめぐっては、宗教改革の進展の中で様々に取り沙汰されていくし、そのことをめぐってエラスムスの立場、あるいは彼に対する評価も変化していく。またイギリス、フランス、ドイツについてエラスムスはその地の平和を巡る状況分析から評価を下している。その評価との関連でそれぞれの地域との関わりを考えていたのだろう。いずれにせよ、このような困難で混沌とした状況の中にあっても、彼の第一の関心がキリスト教世界の平和とそれに資するための学問のありようであったことに一貫した姿勢を見出すことが可能であり、そのために多方面の人物との往復書簡も偏りなく展開されていたといえる。

『自由意志論』出版についてのエラスムス自身の思いを1524年9月6日付ヘンリー8世宛書簡から見ておくことにしよう。(35)「剣闘士たちの闘技場は私には無用なものであり、私はいつも愛す

33 Ep. 1408, EE. op. cit., p. 380-382, CWE. op. cit., p. 151-154.
34 Ep. 1415 (1524. 2. 8), EE. op. cit., p. 391-394, CWE. op. cit., p. 166-170.
35 Ep. 1493, EE. op. cit., p. 541 CWE. op. cit., p. 373-374.

べきムーサの庭園に居るほうが良いことを知っていました。でも、あなたの権威ある命令に信頼して聞き従わないことがどうして出来ましょう。賽は投げられたのです。小冊子『自由意志論』がついに陽の目を見ました。しかし、私の言うことを信じていただきたいのですが、それは向こう見ずで人目につく行為なのです。と申しますのは、今のドイツの状況があるからです。私は石を投げられるのを待っています。今や、まさに激怒した文書が私の頭に向かって飛んできています。しかし、私自身はあなたの威厳を模範として励まされています」と書いた後で、ヘンリー８世からの励ましの手紙で、自分はキリスト教のために死んでもよいと決心したし、喜んで勇気を持ってそうしたのであると続けている。実際、この頃のエラスムスの書簡を見るとドイツの状況、特にルター派やその支持者たちの動向への言及が至る所に見られる。「信仰の擁護者」の称号を教皇から与えられていたヘンリー８世にすれば、信頼し、互いに高く評価しあっていたエラスムスが彼の意を汲んで、反ルター文書を明らかにしたことは喜ぶべきことであったに違いない。しかし、ヨーロッパの知識人、君主、指導的立場に立つ人々と全方位外交ともいうべき関係を保っていたエラスムスにしてみれば、反ルターの立場を鮮明にしたことになり、外部からの評価が変更されていくことは当然であり、止むを得なかったのである。

宗教改革の状況が混沌としてきた中で、１５２７年英国では王位継承を巡る問題からヘンリー自身の離婚問題が浮上してくる。教皇の特免によって亡き兄の妻であったキャサリンと結婚したのは１５０３年であり、その後、キャサリンは三人の男児と二人の女児を出産している。しかし、一人の女児を除いてすべての子供を幼年のうちに亡くしていた。１５２７年に至りキャサリンは40歳になり、これ以上後継の男児を出産する望みを持てなくなってしまった。１５１４年頃には既に離婚の噂が広がっていたが、１５２７年頃にはアン・ブーリンとの愛人関係に入っていたのである。[36]

エラスムスとヘンリー8世の書簡のやりとりは、先にあげた１５２４年の自由意志を巡る書簡以後しばらく途絶え、１５２７年ヘンリーからの書簡をもって再会されている。この年は離婚問題が顕在化しその審理が始まったのであるが、エラスムスに対して、ヘンリー8世自身が置かれた困難な状況を自覚しながら、再度英国への招待を試みている。[37]

「これまで、あなたに対して好意と愛をもって敬意を表してきました。運命のいたずらで、あなたがカンタベリーに帰ってこられなくなったことを残念に思っていました。不信心でキリスト教の敵である者たちが、あなたを付け狙っていることを大司教が忠告してきました。あなたにとってどこにも安全な場所はないのです。あなたが献呈してくれたルカ福音書パラフレーズやその他の著述の中に私たちへの信頼を読み取ることが出来ます。あなたがキリスト教信仰のために戦ってきたことはよく理解できますし、そのことはたいへん有益なことでありました。私たちのあなたへの愛は、それゆえさらに豊かなものとなっています。あなたの敬虔で、聖なる企てはキリスト教信仰の源泉に近づくために役立ってきました。それによって、不信仰な異端者の欺きに対して神の教えで立ち向かうことができるようにもなりました。時代は不幸な様子を示しています。善人には禍となり、

36　この事項についての詳細は次の文書を参照。J・R・H・ムアマン（八代、中村、左藤訳）『イギリス教会史』聖公会出版、1991年、209―210頁参照。

37　Ep. 1878 (1527. 9. 18), EE. Tom. VII., p. 179-181, CEW.Vol. 13., p. 338-41.

それはさらに悪くなるでしょう。キリスト教にとって大事なあなたの安全のことで私たちは心配しています。不信仰な異端者の暗闘が広がり、有害なものがあちこちに群がり主権を振るっています。この国には逃げ場があります。あなたにとって一番良い道です。私たちは喜んで受け入れたいと思いますし、それは私たちにとっても良いことなのです。心からそのように願っています。生活の安全、学問のための静けさは保障いたします。また高官連も皆あなたに対して好意的なのです。私たちはあなたにどんな義務をも要求はいたしませんし、この国では全く自由に生きていただいてよいのです。生活の面で何かお望みのことがあれば何でも叶えられるでしょう。どうぞ、他の決心をなさらず、私たちの招きを受けてくださるように決心してください」とエラスムスへの再度の招請を試みている。

先に触れたように、この年は離婚問題を巡って自身が困難な状況の中に置かれていたヘンリーであった。また、エラスムスについてはこの書簡にも示されているように、安住の地はなく、カトリック、ルター派両陣営から批判を受けるようになっていたのである。かつてのエラスムスであれば、彼がその地に滞在しているだけで人々の関心を呼び、注目されたものであった。しかし、このような情勢の中でエラスムスを迎えるということは、彼がおかれた困難な立場を引き受けることを意味する。カトリック、ルター派両陣営に対してヘンリー8世が立っていた立場も似たようなものであったかもしれないが、しかしエラスムスを迎え徹底的に保護することがヘンリーにとってどのような利用価値があるというのだろうか。そのように考えてみれば、この招待はその背後に何らかの政治的意図を感じさせるものではない。純粋に、エラスムスの持っている学識、特にキリスト教の根源である聖書への知識とそこから導き出される平和への願いというものをヘンリー8世も共有しようとしていたといえるかもしれない。エラスムスは、その招待に対して次の年1528年6月1日に感謝の書簡をヘンリー宛に送っている。[38]以下のとおりである。

「パウロ書簡にもありますように、苦難の中にも慰めはあるものです。私は健康、老年、教会の不一致、狂ったような侮辱によりすっかり衰えてしまっていました。あなたの好意あるお手紙は、まるで嵐の中で静かな港に出会ったように感じられました。それは私が何か力があるからというよりも、まったく君主としてのあなたの慈悲深さのせいなのです。それがどんなに私の気持ちを晴れやかにしてくれたか感謝の言葉もありません。私は自分の助言や従順を奉げることのできる君主を求めていましたが、期待に応えられるかどうか自分の力に不安もありました。しかし、英国には心が弾みました。ただ、健康や年齢も心配ではありますが、何よりも旅の途中での強盗、あの海、それに戦争も不安の要因であります。英国が安全で平静であるとしましても、旅行中どこでも安全というわけではありません。私に対するご好意には心から感謝しております。しかし、その好意を私が受けないからといってあなたは決してお怒りになるようなことはないでしょう。もし、私に提供できるものがあれば、喜んで提供いたします。あなたが、信仰と徳に値するようなこと、平和な状態を保たれることを努力し続けられるようにお願いいたします」

エラスムスは、自分が置かれた立場に対してヘンリーからの招待を感謝して受けとめつつも、ヨ

38　Ep. 1998, EE. op. cit., p. 402-403, CWE. Vol. 14., p. 196-98.

ーロッパ全体の不安な情勢の中を旅することをためらったのだろうし、健康についての心配もあったのだろう。ついに、ヘンリー8世の招待に応えることはなかった。ところで、この時期にヘンリーの離婚問題について何も知らなかったわけではないだろうが、二人の往復書簡ではそのことについて何も触れられてはいない。この問題についてはエラスムスの立場を他の書簡から垣間見るより他に理解する手掛かりはない。

4　ヘンリー8世の離婚問題をめぐって

エラスムスは1525年10月4日、ジョン・コレット[41]を通じて友人となったトマス・ラプセット[42]宛に書簡を贈っている。[39]この書簡はメランヒトンの病状のことに併せてルターのフォン・ボーラとの結婚等について、さらには聖餐論を巡るツヴィングリの動きやルター派の主張に触れた後、フランスやドイツにおいてもエラスムス自身の著作が危険視されていることを報告している重要なものである。ただここでは我々の主題に限定して取り扱うことにしよう。書簡の最後に次のように記されている。「ある高貴な方が、[40]手紙で著名なる女王のためにしっかりした結婚についての文書を書くように要求してきました。といいますのは、私がかつて『乙女と殉教者の比較』

39　Ep. 1624, EE. Tom. VI., p. 186-188, CWE. Vol. 11., p. 305-308.
40　エラスムスの友人で支援者の一人、マウントジョイ卿のことである。彼は1512年以来キャサリンの侍従として仕えていたのである。エラスムスは彼の依頼により、『キリスト教結婚論』*Institutio christiani matrimonii* をキャサリンに献呈している。

Virginis et martyris comparatio[41]について出版した本に関心を持たれたからだというのです。ビベス[43]は彼女に『処女、妻、未亡人』という書物を献じたようです。私は彼女がそれ以上に何かを望んでおられることに驚きを感じています。しかし、聖餐論争を激しく戦ってから彼女の願いに答えるつもりです」。

こうして、1526年の7月15日に『キリスト教結婚論』*Institutio christiani matrimonii*をキャサリンに贈っているのであるが、その短い序文として書かれた書簡がある。[42]最初に彼は、マウントジョイ卿から依頼されて27年も経ってしまったこと、その間他に多くの仕事をしなければならなかった事情と健康の故に思うようにならなかったことを詫びている。この結婚についての文書が拙いものであるとしても、お世辞ではなく最も神聖で最も有効な結婚の完全な事例をあなたの中に見ていると述べる。それを尊崇し褒め称えるのはあなたの中にある神の賜物を讃えるのである。このように述べた直ぐ後に、かつてスペインの女王であったキャサリンの母イザベラへの称賛が続く。エラスムスにとっては行動的な支配者であり、信仰深くしかも学問熱心な支持者であったイザベラが称賛の対象となることは不思議ではない。しかも、イザベラへの称賛に続いて、キャサリンの娘メアリーへの賛辞をも見ることができる。その賛辞もやはりその両親、特に母親であるキャサリンから受けた教育、教養という点が中心となっているのはいかにもエラスムスらしい賛辞といえよう。

41　1523年にケルンのベネディクト会の依頼で書いた文書『乙女と殉教者の比較』のことを指しており、女王はこの作品に関心を寄せたのである。

42　Ep. 1727, EE. op. cit., p. 368-370, CWE. Vol. 12., p. 257-259.

いずれにせよ、エラスムスの献呈本である結婚論はキャサリンに贈られたのである。

トマス・モアは、エラスムスの病状を心配し、その病気によってエラスムスがなしているキリスト教世界に対する重要な著作の仕事が中断されることを危惧している。[43] その中では、『自由意志論』の続編としての Hyperaspistes の継続出版を願っているが、その文脈の中でキャサリンに献呈された結婚論に触れている。もし、その結婚論の故に他の著作に遅れが生じているというのであればそれは了承できるし、やんごとなき女王の威厳にとってそれは価値のあることである。それにその問題について徹底的に時間を取られるというのであれば、それはむしろ幸いなことである。しかし、その問題を扱う時には最大限の注意を払ってなされるように切望するものである。このように語っている。特に、最後の最大限の注意というのが何を指しているのか明確ではないが、その後書かれたエラスムスの書簡からあるいは離婚問題を示唆したものであるかもしれないと類推される。1527年3月30日のトマス・モア宛書簡がそれにあたる。[44] この書簡も、当時のエラスムスがルター派やその他からの批判や攻撃に対してどのように対処しているか、あるいは彼の著作がどのように展開されているかを知るための重要な書簡であるが、問題を結婚論に限定して論じよう。「私は『結婚論』が余り女王の気に入らなかったのではないかと心配しているのです。と申しますのは、

43　Ep. 1770 (1526. 12. 18), EE. op. cit., p. 441-443, CWE. op. cit., p. 414-419, 邦訳は本章の注27に挙げた岩波文庫版、285—290頁参照。エラスムスは以前から持病である腎臓結石に悩まされており、そのためにしばしばその仕事を中断せざるを得なかったり、約束を果たすことができないという結果を招いたのである。

44　Ep. 1804, EE. Tom. VII., p. 5-14, CEW. Vol. 13., p. 9-28, 邦訳は前掲書、311頁参照。

その中で結婚の絆の解消ということについて論じているからです。私はそのようなことを入れないで論じたほうが良かったのかもしれません。あることについてはペンの走るままに書き、また他のことについては心から願って書いたのです」と、一般的にであっても離婚問題を論じたことが女王の気持ちに沿わなかったのではないかと心配しているのである。

エラスムスの心配について直接モアからの書簡は存在しないが、同年の5月1日付でマウントジョイ卿からの書簡がそれに答えているものと理解できる。(45)「ところで、私は女王にあなたの結婚論を良く吟味して読まれるようにお勧めしました。女王はあなたの誠実な仕事に対し最大の感謝の念をお持ちになりました。一方、あなたは女王のあなたに対する愛着を（あなたの）奉公人からたっぷり知ることになるでしょう。彼がそのことを十分に明らかにするでしょうから」と知らされている。(46)エラスムスの結婚論が直接ヘンリー8世とキャサリンの離婚問題を取り上げてはおらず、一般論としての言及に止まっていたのだろうが、エラスムス自身はそのことを気に病んで心配している。ということは既に王夫妻の離婚問題について何らかの情報を持っていたということの現われと見ることができる。しかし、直接に離婚問題についての公的な言及が見られるのは、クランベルト

45　Ep. 1816, EE. op. cit., p. 54-56, CWE. op. cit., p. 108-110.
46　op. cit., p. 55. エラスムスは女王がその書物を受領したかどうか何らかの説明を期待していたようである。しかし、エラスムスの期待と心配は最初にモアに知らされることとなり、マウントジョイ卿はエラスムスへの返事を、彼の奉公人であるカニウスが英国からバーゼルへ出発するまで延ばしていたようである。

〔44〕からの書簡においてである。[47] その書簡の中でクランベルトは、王の結婚が無効となってしまわないように願いつつも、神が合わせられたものを人間が引き離した悲劇を訴え、様々な状況がその壊滅的な結論を招いたのであるとして、マタイ福音書24章22節のギリシャ語を引用している。[48]

ところで、ヘンリーはウルジに命じてキャサリンとの結婚解消を準備し、ローマに直訴していたが、教皇クレメンス7世はキャサリンの甥である皇帝カール5世の監視下にあったので、結論を急がず時間稼ぎをした。つまり、教皇特使のカンペッジョとウルジに対して審理をできるだけ引き伸ばすように命じたのである。その結果として、ヘンリーは反聖職者的な人々に唆されウルジを大法官職から追放することになる。１５２９年のことであった。その後、ヘンリーの離婚問題についてエラスムスはバーゼル生まれの人文学者、アメルバッハ〔45〕と書簡を交わしている。まずは、エラスムスからアメルバッハへの書簡である。[49]「英国には最も不安なことがあります。それは王と女王の不和から生じたことです」と離婚問題の存在を報告している。そして、問題解決のために英国に滞在していた枢機卿カンペッジョが英国を去ったことが書かれる。さらにアメルバッハに対しては、英国王についてよく考えてほしいと願いつつ、自分はカンペッジョが敢えてしなかったことに関わりたくはないと明言しており、この問題の解決のための働きとは距離を置いていると仄めかしてい

47　Ep. 1850 (1527. 7. 26), EE. op. cit., p. 112-113, CWE. op. cit., p. 222-24.
48　終末の大きな苦難の予告を示した中で、「神がその期間を縮めてくださらなければ」誰一人救われない、という句からの引用である。
49　Ep. 2256 (1530. 1. 16), EE. Tom. VIII.,p. 325-27, CWE. Vol. 16., p. 134-38.

る。ただ、この問題の見通しについて、「おそらく、確かな後継者が現れなければ英国に生じた問題はもっと大きくなっていくだろう」と、ヘンリー8世に同情するような立場を示している。しかし一方で兄によって残された妻を娶るということは神聖な法に照らして決して矛盾してはいないし、教皇特赦をも得ている合法的な結婚であるとの見解をも披瀝している。さらにこの書簡は、ヘンリー自身のこの結婚に対する理解をも紹介している。つまり、この結婚は、ヘンリー自身が望んだものではないということである。その事情について語った後、エラスムスはそれでも問題は残るだろうと理解している。

アメルバッハは、直ぐに返書を送っている。1530年2月2日の書簡である。[50] 英国王の問題について法律家からの意見をも参考にして自分の見解を述べている。まずは様々な洞察を加えても、なされたことがあまりよいこととはいえないとしている。しかし、一般的に完全な結婚について考える時に、教皇の解釈自体が様々に違っており、しかも教皇はその権威で禁止したり許可したりするのであるが、いつも同じ結論が出ているわけではないので、その点については満足できないと述べる。ヘンリー8世が帝国の平安のために離婚の理由を考えていたことは理解しながらも、結婚式で一緒になってから理由の正当性の故に離婚を要求することはできないとの結論を聖書の教えと共に述べている。すなわち、「神が合わせられたものを人は離してはならない」[51]と。

50 Ep. 2267, EE. op. cit.p. 351-54, CWE. op. cit., p. 176-82.
51 マタイによる福音書19・6。

同じ年の2月、日付は明らかにされていないエラスムスの短い書簡がある。[52]「これまで論じたようなことがありますが、すべてが良い結末となりますように。私は、王がこのような迷路の中に巻き込まれてしまったことを悲しんでおります。もし、結石が膀胱から取り除かれるようでしたら、私は本当に勇敢に語るでしょう。さようなら」と。

ヘンリー8世とエラスムスの関わりを、その往復書簡および周辺の人々の書簡を通じて見てきた。その内容は、宗教改革運動の進展あるいはその中でのローマ・カトリック教会の動向を反映していた。とりわけエラスムスが終始心に留め、願っていたのは、キリスト教世界の改革、ヨーロッパ社会の平和への期待であり、またそのためにヘンリーが貢献することであった。さらに、そのための学問的方法論としてエラスムスは人文学の研究を重視していた。この点について彼は、ヘンリー8世を評価し続けていたといえる。離婚問題にしても、その問題はそれとして認識しながらもなお、ヘンリー8世への共感を持ち続けていたところに、二人の関係の深さを認めることができるのではないだろうか。

52　Ep. 2271, EE. op. cit.p. 359, CWE. op. cit., p. 188-89.

第5章　レオ10世とエラスムス

1. レオ10世への評価と好感

宗教改革が進展する最中に教皇となったレオ10世（1475-1521, 在位 1513-21）は、フィレンツェのメディチ家に生まれている。豪華公と呼ばれ、フィレンツェにおいて独裁者のような権力を誇ったロレンツォ・イル・マニフィコ（Lorenzo il Mgnifico, 1449-92）の第二子ジョヴァンニである。ジョヴァンニの教育は3歳ごろから始められ、ギリシャ語や音楽等を当時第一級の人文学者から学んでいた。たとえば、マルシリオ・フィチィーノ(46)やピコ・デッラ・ミランドラ(47)のようなメディチ家と深い関わりを持っていたプラトン・アカデミーの著名な人文学者たちである。幼少期より聖職者の道に定められ、1489年にはわずか13歳にして助祭枢機卿となっている。その後、ピサにおいて教会法を修め、ローマに住むことになる。さらにフランスおよびフランドル地方を遍歴し1503年長兄ピエーロの死によりメディチ家当主となっている。後で取り上げるように、その遍歴の途上でエラスムスとの親交も始まったとみられる。教皇ユリウス2世の厚遇を得て勢力を伸ばしていくが、同時にユリウスの教皇特使として教皇軍の指揮を執りフランス軍と戦っている。[1]ユリウスの死後、１５１３年に教皇に選出されレオ10世として即位することになる。その後もフランスとの戦いを継続しており、基本的にはユリウスの統治を継承するが、ユリウスが招集した教会改革のためのラテラノ公会議に関してはあまり熱意を示していない。一方人文学者を重用し、ラファエロやミケランジェロのような芸術家を擁護してルネサンス芸術と学問の発展に関しては大きな役割を果たしている。そのために多額の費用を要し、財源確保のため贖宥状の販売を推し進めるなど結果としてルターの『95箇条提題』が公にされることとなった。そのことは贖宥の問題に止まらず、教皇制度や教会の権威に関する問題にまで及ぶことになった。結果的に教会と世俗権力の関係からドイツ諸侯を巻き込んだヨーロッパ全体のキリスト教界の混乱を生み出すことにつながっている。したがって、レオ10世への評価は学問、芸術の保護者としての肯定的評価と教会改革に関しての否定的評価の両極に分かれることとなる。

エラスムスが、レオ10世に書簡を送ったのはセント・オマール修道院長ベルゲンのアントニー[48]の代筆としてであった。その当時枢機卿であったジョヴァンニがローマへの帰途この修道院を訪れ、好意的に振る舞ったことへのお礼の手紙であり、日付は１５０１年７月30日となっている。[2]この書簡の内容を見ると、エラスムスは後のレオ10世への評価を先取りしているかのように見え

1　ユリウスおよびユリウスの戦いや政略については、次の拙訳に収録した解説を参照のこと。エラスムス『天国から締め出されたローマ法王の話』２０１０年、新教出版社。

2　Ep. 162, EE. Tom. I., p. 371-72, CWE. Vol. 2., p. 48-49.

る。すなわち、その教養について高い評価を与え「メディチ家に相応しい最も人間的な心」を持つ者であると言い表し、メディチ家という出自と同時に、彼自身に与えられた天性の賜物に対して惜しむことのない賞賛を与えている。その後、エラスムスが教皇に就任する前のジョヴァンニと直接関係を持っていたのかどうかについては定かでない。しかし、ジョヴァンニが教皇の座に就いた1513年以後は多くの書簡を取り交わすのみならず、その友人を通じても両人の関係の深さを見ることができる。

1515年には、『ヒエロニムス全集』の校訂版を献呈したいという趣旨を伝え、その許可を求める書簡が残されている。[3] エラスムスはこの書簡において、まずメディチ家が学問、芸術のために果たした功績を称え、多くの優れた学者を育成してきたことに対する評価を明らかにしている。「その家系から、あたかもトロイの馬から飛び出してくるように、あらゆる学問の大家たちがかくも短期間のうちに私たちの所に飛び出してきたのです。つまり、キケロ、ヴェルギリウス、プラト

3　Ep. 335, EE. Tom. II., p. 79-90, CWE. Vol. 3., p. 99-110. なお、この書簡に対するレオの対応については、エラスムスの英国の友人で教皇特使および徴税官でもあったAndrea Ammonio（1478-1517）からの書簡（Ep. 389, 1516. 2. 18）に、レオがとても喜んでいること、「あなたにたいへん関心を持っておられます。ローマに来られるという意思をお持ちでしょうか」と尋ねたことが明らかになっている。エラスムスは、古典、特にキリスト教の初代教父達の校訂版を多数出版している。このヒエロニムス全集は、実際には1516年夏にフローベン書店から全9巻の大部なものとして出版されており、エラスムスはこの版をカンタベリー大司教ウォーラムに献呈した。その献辞は次の書簡に見られる。Ep. 396 (1516. 4. 1), EE. op. cit. p. 210-21, CWE. op. cit.p. 252-66.

ン、そしてヒエロニムスの信奉者たちのことです。それに、もしすべての学識ある者たちに希望を高めることがあるとすれば、神の摂理によってこの世にレオ猊下が与えられたということであります。猊下の下で優れた徳が回復され、またすべての優れた芸術が回復されるようになっていくのであります」と褒め称えている。そのようなメディチ家出身ということが、出自の故にレオ個人の資質を隠す場合もあろうが、しかし最高の教育が彼の天性をさらに高めたことを挙げている。プラトンの『国家論』のたとえから、国家の第一人者に求められる二つのこととして「よい性格と正しい教育」を上げ、それはわたし達の時代の君主たちにおいても存続すべきものであると社会的指導者のあるべき姿を指し示している。このようなすばらしいレオの出現は神の計画によるものであり、困難で荒れ狂っている時代の中で金が火によって鍛えられていくように、その精神も生来の徳性を輝き出させていると称える。このようなレオに対する賞賛の言葉をしばらく連ねた後、時代に対するレオの意義を「世は直ちに出来した事態に対して、レオ猊下が舵取りをすることに気づいております。そして、突然この世紀が鉄の時代から価値ある黄金の時代に変わったのです。あたかも運命的であるかのように、すべてのことが突然変わってしまったのです。ですから、これが神によってなされたことであると誰の目にも明らかとなったのであります」と言い表している。その内容とは、戦乱が収まり、憎しみによる不一致がキリスト教的一致へと変えられたことであるという。具体的な例として、レオが教皇に就任した直後の1513年6月にラテラノ公会議で分裂派の枢機卿たちを服従させたことを上げている。このようなレオの業績を称えつつ、前教皇であったユリウスと比較している。ユリウスの戦争熱心を批判的に取り上げ、レオの偉大さとは世界に平和を再建したことであるというのである。フランス王の服従およびフランスとイギリスの戦いの終結は、ユリウスの起こした不一致をレオの温良と寛容が癒したと称える。(4) レオ10世に対する賞賛は、その名前の由来をエラスムスなりに解釈しているところで最高潮に達している。つまり、「並外れて偉大なことは、何であれ古代では10という数字で表されます。それぞれ一人一人のレオにおいて卓越した徳のすべてを、私たちはレオ10世に期待しているのです。レオ1世は威厳に富んでおり、2世は教養と敬虔、神聖なる音楽の研究に優れていました。3世には有益な雄弁のみでなく善悪両方の運命によっても動じない不動の心が備わっておりました。4世にはキリストによって褒められたような単純な英知が備わっておりましたし、5世には神聖な寛容精神がありました。6世は至る所で平和の回復に努めましたし、7世は天にふさわしい神聖さを備えていました。8世は誠実を、9世は豊かな寛大さを持っていました」と、その徳をすべてレオ10世が備えていることを期待しているという。また、レオと普通名詞のLeo（ライオン、獅子）を重ねて、黙示録を引用し「ユダ族から出た獅子が勝利を得た」(5) ことが彼において成就された、とさえ述べて惜しみない称賛を贈っている。

4　フランスは、1513年12月にレオに服従しているが、イギリスとフランスの平和は教皇の介入なしに1514年8月に実現しているのである。しかし、エラスムスにはレオの偉大さの故であると見えたのだろう。

5　ヨハネの黙示録5・5「すると、長老の一人がわたしに言った。『泣くな。見よ。ユダ族から出た獅子、ダビデのひこばえが勝利を得たので、七つの封印を開いて、その巻物を開くことができる』」。エラスムスの原文では、Vicit Leo de tribu Iuda と短縮されている。

上に述べたようなレオの徳性がキリスト教の再建、使徒的精神の再建にとってふさわしいものであるので、その徳に合致する著作を紹介したいとヒエロニムスを挙げている。ヒエロニムスこそが、神学者の第一人者であり彼に比肩できる神学者は存在せず、言葉についての知識はもとより古典、歴史についても多くの知識を持っている。しかも、聖書についての完全な知識を持ち、その他の知識とも調和を保っている人物である。この一人の人が、その雄弁によって多くの人々の心を虜にし、教養によって教え、その敬虔によって心を奪うのである。このような人の作品が様々な形で破損されているので、理解し難くなっておりそれを取り戻したく校訂版を作成した。その作業は一人では不可能であり、多くの人々の助力を得たとして同時代人の名を列挙する。あらゆる学問の保護者であるウォーラム(49)、教皇特使としてのカラッファ(50)を上げた後、その校訂作業について論じ、特に言語理解についてはギリシャ語、ラテン語、ヘブライ語の三つの言語に習熟しているロイヒリン、人文学者としてのレーナヌス(51)、そして印刷業者のアメルバッハとフローベンなどを上げている。このようにして完成されたヒエロニムスの著作は多くの人に読まれてしかるべきであり、そのため教皇の名前の権威をもって広めたいと願っている。「最高の神学者が、最高の教皇の名によって推薦されるように」と。その目的は、ヒエロニムスの作品によってキリスト教信仰が支えられるようにという以外にはないと断言している。

エラスムスの手紙に対して、レオは同年7月に返書を送り感謝を述べる。[6] この書簡はレオの秘

6　Ep. 338, EE., op. cit., p. 114-15, CWE., op. cit., p. 139-142.

書官であったサドレートによって書かれ、エラスムスに送られたものである。その書簡の内容は、きわめて簡潔なものである。エラスムスが『ヒエロニムス全集』を献呈しようとしていることに対する深い感謝とエラスムスに対する理解、評価を表明し、キリスト教の徳と信仰の更新への願いが、聖ヒエロニムス校訂版によって達成されることへの希望が示される。英国に関しては、カンタベリー主教に対する好意と主教のエラスムスに対する援助を評価した上で、国王ヘンリー8世に対しても推薦状を書くことを約束している。実際、レオ10世はこの書簡と同じ日付でヘンリー8世に書簡を送っている。「私たちは学問への愛と熱意、またあなたの徳と教えに対する意見を同じくするのである」からであるとその理由を述べている。(7)

この二つの書簡は、当初直接に英国のエラスムス宛に送られたが、彼の所在場所が不明であったために（当時、エラスムスはオランダに帰っていたと思われる）、友人のアンモニオ〔52〕が保存していたようである。アンモニオはこのヘンリー8世への推薦状がエラスムスの手を経てではなく直接王に送られたものであるように取り計らっている。(8) ここでも、学問をめぐるエラスムスの資質を介し

7　Ep. 339, EE., op. cit., p. 116-17, CWE., op. cit., p. 142-143. この書簡の内容については、ヘンリー8世の項目で紹介しているので、それを参照のこと。

8　Ep. 389（アンモニオからエラスムスへの書簡、EE., op. cit.p. 199-201. CWE., op. cit., p. 237-39）。教皇からの書簡の写しをあなたのもとに送る、原本は私の手元に置いておくが、王への推薦状をどう扱うのがよいか知らせてほしい、おそらくあなたはそれがもっと前に王に届けられるようにしたほうがよいと考えるだろう、という趣旨である。

て、時代を代表する二人の指導者、教皇と国王が関係を構築している姿を見ることができる。

2　『校訂版新約聖書』の献呈

エラスムスは、英国滞在中（1512—13年）新約聖書の校訂版に関する仕事を開始している。当初は原文の校訂だけで翻訳を考えていたわけではなかった。しかし、バーゼルの出版者フローベンの勧めにより翻訳の決心をし、1516年に『校訂版新約聖書』を出版する前に、ヴルガータ訳と自分の訳とを併記したものを完成していた。1509年3月にはマタイ、マルコ福音書、9月にはルカ、ヨハネ福音書、そしてもっと早い1506年9月には全書簡という具合である。このように1516年よりかなり前に草稿は完成しており、1515年3月に英国に渡ったのはその草稿を取りに行ったものと思われる。そして8月にはフローベンの依頼を受け入れ仕事を始めている。印刷の間に注解を拡大し大部な『校訂版新約聖書』が完成するのである。[9] 彼はこの作品をレオ10世に贈る。その献辞の日付は2月1日となっているが出版は3月7日である。[10]

9　この部分の論述内容について詳細な紹介は、『校訂版新約聖書』のレオ10世への献辞に付された解説を参照(Ep. 384, EE. Tom. II., p. 181-184, CWE. Vol. 3., p. 216-24)。また出版までの詳細については拙著『エラスムス研究——新約聖書パラフレーズの形成と展開』日本基督教団出版局、1992年、88—104頁、参照。

10　出版当日レギウス宛に手紙を送っている。この書簡の最後に「わたしは新約聖書を出版しました。またヒエロニムスも最後の段階に来ています」と書いている。Ep. 394, EE. op. cit., p. 208-9, CWE. op. cit., p. 250-52. レギウスは、最初インゴールシュタットでヨハン・エックの弟子となったが、後には宗教改革者となったルター派神学者であり、人文学者としてエラスムスとも交わっていた。

献辞の要点は次のようにまとめることができる。(11) 冒頭に個人的賛辞が述べられているのはいつもの形式である。続いてレオ10世がなしつつある功績の内容をキリスト教信仰の進歩と戦争の終結、平和の構築として取り上げ、それを旧約聖書に描かれたエズラ(12)のようであると讃える。そして、「私たちは至る所で、優れた人々、豊かな王たちがソロモンの神殿を建てるため、大理石、象牙、金、宝石のようなものを贈っているのを見ています。私たち、族長というよりもむしろ小さな者は、差し出すことのできる材料、たとえば山羊の皮のようなものでも贈りたいと願っているのです。私たちの業に関する限り、それはつまらない小さな贈り物であるかもしれませんが、キリストの寺院の役には立つはずです。それが目立たないものであったとしても有益なものとして受け取ってもらえるはずです。私たちはあなたがそれを受け取ってくださると信じていますし、それは聖なる特別な希望なのです。そしてその中にこそキリスト教の再生と再建がかかっている最後の手段があるのです」。このように、エラスムスは新約聖書校訂と翻訳の仕事について、小さな捧げものにすぎないと謙遜しつつ、しかしそれはキリスト教の再正と再建がかかっている手段であると断言している。また彼はここで「キリスト教の教え」*Philosophia Christiana* という概念を用い、この出版の目的が「キリスト教の教え」をできるだけ広く公に知らせることであるとも表明している。そ

11　Ep. 384, EE. op. cit., p. 181-87, CWE. op. cit., p. 216-24.
12　紀元前5世紀頃、ユダヤがバビロン捕囚から解放されたのち、ユダヤ教の再建と純化のためにネヘミヤとともに活躍した人物。エラスムスはレオ10世をこの人物に重ねて、キリスト教の純化と平和のために働いた者としている。

の教えは、福音書記者と使徒の文書から汲み取られるものであるとして、「私たちは、救いであるその教えを水たまりや小さな川の流れからではなく、その源泉自身から汲み出すほうがよいと考えましたので、新約聖書全体をギリシャ語原典の信頼すべきものから校訂しました。それは無計画になされた軽い仕事ではなく、多くの助けを借りて二つの原語写本を利用しました」と説明を加え、校訂の仕方や教父文書の利用等についても述べている。その内容は校訂版に付された序言のうち *Paralcesis* と *Methodus* の内容を反映したものである。

書簡の最後には、先に取り上げた書簡と同様カンタベリー大司教のウォーラムの助力がいかに大きかったかということ、そしてこの「キリスト教の教え」がレオ10世の権威によって人々に広がるようにとの希望を述べて書簡を結んでいる。

ところで、この『校訂版新約聖書』が出版され市場に出回ると、巷では賛否両論が喧しく交わされていくようになる。一体に人文学者たちはエラスムスの側に立ってそれを高く評価し、弁護しているが、保守的神学者、特にパリ大学やルーヴァン大学の神学者の中にはこれを激しく批判する者が出てくるのである。[13] エラスムス自身それぞれについての反論をなしてはいるが、同時に有力者の力を借りてその反論と自分の仕事の正当性を強化しようとした痕跡を見ることができる。特に、宗教改革の進展と並行するような形でその批判が激しいものとなり、聖書研究や人文学そのものへ

13 この校訂版新約聖書についての反響に関しては、拙著参照のこと。『エラスムス研究——新約聖書パラフレーズの形成と展開』105—112頁参照。なお批判的見解の詳細については、本書別項のエックやベーダ等も参照のこと。

の危険視に発展していくことに対しては強い危惧を抱いている。有力者の助力として代表的なものが、1518年に書かれたレオ10世からの書簡である。(14) この書簡を得るために、彼は教皇特使としてスイスに居たプッチ〔53〕に依頼する書簡を送っている。(15) レオ10世の書簡の趣旨は次の通りである。

「あなたが以前に出版した新約聖書の仕事は、私たちの間ではたいへん好評のうちに受け入れられています。それは多くの学者たちの評価をも得ています。あなたの校訂や注解がとても有益だからです。それは健全な神学研究とわたし達の正統的信仰にとってたいへん役立ちます。あなたの仕事全体は神御自身からふさわしい報酬で報われることでしょう。そして私たちからはふさわしい推薦、全キリスト教徒からは永遠の賞賛が結果として与えられることになるでしょう」

このように、レオ10世はエラスムスの要請に応えて全面的に支持を与えている。しかし、エラスムスへの批判はそれによっても収まることはなく、むしろますます強まっていく。エラスムス自身はそれにもかかわらず、校訂版の改定を精力的に続け、1519年3月には1516年初版の表題 *Novum Instrumentum* を *Novum Testamentum* に変更して出版にこぎつけた。同じ年の7月にはライプツィッヒ論争がなされ、宗教改革運動は激化の一途をたどることになっていく。それに伴い、

14　Ep. 864 (1518. 9. 10), EE. Tom. III., p. 387-88, CWE. Vol. 6., p. 106-8.
15　この書簡は、教皇からエラスムスへの書簡の少し前、すなわち1518年8月26日付のものである。Ep. 860, EE. op. cit., p. 379-82, CWE. op. cit., p. 95-98. この書簡の中で、自分の仕事について批判をしているトラブルメーカーに対して、教皇の力で彼らを黙らせてほしい旨が依頼されている。

エラスムスへの批判は宗教改革に対する反発と同調するように展開される。特に、ルーヴァン大学の神学者たちは新しい学問研究や１５１７年に設立された三言語学寮に強い反対を唱えていたからである。このような敵対する神学者に対抗するためにエラスムスは教皇の権威に訴えた。１５１９年８月のことである。[16]

エラスムスは、まずその改訂版が出版されたことを報告し、教皇の名のおかげで広く認められていることを感謝する。特に、初版に関して「最も誠実で学識ある人々がそれを重んじてくれました」として、そのことに満足している様子が伝えられ、「誰も万人の賛同を得るようなことはないのですから、ある優れた人たちの気に入ったということで十分ではないでしょうか」と述べる。そして、その仕事に同意を示さない少数の人については、理性で認識することのできない愚かな者、傲慢な者、頑固者、尊大な者と呼んでいる。このような人達は言語の学習や人文学が神学研究に対立するものであると騒ぎ立て無知な人々を扇動し、このような学問がキリスト教を危険にするとか揺り動かすと言いふらしていると告げる。言語の知識や学問の研鑽に携わっている人間を異端者、反キリストの名で中傷し、「こんな恐ろしい教えは詩から生まれてくるのである」と自分たちの知らないことを何でも危険視していると嘆く。このような呪文を唱えて恥ずかしいとも思わないばかりか、ローマ教皇やローマ司教座の名をさえ悪用しているという。実は、彼らの無知がそうさせているのであり、「私が試みてきたことは堕落した、冷たい、狡猾な神学から純粋で厳格な神学研究

---

16 Ep. 1007 (1519. 8. 13), EE. Tom. IV., p. 52-54, CWE. Vol. 7., p. 55-59.

へ高めることであり、キリストを証ししキリストの栄光に仕えることでありました。それは、とりもなおさずローマ教会に仕えることであり、教会の頭に仕えること、また教皇の神聖さに仕えることとでありました」と断言している。そして、批判者たちの激情が研究の静けさやキリスト教社会を揺り動かしていることに腹立ちを覚えるとして、議論の衝突に問題があるのではなく、嫌悪すべき誹謗が争いを増大していると、正統な議論ではなく誹謗中傷こそ事態に混乱をもたらしていると嘆いている。彼らが作り上げている不一致を抑制する権威が君主には与えられていることを述べ、ヘンリー8世やフランソワ1世がその代表であるとして、彼らがそれぞれの国で実現していることを全キリスト教界に対して実現しうるのは教皇であると強く訴え援助を求めている。

エラスムスは、ライプツィッヒ論争に先だってルターと書簡を交わしている。1519年3月28日、ルターは初めてエラスムスに手紙を書く。[17] その手紙に対してエラスムスが返事を送ったのは5月30日ルーヴァンからである。[18] この書簡において、ルターに対し感謝を述べた後、彼の書物を読んではいないがそれが問題になっていることは知っており、保守的神学者たちがそれについて騒ぎ立てていることも知っているとして、彼らにルターのものを読む前から騒ぎ立てるのはよくない

17　Ep. 933, EE. Tom. III., p. 516-19, CWE. Vol. 6., p. 281-83. この書簡の中で、ルターはエラスムスの立場を讃え、その思想が自分たちと同じであること、特に、『キリスト教兵士提要』の精神は同調できるものであることを強調している。そして、エラスムスが自分の作品を読んでおり、その立場にも賛成していることが分かると述べた。

18　Ep. 980, EE. op. cit., p. 605-7, CWE. op. cit., p. 391-93.

と知らせると書く。自分はキリストの教えを明らかにするために人文学の復興をしたいと述べ、自身の立場を明らかにしている。このことは二人が決裂した後でルターから批判を受けるポイントにもなったのであるが、この時点では積極的な意義を持つ主張であった。さらに、英国やその他の土地にもルターに賛同する人々がいるとしながらも、自分は直接それには関わりを持たないとも述べている。しかし、一方で、ルターの著作についてはその詩篇講解を高く評価して、それが有益なものであると称賛している。

その年の7月に行われたライプツィッヒ論争において、エラスムスとルターの関係が問題にされたのはおそらくこの書簡の交換が原因していたものと思われる。その批判内容は当然レオ10世にも届いており、教皇に対してエラスムスは書簡を送って自分の立場を弁明している。[19] エラスムスは、まずレオ10世が讒言する者たちの訴えを理由もなしに信じることはないと確信していると書き始める。そして、ルターとの関係については、その関心の在り様は同じようなものであっても、決して同一であるとはいえないと否定する。自分はルターの著作を詳しく読んだわけでもないと「おそら

19　Ep. 1143 (1520. 9. 13), EE. Tom. IV., p. 344-46, CEW. Vol. 8., p. 49-52, なお、エラスムスは同じ日付で同じ内容の手紙を教皇大使Francesco Chierigati（?-1539）宛に送っている。Ep. 1144. EE. op. cit., p. 347-49, CWE. op. cit., p. 52-55　Chierigatiは、シエナで法学の学位を得て、レオ10世の厚遇によりローマに行き、後教皇大使として英国、スペイン、ポルトガルに派遣されている。ニュルンベルク国会にも大使として派遣されている。その際、エラスムスは彼とピルクハイマーの間を取り持とうとしたが、彼らは関係を持つことはなかった。

く10ページか12ページ、それもパラパラと読む以上には彼の文書を読んだことはありません」と重ねて弁明している。しかし、ルターの聖書解釈については適切であるとも述べる。おそらくこれは彼の詩篇講解を指しているものと思われる。ただルターの姿勢について、特に彼の発言の過激さについては、「書物の中で、キリスト教的温良を考え、常に教会の平静に役立つよう注意を促す」ようにラング〔54〕をはじめ彼の友人たちに手紙を書いていると述べる。[20] ただ、だからといってルターの名誉をやみくもに奪うようなことはして欲しくないと、ここではルーヴァン大学の姿勢を批判している。この手紙や友人たちへの手紙、それに時代の状況から見えることは、保守的神学者たちのルター批判がエラスムスの言語研究や人文学研究に対する嫌悪と同一の動機からきていることである。つまり、新しい学問研究とローマ教会に対する激しい改革思想は同根であるという彼らの思いが、讒言を生み出しているとエラスムスは理解したのだろう。

レオ10世は、秘書官サドレートの手を通してエラスムスに返事を送る。[21] この手紙に先立つ1月3日には、レオ10世によるルターへの破門大教書 *Decet Romanum Pontificem* が発せられている。しかし、この手紙でそのことについては触れられておらず、エラスムスに対する感謝を、彼の信仰

20　たとえば、メランヒトンへの手紙 Ep. 947 (1519. 4. 22), EE. Tom. III., p. 539-40, CWE. Vol. 6., p. 308-10, あるいはラング宛書簡 Ep. 983 (1519. 5. 30), EE. op. cit., p. 609, CWE. op. cit., p. 395-96 にそのような趣旨がみられる。両者宛書簡とも、ルターを高く評価した上で、その主張が一般に受け入れられるためには表現に気を付けたほうがよいという趣旨である。

21　Ep. 1180 (1521. 1. 15), EE. Tom. IV., p. 435-36, CWE. Vol. 8., p. 144-47.

と学問がキリスト教の平和と一致に役立ってきたことを中心に述べ、現在も同じ役割を果たしているることを評価している。それに加え、エラスムスがローマを訪問し滞在することをさえ促しているのである。この書簡から、ルターへの破門状が発せられた歴史的状況を読み取ることはできない。しかし、教皇庁の中には、エラスムスへの批判も存在していた。エラスムスは先の手紙（Ep. 1143）でルターについて「私は、繰り返し注意深く読むのでなければ、それを否定することはできません。そのために私には暇がありません。私は自分の仕事で手一杯なのです。ですから事は私の学識と能力の尺度を超えているように思われます」と、暗にルター批判には手を染めないことが示されていたのである。しかし、教皇庁でのエラスムス批判は、将来彼がルターに対してペンをとらないことが許されない状況を作り出していたといわねばならない。事実、教皇庁の中でエラスムスがルターに対して勇敢に戦うことを期待する機運があったことをボンバシウス〔55〕の手紙から読み取ることができる。[22] ルターの破門によって宗教改革運動はさらに新たな展開を見せるようになり、論争は激化の一途をたどっていく。レオ10世はこの年、１５２１年の12月1日その生涯を閉じている。これまでの関係の経過をたどって分かることは、エラスムスが教皇に期待し、依頼してきたことは学問の自由を守ることであり、学問をよく理解することもなく状況の変化だけからその責任を新しい研究に負わせようとする讒言を取り除くことであったことが理解できる。

22　Ep. 1213 (1521. 6. 18), EE. op. cit., p. 528-31, CWE. op. cit., p. 245-48.

3　エラスムスへの教皇特免について

エラスムスがレオ10世に負っていたのは、それだけではなく彼の特免に関することが大きい。それはエラスムスの学問への自由をも左右する重大な局面であるので、時間を遡ってそのことに関する書簡を取り上げておく。

エラスムスは、１５０６年にすでにユリウス２世から聖職禄受給に関する特免を受けている。(23) しかし、その特免についてエラスムスは効力の範囲が十分でないことを恐れていたようである。したがって、レオ10世への書簡(24)でカンタベリー大司教が与えてくれた聖職禄に触れた後、「自分のすべての幸運や最高の幸福がただレオから受けたものであると判断されるでありましょう」と書いて、教皇からの特免を暗に要求しているのである。このことに関しては、先に上げた教皇特使徴税官のアンモニオがレオ10世に宛てた書簡からも明らかである。(25) アンモニオは、エラスムスが学問に専念できるように推薦した上で、好意だけでなく具体的に援助を与えてほしいと願っている。この手

23　特免 dispensatio というのは、教会法の規定を遵守する義務を事情によって免除する制度である。たとえば、修道会に属しながら聖職禄を受けたり、修道院に定住する義務、僧服を着衣する義務などから解放される特権を受けるのであり、それはエラスムスにとって研究のための資金や旅行のために必要なものであった。また、私生児であるがゆえに受ける様々な制限からも解放されたのである。

24　Ep. 446 (1516. 8. 9), EE. Tom. II., p. 288-91, CWE. Vol. 4., p. 2-6.

25　Ep. 466, EE. op. cit.., p. 345, CWE. op. cit.., p. 77-78.

紙は、レオ10世に送られると同時にその写しがエラスムスにも送られている。[26] レオ10世は、この手紙に対しアンモニオに返事を送る。1517年1月26日付書簡である。

この文書は、まずエラスムスが置かれた苦境の叙述から始まる。「彼は修道院規則への責任から解放されるまでは、自由にというより恥じらいながら、また困惑を感じながらそこに止まり続けていたのです」と。その理由は「彼が恐れていたように、許されない、傷つき拒まれた結婚によって生まれたという出生の不明に苦しんでいました」とエラスムス自身がその短い『自伝』*Compendium vitae* で明らかにしていることと同じ理由を上げている。しかし、それにもかかわらず、彼が修道院長の許可によって聖職者階級にまで至ったこと、カムブライの司教に招かれて様々な大学での学問研究に専心し、ついに最大の学識ある人間になったという事実を述べる。そして、後に許されて在俗司祭という立場で生活してきたが、修道会の規則からそれたという理由で背教者と呼ばれ、不利な判断が下されるようになってしまった。それゆえエラスムスは心の平安を得るために、背教者とかその他の判断、審問、罰から逃れ、しかも聖職禄を保持したいと願っている。そのことをアンモニオは嘆願してきた。そしてエラスムスに特免を与えるに際して、かつて教皇使節として英国に渡っていたオットーやオットボーニの例を引き合いに出している。[27] それに基づき、

26　Ep. 517. EE. op. cit., p. 433-36, CWE. Vol. 4., p. 188-95. なお、この書簡は教皇秘書官サドレトの署名の下に送られており、エラスムスはこの書簡の写しを個人的にも所持していた。おそらく、彼を批判する聖職者たちへの反論のために用いたと思われる。

27　オットーは、1237年にグレゴリウス9世の使節として英国に渡る。オットボーニは、後の教皇ハドリ

レオ10世はエラスムスにも特免を授けると言明する。そして、この手紙は、その最後にその名宛人である教皇使節アンモニオの宣言を提示している。以下のとおりである。

「最も神聖なるレオ10世の英国における徴税官たる私、アンドレアス・アンモニウスは、教会の慣例的形式において、我々に対する哀れな嘆願者ロッテルダムのエラスムス博士を教会の破門とその他の検閲から解放するものである。彼はその職を解かれて背教者とされ、数年の間世俗的生活の中を歩んできたのである。そして、上記の許可と可能性により、使徒的権威のゆえに私たちは彼にすべてにおいて、すべてのことを通じて特免を与えるものである。

これはウェストミンスターにある聖ステファヌス聖堂の聖職禄住宅において自らの手で確かに認めたものである。

1517年4月9日

すべて上述のことについて関与した教会法並びに市民法博士ヨハネス・シクストゥス博士には大いなる信頼を供し、自らの手で署名するよう依頼した。

私、教会法・市民法博士であるヨハネス・シクストゥスは、先に示された赦免と特免がすべてなされた上記の場所と日付とを確認するものである。このようになされたことを確かに見聞きして、私自身の手で署名をするよう求められたのでこれをなしたものである」

アヌス5世であるが、クレメンス4世の使節として1268年に同じく英国に渡り、両者とも教会の諸規則についてそれを免れる特免を受けている。この両者についての叙述はユリウス2世のエラスムス宛特免状にも書かれている（Ep. 187A, CWE. Vol. 2., p. 103-6)。

同日付で、レオ10世はエラスムスに対して二通の書簡を送っている。[28]その最初のものは秘書官サドレートの手によるものであり、エラスムスがすでに破門、聖職停止、その他教会の決定による禁止や審問から全く解放されていることを伝えるものである。同時に、複数の聖職禄を受ける権利をも保証している。その中で、英国王ヘンリー8世の依頼もあったことが述べられているが、王が何を仲介しようとしていたのかを示す証言は見当たらない。それはおそらく英国における着衣に関する教会法を指しているものではないかと推測される。[29]別の一通は、レオ10世自ら書いた短い手紙であり、そこでも内容的には特免を授けるという同じ趣旨を見ることができる。このように、秘書官を通じてだけでなく自らの手で書簡を送ることによってエラスムスに対する教皇の好意を示したものといえる。

レオ10世とエラスムスの親しい関係は、その書簡、あるいは周辺の人物を通じた書簡からも明ら

28　Ep. 518, 519 EE. Tom. II., p. 436-38, CWE. Vol. 4., p. 195-97.

29　この件については、1514年7月8日付で彼の出身であるステインの修道院長 Servatius Rogerus 宛書簡で、修道院に帰らないことの断りを伝えた中におよそ次のような内容がみられることからの推測である。「私は英国に帰り、自分に着やすい衣を着る決心をしました。それで、人間的にも学問的にも優れた友人に見せたところ、彼は賛成しましたので、そうする決心をしました。ところが、別の人が英国ではそれは許されていないと忠告しましたので、私はその衣を隠しました。そして以前に教皇から頂いた特免（ユリウス2世からの特免を指す）を用いることにしました。教皇の規定では、信徒と自由に交わるため僧衣を脱ぎ捨てても破門にはならないことを保証しています」（Ep. 296, EE. Tom. I., p. 564-73, CWE. Vol. 2., p. 294-303）と書かれており、レオ10世の特免でも同様なことが示されている。

かなように人文学研究と聖書の研究がローマ教会にとって有益であり、キリスト教の再興という点でも重要性を持っているという共通認識によって保たれていたといえる。しかし、１５２１年にレオ10世が死去することによって、ローマ教会の中にあったエラスムス批判は厳しさを増していくことになるのである。

第6章　クレメンス7世とエラスムス

1　優柔不断な教皇

クレメンス7世（ClemensVII, 1478-1534）の在位中に関する評価は必ずしも芳しくない。たとえばL・W・スピッツは次のような評価を下している。「クレメンス7世は、機知に富んだ、気のいい都市の教会人であり、芸術の保護者であった。目だって悪行をなしたということはないが、根本的に生来優柔不断という欠点を持っていた。政治的に巧妙であったとしても、彼が支配した絶望的な時代にとって本当の力を持ってはいなかった。（中略）彼のイタリアにおける陰謀や大きな力との戦いへの関与は、信仰深い人々だけでなく敵の目にも教皇の霊的威厳や道徳的影響を引き下げることになったのである」[30]。つまり、彼の欠点として優柔不断という点を上げている。同様な評価は、至る所で下されている。『キリスト教人名辞典』によると「ヘンリー8世の離婚に関してもカール5世の姪がヘンリー8世の妃であったため裁定を遅らせ、英国教会の分離を促すことになった。ま

30　Lewis W. Spitz, *The Renaissance and Reformation Movements, Vol.II*, St.Louis, 1987(Ist.ed.1971) p. 470-71.

た、その優柔不断は宗教改革の気運を増大させる結果となった」[1]と同様の評価がなされている。

さらに、彼はハドリアヌス6世の後に教皇に就任したが、ハドリアヌスの前任者はクレメンスの従兄弟にあたるレオ10世であった。レオ10世の死後、彼は教皇座を欲していたのだが、結果的にオランダの枢機卿 Adrian Floriszoon が選ばれハドリアヌスを名乗ったのである。ところが、その熱心な訓練や改革的姿勢にもかかわらずあまり上手でないラテン語、芸術への不案内それに世間知らずの人柄がイタリア人達に嫌われ、失意のうちに１５２３年9月14日、わずか一年少しの短い教皇としての人生を閉じている。そこで、非イタリア人教皇に絶望した枢機卿達はレオ10世と同じメディチ家のジュリオを選出したというわけである。結果的に、クレメンス7世となったジュリオは、メディチ家出身者としてフィレンツェおよびメディチ家の利益を最大に考慮していたと言われる。[2]

クレメンス7世とエラスムスの直接的な書簡の交換は、彼が教皇に選出された次の年から始まった。つまり１５２４年1月31日付で、エラスムスはクレメンス7世に初めて手紙を送っている。それは『使徒言行録パラフレーズ』に序文としても付けられた献辞である。[3] パラフレーズの印刷が完成したのは2月8日であるから、この手紙も実際にはそれ以後クレメンス7世に届いたものであ

1　『キリスト教人名辞典』日本基督教団出版局、１９８６年、517頁。同様の見解を取っているのは『カトリック大辞典』第二巻、研究社、１９９８年、658頁。

2　彼の最大の関心が、その一族と政治問題にあったと断じている評価は多く見られる。たとえば *The Oxford Encyclopedia of the Reformation, Vol. I* Oxford Univ. Press 1996, p. 362.

3　Ep. 1414, EE. Tom. V. p. 389-91, CWE. Vol. 10., p. 163-66.

る。エラスムスはこの手紙で、教会の混乱とハドリアヌスの死について嘆き、その反面クレメンス7世が教皇に選出されたことに最大の喜びを表明している。その第一の理由としてあげているのは、彼がメディチ一族の出身であるということである。世界にある重く、悲しむべき病状を癒す医者が求められていると述べて、エラスムスは医者 Medicus とメディチの語呂合わせをしている。しかも「使徒言行録」の著者である医者ルカとこの時代の医者としてのクレメンス7世を併置してその望みを述べる。そして、戦争の混乱を何とか纏めようとしている例としてヘンリー8世、ハドリアヌスをあげているが、同時にその努力も無駄であったことを表明している。しかし、神はキリスト教徒の願いを無益なものとはされず、クレメンス7世を立ててその病を癒す医師としたと称えている。ホメロスの詩を引用している。「矢を抜き取り、苦痛を和らげる薬をあてがうことを知る一人の医師は、多くの人々に匹敵する」と。最後に神の慈悲 clementia が我らのクレメンス Clementem にあるようにと結んでいる。この最初の手紙でエラスムスは、時代の混乱を収めるものとしての教皇の力を信頼していたのだろう。

そして、『使徒言行録パラフレーズ』が完成してそれを送る時に書かれた手紙が、2月13日付で残されている。[4] 内容的には先の書簡と大差はないものの、クレメンス7世の即位について最初はうわさで、そして枢機卿カンペッジオからの手紙で知ったことを知らせている。[5] 彼の即位が「公

4　Ep. 1418, EE. op. cit., p. 397-399, CWE. op. cit., p. 175-79.
5　本文中にあげた書簡との関係で、エラスムスがカンペッジョに送った書簡は2月21日付のもので（Ep. 1422, EE. Tom. V, p. 404）あり、そこにも混乱期にメディチ家出身のクレメンスが教皇に選出されたこ

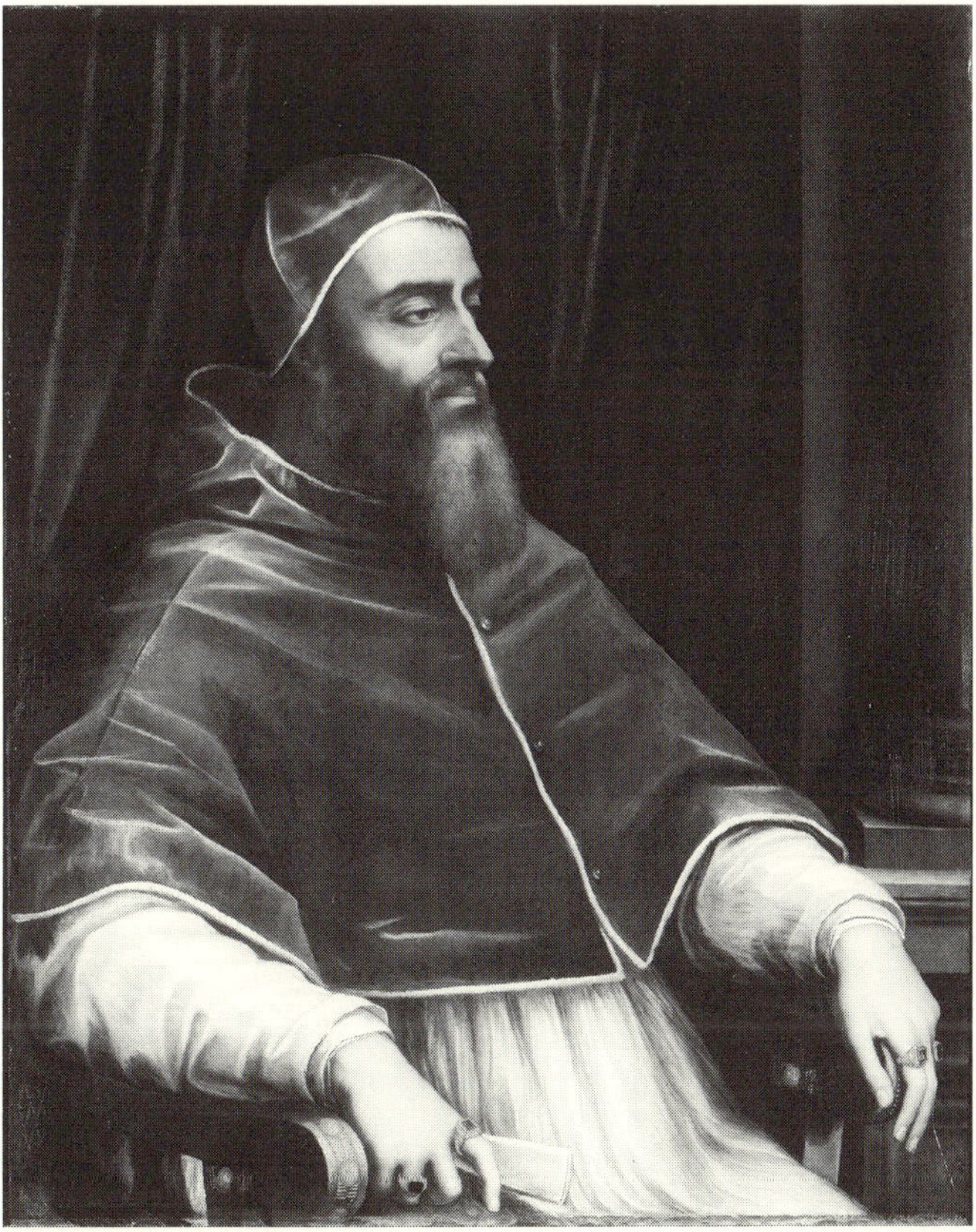

共の平安」にとって喜ぶべきであることを現している。そしてエラスムス自身がそのために働くこと、しかもそれは君主達に懇願されてではなく、またある種の神学者、修道士の誹謗を防ぎたいためでもなく、自身の信仰による行動であると言明している。しかしながら、彼を悩ませていた保守的神学者たちからの批判に対する弁明をも読み取ることはできる。つまり、ストゥニカ[56]が「全く狂った、中傷的な文書で勝手に騒ぎ立てている」ことについて、教皇としてそのいいかげんな讒言や助言に耳を傾けないようにと訴え、ストゥニカは教皇のためや公共の平安のため活動しているのではないと言う。また彼は自分の個人的な憎しみをもって振る舞い他人の狂気を利用しているとも訴える。エラスムスがここで訴えていることは彼の学問、特に聖書の研究がルター主義と同定されカトリック信仰から離れているという批判への反論であると言える。エラスムスは常にローマ教会の判断に従っているのであり、その判断については仮に自分にとって不満なものであってもそれを受容するだろうとさえ言っている。最後に、皇帝やフランソワ1世の招待について述べ、その上で自分のローマへの関心がいかに深いかということと教皇への期待を再度繰り返してこの書簡を締めくくっている。

クレメンスは『使徒言行録パラフレーズ』を受領した後、エラスムスに書簡を送っている。[6] そ

とを喜んでいる。

6　Ep. 1438 (1524. 4. 30), 1524. 4. 3, EE. Tom. V., p. 438-9. この書簡の日付については複数の写しが一致していないが、たとえばピルクハイマーへの手紙を参照して、6月にはこの書簡に触れておらず、7月21日の書簡においてクレメンスから書簡をもらったことが触れられていることから、エラスムスは少なくとも7月ま

の中で、クレメンスはエラスムスの信仰と才能を称え学識と文書による仕事を最大限に尊重していると述べる。さらにエラスムスの訴えの中にあった様々な中傷からの解放のために教皇庁の権威を介入させたことをも明らかにしており、カンペッジオを通じて贈物を届けエラスムスの体面を守るための機会を与えることも明らかにしている。つまり、この段階においてクレメンスはエラスムスの学者としての名声人望に最大限の敬意を表しており、進展しつつある宗教改革的状況の中での特定の判断を下してはいないということになるだろう。

ところで、1525年7月8日付のクレメンスの書簡は、エラスムスの特免に関する重要なものである(7)。エラスムスは不法な出生のために様々な苦労を強いられており、彼の批判者たちもこの点をついて聖職者としての不適格性を言い立てていたのである。ところで、前章で述べたようにエラスムスは1517年1月26日に教皇レオ10世からも特免を授けられているが、特免が立法者またはそれに代わる者によって与えられるという性格上、改めてクレメンスの特免を得たものであろう。その内容は、レオ10世の特免の場合と同様あらゆる聖職禄の保持、教会からの年金の受領、財産の保全、修道会の規則遵守の免除、その他大学、学寮、教会、世俗それぞれの場所における特典を含むものであると示されている。つまり、聖職禄を得ながら世俗の中で自由な学問、著作活動を保証しているのである。この点においてもクレメンスはエラスムスの学者としての資質を高く評価し、

7　Ep. 1588, EE. Tom. VI. p. 125-26, CWE. Vol. 11., p. 201-202. 4月30日としている。ではこれを受け取っていなかったと想定し、CWE. Vol. 10, p. 249-51 では書簡番号も 1443B に変え、日付を

カトリック教会としての特免を承認したものといえる。クレメンス自身、その不法な出生が教会法上問題となるので、従兄弟のレオ10世が教皇に即位するとすぐに特免を与えられ、枢機卿の地位と複数の聖職禄を得たという経緯があることも加えて理解しておかなければならない。ところで、エラスムスに対する批判は教皇庁からの特免や庇護にもかかわらず厳しいものがあり、特に宗教改革運動の進展の中でますます強くなっていったのである。それと並行して、クレメンスも批判者たちに対してエラスムスの擁護を始めている。たとえば、1527年7月16日付スペイン、セビリャの大司教アロンソ・マンリケ〔57〕宛書簡を例にとって見よう。(8) クレメンスは、その手紙の中でエラスムスの著書の検閲を命じながら、スペインにおけるエラスムス批判、特に彼がルターと同じであるという批判に対して弁護さえ試みている。つまりエラスムスの書物にルター的なものが入っているという批判に関して、それは彼に対する憎しみやある種の野心から出たものでありエラスムスには何のやましい所もなくむしろ推薦されるべき者であると弁護している。さらに審問に際しては尊敬をもってなさるべきことを「エラスムスの書物自体は最高の学問と信仰によって書き進められたものであり、あなたが吟味検査してもそこにある見解は是認されるべきものであると認識するはずである。もし、何か福音の教えや正統信仰の味わいを持たず、それから離反していると認識するのであれば、それは読まれるべきではないことを明らかに示すべきである」と述べ、最後に「人類のために徳と勤勉でもってよく尽くそうと努力しているその人に対しては、名誉と称賛が帰せられる

8　Ep. 1846, EE. Tom. VII, p. 105-6, CWE. Vol. 13., p. 210-11.

べきである」と締めくくっているのである。

ところで、クレメンスの政治的画策は事態を解決するどころか、むしろ混乱を助長するものとなり彼自身もその中で翻弄されていくことになる。中でもフランソワ1世と同盟を結びカール5世に対抗した結果、1527年ローマ略奪という結果を生み彼自身も捕囚の身となってしまう。そんな状態の中で、エラスムスはクレメンスに書簡を贈り、これが最後の書簡となっている。1528年4月3日のことである。(9) エラスムスはローマの占領に触れた後、この書簡の最も中心である自分に対する誹謗中傷について訴える。つまり、エラスムスとルターとを一つにしようという意図から出た中傷に対して弁明をし、自分が社会の平安をいかに求めるものであるかと繰り返し述べる。また、自分の望んでいることは、事態を混乱させることではなく、自分の都合のよいように事柄を曲げることでもなく、キリスト教国家の信仰と平安のために分別と信仰が求められるべきであると告げる。これこそエラスムスが誰に対しても何時でも主張し続けていたことである。さらに注意を惹くことは、彼に対する疑いが党派性よりもむしろ人文学に対する怒りをもった修道士や司祭達の間で広がっているという指摘である。それは、エラスムスの状況認識の正確さを現しているといってよいだろう。先に述べたような教皇の状況の中においてさえ、エラスムスは教皇の不可侵性をもって公共の平静、教会の平安を回復することを願ってこの手紙を結んでいる。このことをどのように評価すべきか。エラスムスの徹底的な教会内変革の姿勢と取るべきか、あるいは教皇への単なる阿

9　Ep. 1987, EE. Tom. VII, p. 378-9, CWE. Vol. 14., p. 149-51.

諛追従と取るべきか、あるいは歴史的な状況を捨象した観念的な平和愛好と取るべきなのだろうか。

2　クレメンス7世をめぐるその他の書簡

エラスムスとクレメンスの直接的な書簡のやり取りから、それぞれの相手に対する思いを見てきた。次にエラスムスがその他の友人、知人に宛てた書簡を通してクレメンス7世への思いやエラスムスの立場の変化などを理解する傍証としよう。１５２３年11月19日クレメンスは教皇に選出されると、エラスムスをローマに招待している。エラスムスはそのことをドイツの代表的な人文学者であったピルクハイマー宛書簡[10]で明らかにしている。クレメンス7世が大きな約束をもってローマに招いていること、同時に新しい学問のパトロンであったマルグリートが皇帝と一緒になってブラバントに招いていることが示される。しかし一方で、「二年以上も約束が果たされていない年金を失ったのです」と、カール5世の顧問官として約束された年金が１５２１年10月にルーヴァンを離れて以来支払われていないことに不満を漏らしている（この年金は後にマルグリートによってエラスムスに支払われた）。そして、自分がルターの仲間であるという誤解が流布しており、ローマでもそのことの故に敵対的な心で自分に災いが及び、自分を滅ぼそうとする者たちがいるに違いないと予測している。そしてその予測は前の教皇ハドリアヌスが死ぬ前に既に敵対者たちによって成就されていると報告している。

10　Ep. 1408 (1524. 1. 8), EE. Tom. V, p. 381, CWE. Vol. 10., p. 151-54.

ピルクハイマー宛書簡の８日後、１月16日にエラスムスはベルナルド〔58〕宛にもローマからの招待について手紙を書いている。[11] クレメンスの招待、カール５世の招待と共に「フランス王も山のような黄金を約束して彼の所に来るよう招いています」と書いた上で、「私はあなたが示してくださった好意を拒むことはいたしません。もし、私が復活祭まで生きているなら、そうしてみたいと願っていますし、出発の準備もすることができるでしょう。うまくいけば、私はイタリアを見たいと願っております」と、イタリア行きに関心を示している。しかし、これらの書簡からクレメンスへの信頼について何らかの情報を得ることはできない。

ただ、クレメンスがその時の教皇であったということでその名前に言及しているのだろうが、教皇の国際的な政治上の役割に関しては期待と信頼を寄せており、むしろ皇帝への批判的見解と共にクレメンスへの信頼がより明白になるような内容が同時期の書簡に見られる。１５２４年２月18日付、ピルクハイマー宛書簡である。[12]「クレメンス７世が、フランスに対し同盟を通知したということについて、私は十分理解しておりませんでした。というのは、それを告げる者も、破棄する者も『通知する』のです。あれやこれやと同盟条約を結ぶのに、すべて人の父である教皇以上にふさわしい者はありません。すべての人の間に同等の関係を作り出すのが彼の義務だからです。そして、すべての善なる人々にとってそのことこそ望ましいことなのです。ガリア人達もキリスト教徒です。皇帝という名称に私は余り好感を持っておりません。というのは、それは絶え間のない戦争の源泉

11　Ep. 1409, EE. op. cit., p. 382, CWE. op. cit., p. 154.
12　Ep. 1417, EE. op. cit., , p. 396-97, CWE. op. cit., p. 172-75.

のように思えるのです」と。もちろん、クレメンスがフランスと同盟を結んだのは、すべての善なる人々の期待に応えるためであったわけではあるまい。この時、クレメンスはカールとフランソワ1世の間にあって中立を保ち、それによってイタリアの自由を保とうと考えていたからである。また、エラスムスの皇帝に関する理解については、皇帝の支配による君主政治という理念には深い疑問を抱いておりその『君主教育論』にも同じような主張が見られる。[13]

皇帝に対する批判的見解は、その国際的騒乱の源泉という理由によることが大きいといえるが、先にも触れた年金支払いの不履行という個人的なことも理由の一つと見ることができる。ピルクハイマーに対して1524年7月21日に送った書簡からそのことが読み取れる。[14] この書簡では、クレメンスが君主達との平和を通告するためフランシスコ会士の大司教シェーンベルク〔59〕を使者としてイギリスに遣わしたことが述べられているが、その結果について「彼は何もしませんでした」と結論している。[15] さらに、そのすぐ後で「皇帝は私に年金を支払う取り決めをしましたが、戦争の負担を理由に弁解しました。しかしながら、私が帰るなら、利子と一緒に払う約束もしたのです」と皇帝の不誠実を訴えている。

文脈と直接関わりはないと思われるが、この手紙でルターとの関わりに触れ、「マルティン・ル

---

13 『キリスト者君主教育論』に関する論文として次のものが参考になる。James D.Tracy, *The Politics of Erasmus: A Pacifist Intellectual and His Political Milieu*, Univ. of Toronto Press, 1978, p. 8, 16-17, 54.
14 Ep. 1466, EE. op. cit., p. 493-496, CWE. Tom. 10., p. 302-305.
15 ここに示されている使節がシェーンベルクを指していることは明らかである。

ターが、私にたいへん鄭重な手紙を書いてきました。しかし、私はあえて同様に鄭重な返事をいたしませんでした。それは、すべてのことを捻じ曲げてしまうような人々を恐れたからなのです」と書いている。また、バーゼルの印刷業者の間でフローベンと自分の友情の故に難しい問題が起るのであれば他の印刷業者に移ってもよいと述べていることから当時の複雑な状況を垣間見ることができる。

ところで、教皇とエラスムスの往復書簡においても度々見られたように、エラスムスへの批判、特にルター主義者であるという批判に関して教皇もエラスムスを弁護していたことは既に述べたとおりである。ギベルティ〔60〕との書簡の中から、特にルーヴァン大学神学部との関係の問題を取り上げておこう。1524年9月2日、先ずエラスムスがギベルティに書簡を送る。[16] これはレオ10世によってルーヴァン大学の学者に聖職禄を与える特権を認める教書が出されており、さらにハドリアヌスもそれを認め、クレメンスも教皇就任直後の1523年11月26日に教書に署名していたにもかかわらず、敵対者たちが邪魔に入ったので、ルーヴァンのニコラウス〔61〕がエラスムスに助力を依頼したことに端を発する書簡である。手紙の最初に、ニコラウスからの便りで、ルーヴァンの特権に対しクレメンスがあまり好意的でないことを知りクレメンスの気持ちが分からないと述べる。しかし、クレメンスは前年の11月26日に教書に署名をしているので、恐らくその後敵対者たちの邪魔が入ったものと思われる。エラスムスも反対者たちがその個人的な欲望や憎しみによって教皇を

16　Ep. 1481, EE, op. cit., p. 527, CWE. op. cit., p. 352-56.

けしかけ、刺激したのだろうと推測しており、クレメンスはその名にふさわしく（clemens）寛大であることの方がふさわしいとした上で、ルーヴァン大学については「あらゆる種類の学問が盛んであり、決してパリ大学にも引けを取るものでありませんし、さらにルター的なものに決して染まっておりません」と述べ、ルーヴァン大学を評価しているのである。これに対してギベルティは返書を書いている。１５２４年10月19日である。[17]「ルーヴァン大学の特権について、あなたがお書きになったことがうまくいったことをお知らせしなくて申し訳なく思っています。あなたの努力により、あなたが求め意見を述べられたようにクレメンスによって事柄は親切に行われました」と、エラスムスとギベルティの努力で大学の願望が叶ったことを知らせて来ている。彼が書簡の中で明らかにしようとしていることは、第一に教皇クレメンスは敵対者たちの妨害にもかかわらずルーヴァン大学に与えられた特権を守ったこと、その理由は「聖なる教皇自身が、最高の学問を養成し、さらにエラスムスの名できらめいているその大学をより大いなるものとしようとした」からであるということである。第二には、その喜びをエラスムスと共にしたいこと、つまり同じ気持ちでこの問題に関わったことが強調されている。

こうしてみると、１５２４年の段階ではルーヴァン大学に対しエラスムスは非常に良い関係を結んでおり、エラスムス自身そのために仲介の労を惜しまず働いていたことが見えてくる。[18] ところが、翌１５２５年7月12日にピギウス〔62〕がルーヴァンの神学者たちに宛てた手紙を見ると、エラスムス

17 Ep. 1509, EE, op. cit., p. 568-69, CWE. op. cit., p. 407-408.
18 Ep. 1589, EE, Tom. VI, p. 127-29, CWE. Vol. 11., p. 203-206.

ムスとルーヴァン大学の関係が前年とは全く変わっていることが分かる。その手紙は「聖なるあなたがたの学部がある種の讒言によって、あなたがたの間に争いを起こしているとの最悪の噂が聞こえてきます」と始まり、その讒言とは「ロッテルダムのエラスムスをののしる狂気の叫びを民衆に対して広めようとすることが控えられていないということです」と指摘している。エラスムスに対し異端、ルター主義者その他の名前で攻撃が加えられていることが明らかに示される。そして、エラスムスを弁護して次のように語っている。「彼は私たちの所では最も雄弁で最も学識ある人と見られておりますし、教皇やすべての主だった人々、学問の中にあるすべての人にとって最大の感謝と権威が印象づけられている」者であることを示した上で、ルターに対してはカトリック信仰の擁護のために反論を書いたと『自由意志論』執筆のことに触れ次のように続けている。「教皇は賢明にも一人の人間はいずれか一方の陣営にしか役立つことができないことを知っておられます。それで、好意によってどのような種類の人間をも勝ち取ろうと努めているのです。ところが、彼らはこの人を私たちから遠ざけ、ルター一人によって起こされた対立や分離がまだ十分ではないかのように多くの人々を刺激しているのです」と。この中で教皇が「好意によってどのような人間をも勝ち取ろうと努めている」という表現は、クレメンスの姿勢を良く現しているといえよう。つまり、明確に敵対している者でなければ、あえて敵対する関係を作らないでそのままにしておこうということである。エラスムスへの評価が積極的なものなのか、あるいはあえて敵に回すことを避けるためのものであったのかは考慮の余地がある。

ところで、教皇庁はルーヴァンの反エラスムス的な動きを牽制し「節度を持って語ることを学び、

神学者、信仰の教師にふさわしく」行動することを薦めるためにリエージュの司教座聖堂参事会員
であったヘジウス〔63〕を送っている。しかし、結果的には彼自身がルーヴァンの神学者たちの見解
に同調するようになっていく。つまり、それ程にエラスムスに対するルーヴァン大学神学部の批判
は強烈なものとなっていたことの証左といえるだろう。
ルーヴァン大学のエラスムス批判が彼の学問に対するものであることは明白であり、しかもそれがルターとの関わりの中でなされているものであるとすれば、次にルターをめぐる問題についても多少触れておく必要があろう。この問題についてはレオ10世との往復書簡においても論じられており、エラスムスにとっても重要な問題であったことが分かる。たとえば、1517年8月26日にルーヴァン大学に三言語学寮が設立されているが、保守的神学者たちはこの学寮の設立や新しい学問に反対し続けており、エラスムスを既に異端者反キリストの名で攻撃していたのである。彼はルーヴァンからレオ10世に書簡（Ep. 1007, 1519年8月13日付）を送り援助を申し出ていた。さらに1520年9月13日にも書簡（Ep. 1143）を送りルターと立場を同じくしているという批判に対し、学問研究という点での共通点を基本的に認めつつもその違いを示している。その中でルーヴァン大学の姿勢を批判し「彼らのルターへの批判も言語研究や人文学への嫌悪から来ているものである」としてそのようなことが人々をルターの作品へと向かわせることになると断罪しているのである。

1520年代に入り、先のような批判がますます強くなる中で、エラスムスはどのように対処し

てきたのだろうか。フェルディナント大公への１５２４年11月20日付の手紙が残されている。[19] 彼は、ルター主義者たちの問題が広がりつつある中で皇帝や教皇に問題解決のための助言をしたと述べる。「私はグラピオン〔64〕を通じて最も卓越したあなたの兄弟である皇帝に、そのことについて暗示しました。また同じことを教皇ハドリアヌスにも暗示しましたし、クレメンスとその使者であるカンペッジョにもそのようにしたのです」として、「もし何かが宗教的な損失なしに、あるいは公的な情勢の動乱なしに変えられるとすれば、それは確かに変えられるのです。そして、それは教皇、司教、君主の権威によってなされるのです。私の考えでは、世界は傾聴し始めるでしょうし、関係が回復されるという希望もあるのです。私が恐れているのは両方の陣営に、キリストの仕事より自分の利益を先行させるような者たちがいるということです」と、ルターと保守的神学者たちの陣営の争いが不毛なものであることを指摘しており、その現実の中で教皇、司教、君主の役割に期待を寄せている。次の言葉はエラスムスの本心として重要なものと言えるだろう。「神が、教会と世界の君主にその霊を分ち与えて下さいますように。そして、人々の心を真の信仰とキリスト教的平和へと向けて下さるように、私はただ神に祈るのです」と。

１５２６年４月16日、ファーベル〔65〕に宛てた手紙は、[20] 既成事実となった分裂を悲しみ、いたずらな争いへの苦言となっている。教皇クレメンスがルターに対してペンを執らないようにその部下を抑制したことが述べられる。しかし、イタリア人達は激しく争い合う様を楽しみにしていると

19　Ep. 1515, EE, Tom. V, p. 579-580, CWE. Vol. 10., p. 421-24.
20　Ep. 1690, EE, TomVI, p. 309-13, CWE. Vol. 12., p. 141-47.

その無責任さを指摘し「共通の災いなしに滅びることはあり得ない」と両方の自制を促す文言が見える。ルター主義の文書が世界に出回っていることを述べつつ、文書による衝突では互いに火に油を注ぐようなものであるとして、その無意味さを説いている。「今や無謀な憎しみがルターに向けられています。その限り、最良の学問とその研究に災厄が降りかかり、当然人々を引き付けようとするルターの陣営に押しやることになるのです」と、先に引用した１５２０年のレオ10世宛書簡と同一理解をここでも示している。

このように見てくると、エラスムスの基本的な立場が少しも変わっていないことが分かる。エラスムスの変化と見えるのは、むしろ周囲の変化が激しいにもかかわらず、一人孤高の人としてその立場、つまり学問を守り、分裂を避け、自由に討論し、教会と社会の健全な改革を望み続けるという一貫した姿勢がその時代のどの陣営からも受け入れられなくなったことによるというべきだろう。

3　両者の関係に関する最近の研究

最近の研究の中からクレメンスとエラスムスの関係に関するものを取り上げ、これまで述べてきた書簡を中心とした理解と対比しつつ若干の論評を試みる。

『エラスムスとカトリックの批判者たち』について年代を追ってまとめたのはエリカ・ランメルである。[21] 彼女はその結論において、エラスムスに対する論争全体を概観しており、そこに一つの

21　Erika Rummel, *Erasmus and his Catholic Critics, I, 1515-1522, II, 1523-1536*, De Graaf Publishers, 1989.

傾向が見られると指摘している。つまり、初期の論争は主に言語学的な点に重点が置かれ、ルターの台頭以後教会の中で教義論争が行われるようになると、エラスムスの著作の正統性が批判者たちの関心を惹くようになっていったという。したがってその著作は神学的に調査の対象とされる。しかし、しばらくの間、学問世界の仲間や地位の高い友人達によって守られていたが、20年代後半になると若い熱狂的な人達がプロテスタント陣営に参加し始め、しかもエラスムスを自陣に参加させることに失敗することにより、かつてのアイドルを偽善者、裏切り者呼ばわりするように変わっていったというのである。この事実認識については我々もその見解を共にするものである。

ところで、そのような状況の変化の中でエラスムスとローマ、特に教皇達との関係、あるいは教皇のエラスムスへの関わり方はどのように変化したのだろうか。エリカ・ランメルはレオ10世、ハドリアヌス6世について彼らが終始エラスムスの味方であり、彼を弁護し続けてきたことに多くのページを割いて述べている。しかしクレメンス7世についてはその対応が変化していることを示唆している。たとえば、結論において各国におけるエラスムスへの対応を述べている中に次のような表現が見られる。「イタリアでは、学者たちの離散の原因となったローマ略奪までは教皇庁の政治力によって優遇されていた。しかし、エラスムス批判者たちを黙らせることはできなくなり、図書検閲が出版され始めたのである。実際、レオ10世やハドリアヌス6世はエラスムス批判者から積極的に彼を保護したのであるが、クレメンス7世だけはエラスムスにあいまいな態度を取っていた」[22]

22　op. cit. II., p. 153. なお、文中に見られる「図書検閲」censures について述べておこう。後に「禁書目録」Catalogue → Index に発展するが、15世紀の終わりに図書の予防検閲が若干の教区で、レオ10世によって一

としている。クレメンスがあいまいな態度を取ったということは、恐らく1527年のローマ略奪との関係があろうが、それまでのことについてエリカ・ランメルが指摘している所を見ておこう。

1524年、エラスムスがクレメンスに『使徒言行録パラフレーズ』を献呈したことについて、その書簡を取り上げ（Ep. 1467, 1524.7.21）「クレメンス7世は私に公的な手紙を送り、彼に献じたパラフレーズのために200フローリンのお金と未来についての大きな約束をしてくれた」という言葉を引用した上で、これはエラスムスの方法論や解釈の内容を是認した発言であると理解しているのである。しかし、クレメンスの資質からしてそのように結論づけることが妥当であるのか我々は疑問に思わざるを得ない。たとえば、エリカ・ランメル自身もエラスムスが、イタリアで教皇の政策とうまく行くことによって守られていたことを示した上で、ローマは彼を敵の陣営にやってしまうのではないかという恐れから人文学者への攻撃を手控えていたと記している。さらに続けて「クレメンスは、彼が公にカトリック教会に味方するとか、ルターの陣営にはっきりと移るのでなければ、多くの支持者をもっている者を怒らせないほうがよいといったのである」との見解をも示して

般的に開始された。後にトレント公会議において、1564年ピウス4世により禁書目録規則が定められた。最初の公的禁書目録は1559年ピウスによって発行され、1562年にはトレント禁書目録が発行された。目録は、公的なものだけでなく教区や大学、その他によって発行されたものも見られる。たとえば、1550年ルーヴァン大学が発行した *Catalogus librorum Reprobatorum.* は、アルファベット順に著者名が記されており、ルターや他の改革者のものは一まとめに、Martini Luteri libri omnes のように記されている。エラスムスについては聖書解釈関係のものを中心に、神学を扱ったものが禁書と指定されている。

いるのである。[23] 同じことを、エラスムス批判者の代表的な人物の一人であるセプルベーダ〔66〕の著作から引用している。「エラスムスが生きている間、教皇達は彼とよい関係を保っていたが、それは彼の作品や教えを承認したからではなく、彼を怒らせまいとしてのことであった。公にカトリック教会を離れて、ルターの陣営に入り込み、彼自身の仕方で教会の忠告を破らないようにしたのである。このことはクレメンス7世が私の *Antapologia* を読んだ後に私に個人的に示したことである」[24]と。これは、1527年よりもはるかに後のことであるとしても、1524年の段階でさえ、クレメンスの対応が果たしてエラスムスの方法論や解釈の内容を承認し評価してのことであったのかどうか疑わせるに十分な証言といえないだろうか。そうでなければ、先に引用したアルフォンソ・マンリケへの手紙（Ep. 1846, 1527.7.16）で、エラスムスを弁護するような言辞を弄しつつ、その文書の正統性を判断するように依頼したりはしないだろう。

クレメンスの、あるいは歴代教皇達の政治的判断の優先、[25] あるいは教皇庁を含む教会改革へのあいまいな態度を取り上げたのは Nelson H.Minnich である。彼は、ラテラノ公会議最後の布告

23　Erika Rummel, op. cit., II, p. viii.
24　エリカ・ランメルはこの言葉を次の全集の引用として示している。Sepulveda, Opera Omnia, Madrid, 1780, 1467-68.
25　Nelson H.Minnich, Erasmus and the Fifth Lateran Council(1512-17), Ed., S.S.Weiland and W.Th. M.Frijhoff, *Erasmus of Rotterdam; The Man and the Scholar*, Brill, 1988, p. 46-60. このことについては Lewis W.Spitz も取り上げており、教皇達の対応の不十分さを分析している。Lewis W.Spitz, op. cit., p. 469 以下。

Constituti juxta verbum においてその布告の実施がそれぞれの地方司教管轄権に委ねられたにもかかわらず教皇庁は違う判断をし、それをローマ市や教皇庁に取り込んで公会議優先主義の立場をあいまいにしてしまったというのである。その結果、レオ10世、ハドリアヌス、クレメンスそれぞれに教皇庁改革にその努力を集中することができなかったと理解している。それゆえエラスムスもその実状を認識していたがゆえに、その公会議を弱いものと考えていたと結論しているのである。

歴代教皇は動き始めたヨーロッパの歴史的状況に対して判断を過ったのだろうか。アダムスは、１５２０年までとそれ以後の時代を分けて人文学者たちとクレメンスについて論じている。[26] １５２０年までは人文学者たちの活動の黄金時代であり、平和と社会改革を通じての理想的生活実現を考えることができたが、１５２２年フランスを中心とする戦争に君主達が参加することによって彼らの希望は危うくされ、暴力の嵐の前で粉々にされてしまったと分析している。そして、人文学者のビベスやエラスムスは、キリスト教世界に迫っているこの悲劇の張本人はクレメンス7世であり、彼こそ状況の改善に努力すべきであると考えたと論じている。この指摘は、エラスムスのクレメンス宛書簡のみならず、その他の人々に宛てた書簡が証言している通りである。

このようなクレメンスの有り様が当時の政治的状況と無関係でないことは言うまでもないが、同時に宗教改革運動の進展との関係で捉えなければならない。最後にルターをめぐる問題に触れておくこととしよう。エリカ・ランメルは、いわばルターよりも危険な人物としてエラスムス批判を繰

---

26 Robert P. Adams, *The Better Part of Valor, More, Erasmus, Colet, and Vives on Humanism, War and Peace, 1496-1535*, Univ. of Washington Press, 1962, p. 235-257.

り返していたスペインのストゥニカに対して、レオ10世、ハドリアヌス、クレメンスがそれぞれエラスムス批判を禁止したことを取り上げている。さらに1530年代に入っても教皇庁がエラスムスになお好意的であったと述べ、その理由としてエラスムスが教会の教えの権威を受け入れたこと、ルターに対しペンを執ったこと、そして最も重要なこととして、すべての分派的な運動に批判的であったことをあげている。その証拠としてフライブルクから送られたエラスムスのカンペッジョ宛書簡をあげる。(27)その背景には問題を解決できなかったアウクスブルク帝国議会の失敗があったと思われるが、それでもエラスムスは教会の平和を期待し、自分がどの陣営にも属する者ではないと言明しているのである。しかし、1527年以降のクレメンスの動きを見て果たして1530年代もなおエラスムスへの好意が変わっていないと言うことが可能だろうか。特にルターの改革をめぐる問題が紛糾している状態を考えてみればなおさらのことである。

そこで、教皇を取り巻くサークルの中でエラスムスをルターと同一視し、その批判を教皇にも伝え続けていたピオ〔67〕との関わりから上の問題に接近してみよう。(28)Chris L.Heesakkers はピオが1526年に公にし、1529年にローマで出版した文書を取り上げる。「ロッテルダムのエラスムスの讒言に対する綿密な反論と勧告及びマルティン・ルターとその同伴者共の論議の狂った異端、さらに黙らせるための正しい方法について」*Ad Erasmi Roterodami expostulationem*

27　Ep. 2411 (1530. 11?), EE. Tom. IX., p. 91-92.
28　Chris L.Heesakkers, Argumentatio a persona in Erasmus' second Apology against Alberto Pio, Ed., S. S.Weiland and W.Th.M.Frijhoff, op. cit., p. 79-87.

Responsio accurata et paraenetica, Martini Lutheri et assedarum eius haeresim vesanam magnis argumentis, et iustis rationibus confutans という長い表題を持った文書である。つまり同一の文書にエラスムスとルターの名前を付けることによって、その親近性を印象づけようとしているというのである。そこでエラスムスは自分の立場に危険を感じ、ただピオのみでなくローマにおいて企てられていると思われるある種の捏造を見通して教皇クレメンスに手紙を書いたと指摘している。先に取り上げた Ep. 1987 である。その内容については繰り返し論じることを省くが、内容的にエラスムス自身の主張は1520年までのものといささかも変わってはおらず、むしろここでも状況の変化が周囲の人達の判断に変化を強いていたというべきだろう。

第7章　エックとエラスムス

1　エックの出自とエラスムス批判

ヨハン・マイヨール（Johann Maier Eck, 1486-1543）はドイツシュヴァーベンのエックに生まれたので、通常エックと呼ばれる。彼を宗教改革史上代表的なカトリック擁護者として有名にしたのは、１５１７年ルターが提示した「贖宥の効力についての討論」いわゆる「95箇条提題」に対する反論によってである。エックは、その少年時代から優れた能力を発揮し、１４９８年わずか11歳でハイデルベルク大学に入学、翌99年にはチュービンゲン大学に移りその秋に学士、１５０１年には修士の学位を取得している。その年の秋ペストが流行したことに伴いケルンに移っている。１５０３年にはさらにフライブルクへと移り、そこで神学や法学等を学びながらアリストテレスの講義をも開始している。同時にザシウス(68)の下で学びつつ人文学の影響をも受けていたという。１５０８年12月特別な計らいにより在俗の僧侶となっている。22歳の時である。その2年後24歳にして神学博士の学位を得ると同時にドイツ南部のインゴールシュタット大学で神学教師の地位を得、フライブルクを去っている。その後三度にわたるローマでの短期間滞在はあるものの生涯その死に至るまで

インゴールシュタットに滞在し続けた。

　彼を有名にしたルターへの批判は、したがってすべてこのインゴールシュタットで書かれたものである。ところで、ルターに対するエックの立場は最初から敵対的なものであったというわけではなく、むしろ親しい関係にあったとさえいわれている。１５１７年にルターの「95箇条提題」が公にされたことを契機に、エックはこの提題に対して批判を明らかにしている。彼は、ルターの問題点を指摘するために短剣の印を用いたことから、この批判文書がオベリスキ *Obelisci* と呼ばれるようになったことは良く知られている。このオベリスキによってルターとの関係は一気に悪化していき、ルターやカールシュタットからの反撃を受けるようになっていった。そのことによってエックは有名なライプツィッヒ論争（１５１９年６〜７月）に巻き込まれていく。その結果はあいまいなままであったが、論争はエックとルターの敵意を強める結果となった。エックは教皇庁の側に立ち、ルターに対して『ペテロの首位権に関するルター駁論』*De primate Petri adversus Ludderum* を書き（１５２０年）、レオ10世によって発せられたルターへの破門威嚇教書『主よ立ちたまえ』の一部を起草、さらにそのドイツ語版にも協力したと言われている。このようにして、エックは急速にカトリック陣営における反宗教改革の第一人者となっていった。したがって、それ以後の重要な論争や対話の席にはエックの姿を見ることになる。１５２６年のバーデンにおけるツヴィングリとの論争、１５３０年のアウクスブルク国会、１５４０年のハーゲナウ、ヴォルムス、１５４１年のレーゲンスブルク等の会議ではカトリック側の代表的なスポークスマンとして活躍、その著作、論争、教会政治についての考え方が、エックをドイツにおける最大の反宗教改革者にしていくことになったのである。

さて、エラスムスとの関係に目を移してみると、彼らの関係はその発端から不幸なものであったと言うべきだろう。１５１６年にエラスムスが『校訂版新約聖書』を出版するとエックは直ぐにドイツにおける批判者の一人となっている。その批判内容は、１５１８年2月2日付でエラスムスに宛てて送られた書簡に明らかである。(1) その書簡は当時の人々がエラスムスを賞賛する言葉で始めるのと同様、彼の才能やその仕事についての賞賛から始まっている。中でもドイツの状況を、「少数の頭巾かぶり（修道士）と偽神学者を除けば、ほとんどの学者はすべてエラスムス主義者のようです」とその影響の大きさを称賛した上で、問題を提示する。エックが提起している問題はきわめて明確であり、それ自体として見る限り論理的であるといえる。

エックが提起している第一の問題は、マタイによる福音書2章6節のミカ書5章1節からの引用に関するエラスムスの注解である。マタイによる福音書での引用は「ユダの地、ベツレヘムよ、お前はユダの指導者たちの中で決していちばん小さいものではない」となっている。しかし元々のミカ書では「エフラタのベツレヘムよ、お前はユダの氏族の中でいと小さき者」となっておりマタイ福音書が引用した際に逆な意味に変化している。その部分にエラスムスは注を加えている。(2) エラスムスの注の中からエックは次の言葉を取り上げる。

1　Ep. 769, EE. Tom. III, p. 208-212, CWE. Vol. 5, p. 287-293.
2　Novum Instrumentum, 1516, p. 387, LB.Tom. VI, p. 476. これは使徒言行録10・38の「油注がれた者」についての注解の一部である。

「福音書記者はこのような証言を文献から取り出したのではなく、記憶を頼るという仕方で過ちに陥ったのかもしれない」。それに対してエックが問題としている点は、キリスト者は福音書記者が過ちを犯すことに忍耐できるかというものであり、そのようなことはあり得ないという認識を前提にしている。さらに、仮にもそのようなことがあるとすれば聖書の権威が揺らぐことになり、その他の部分にも過ちがある可能性があることになると指摘する。エラスムスのような理解は、福音書記者の記述も我々の書物の記述も同じ方法によっているという結果になると批判する。さらにエックは、福音書記者はすべての真理を聖霊によって示されたのであり、われわれの方法と聖霊によるイエスの弟子の方法は全く異なると批判を重ねる。「聖霊は、無知で無学な者を取り上げ、その人を最も知恵あるものとしたのである」と書いている。

次に言語取得の方法の問題が挙げられる。使徒言行録10章についてのエラスムスの注解である。「ところで、使徒たちはギリシャ語で書いてはいるが、自分たち独自の言葉で多くのことを述べている」、そして少し後に「というのは、使徒たちはそのギリシャ語をデモステネスの演説からではなく、一般の会話から学んだからである」とその理由を加えている。それに対してエックは、使徒たちが聖霊の賜物によって様々な言葉を知ったことをキリスト者は信じるのであり、使徒たちはギリシャ人からではなく聖霊からギリシャ語を学んだのであると批判する。同様のことはマタイ福音書3章の注解にも言えるとして（実際は4章23節であるが、エックは3章と誤解）、この箇所で用いられているギリシャ語 *θεραπεύων* についてエラスムスが次のように言っていることを問題としている。

「避けるべきだと思われるこの言葉を福音書記者が誤用していることに私は驚いています」[3]と。これに対しエックは、エラスムスが福音書記者の教師になろうとしているようだと皮肉っている。それはあたかも福音書記者が聖霊の息吹を持っていなかったかのようであり、彼らの怠慢をこれから後もずっと補わなければならないようだと皮肉な批判を繰り返す。

そして、この書簡で扱っている最後の問題はアウグスティヌスの扱い方についてである。[4]エックの前提はアウグスティヌスを最も優れた教えとして、聖書と教会の決定の次に尊重して用いるべきであるということであり、その点エラスムスは大事なことを見過ごしにしているという。エラスムスが「アウグスティヌスは、すべての哲学において鋭く、正確であり巧みであった。その点、ヒエロニムスは教義よりも話し方の優雅さにおいて非常に優れている」と主張したことに対する批判である。アウグスティヌスよりも教父の誰かを優れたものと見ていることは恥ずべきことであると判断するがよいとした上で、アウグスティヌスの書物をよく読んでよく考えるようにエラスムスに勧めている。最後に、この書簡はエラスムスを誹謗するためではなく尊敬しているがゆえにその過ちをそのままにしておけず、あえて書いたものであり、あなたに喜ばれるものと思うと、返事を受け取ることができるように願って手紙を閉じている。

しかし、エラスムスは他の友人たちに自分の過ちを正してほしいと述べていたにもかかわらず、

3　Novum Instrumentum, 1516, p. 245, LB.Tom. VI.p. 26.
4　エラスムスがヨハネ福音書21・22の注解の中で、アウグスティヌスのギリシャ語は不完全であると書いた部分についての批判。

このエックの手紙を喜びはしなかった。なぜだろうか。エラスムスはこの手紙に１５１８年５月15日付で返事を送っている。[5]「あなたの誠実な気持ちにもかかわらず、私はそれを認めることはできないし、好きになれない」と、いきなり取り付く島のないような始まり方である。その理由は、エックが自己の名誉のために吠え付いているのであり、敵意と讒言をもたらしただけであると突き放す。つまり、エラスムスにとってエックの指摘は何の有益な内容をも持たず、ただいたずらに批判のための批判にすぎず取るに足りない内容であるということになる。以下がエラスムスの反論内容である。

まずはマタイ福音書2章についての批判を取り上げる。この箇所についての疑問の真意が分からないと切り返す。エラスムスはミカ書５章に関するヒエロニムスの注解について吟味したのであるという。そして、聖書の間違いが聖書全体の権威をないがしろにするという見解についてはそれを全面的に否定している。たとえ福音書記者が大事な名前を取り違えたとしても、それですべてが駄目になることなどありはしないし、天からの霊感を受けた後であってもどこかで過ちを犯すことはありうる。聖書の権威というのは、小さな過ちがあったとしても信仰全体が揺るがないということである。エラスムスの理解は決して聖霊を否認することが目的ではなく、霊の働きと人間の働きの領域を明確に区別するものであると述べている。

次に使徒言行録10章における使徒たちのギリシャ語取得に関する批判への反論である。使徒たち

5　Ep. 844, EE. Tom. III, p. 330-338　CWE. Vol. 6. p. 27-36.

はその役目を果たすためにデモステネスの弁論からではなく、大衆の会話からギリシャ語を学んだことを明らかにしただけである。大衆の会話から彼らがギリシャ語を話せるようにはならなかったといっているのではなく、言葉についての彼らの賜物を否定しているのでもない。ヒエロニムスが言っているように、アレクサンダーの征服以後ローマ帝国支配下においてさえもエジプト、シリアの大部分、小アジアではギリシャ語が話されていたのであるから、大衆の会話からギリシャ語を学んだのは当然である。ただ、エックが言うように、使徒たちの文書の中に見られるギリシャ語が、天からの賜物であるとすればどうしてすべての語り方が洗練されたものでなく、粗野なものなのか、その点を看過することはできなかったと反論する。言語の取得をすべて奇跡とみなすことはできず、したがって使徒であるからといって、言語を含めてすべてのことを何でも奇跡と呼ぶことは決して妥当なことではない。使徒言行録2章のペンテコステの言葉の奇跡は一度限りのことであり、それを恒常的なものとみなすことはできないというのがエラスムスの理解であった。

次にアウグスティヌスの扱い方についての理解である。この点で興味を引かれるのは、アウグスティヌスとヒエロニムスの比較についてルターもエックと同様な批判をエラスムスに対して持っていたということである。(6) エラスムスの反論はまず、アウグスティヌスは確かに尊重すべきもので

6　1516年10月にルターがその師シュパラティンに宛てた書簡の中で、エラスムスがアウグスティヌスよりもヒエロニムスを高く評価していると批判している。D.Martin Luhters Werk., Briefwechsel. Bd.I.p. 69-71. 英訳は Luthers Works. Vol. 48, p. 23-26 参照。その書簡の抄訳は拙著参照のこと。『エラスムスの思想的境地』関西学院大学出版会、2004年、67頁、またこの文書の初出である論文、「エラスムスとルター - ロー

あるし、キリスト教の歴史を見てもそのとおりであるという指摘から始まる。ただエックのアウグスティヌス賞賛の内容がフランチェスコ・フィレルフォ[69]の引き写しであることをエラスムスは問題としてその欺瞞性を指摘している。いずれにせよあなたの傲慢さが私に対する侮辱を生んでいるのであると厳しく反撃して、卓越したヒエロニムスの栄光が長い間軽視されていたとすればそれこそ正しいことではないとの主張を展開する。もしペテロを取り上げる際に、彼よりキリストを先立てるなら、ペテロにとって不面目なことになるだろうかと問い返し、ローマ教皇をカンタベリー主教に先立てることは失礼なことだろうかと人物評価のあり方について議論を展開する。さらに、あなたが多くを負っているフィレルフォを私はそれほど信頼してはいないし、卓越した学者たちが長い間アウグスティヌスにそれほど負ってはいなかったという事実もあなたの言っていることとは全く違うと反論する。次いで決定的な批判を投げかけている。「若いあなたが、これまで色褪せたスコラ学の中で絶えず歪曲されてしまったアウグスティヌスを読んでいたとして、これまで何時もかの古い神学者を大いに重んじてきた50歳の私にはアウグスティヌスを読むことが許されなかったとでも言うのか」と自分が十分にアウグスティヌスに対する理解をもっていることを主張した上で、エックが自分のものを正確に読んではいないと断定している。さらに、ヒエロニムスについてのエックの知識の欠如を上げている。またエラスムスの立場からアウグスティヌスとヒエロニムスの出自、キリスト教との関わり、聖書への取り組みを取り上げ、アウグスティヌスがギリシャ語を十分

マ書5章の注解を中心に」『神学研究』31号、1983年、211―235頁。

に理解していなかったことを告げる。しかし、アウグスティヌスが無意味であると言っているのではなく、エックの批判が単なる思い付きであることを批判するために多くの言葉を利用して言わずもがなのことまで言及したのだろう。要は、エックよりもエラスムスのほうがアウグスティヌスについては多くを正確に読んでいるということであり、ヒエロニムスに至ってはエックがまったく読んでもいないことを指摘したのである。(7)

こうしてみると、エックの批判は当時一般的にエラスムスの『校訂版新約聖書』に対して保守的な神学者たちがなしていた批判と同一のレベル、同一立場からなされていると思われるのであり、エラスムスの反論は『校訂版新約聖書』への序文のうち、*Methodus* や *Apologia* において表明している内容を反映しているということもできるだろう。したがって、この聖書注解をめぐる二人のやりとりは宗教改革が展開されていく過程の中でカトリック保守的神学者が問題としていた人文学研究やギリシャ語研究への批判と機を一にしたものであり、厳密な意味で議論はかみ合っていないと見るべきだろう。

2　周辺からのエック評

1518年になされた聖書注解に関する応酬の後、1530年まで両者間に書簡の直接交換は見

7　実際に、エラスムスは教父たちの作品についてそれぞれ校訂版の全集を出版しており、1516年にはヒエロニムス全集、1528年と29年には最初のアウグスティヌス全集をも公にしている。その外、キプリアヌス、クリソストムス、アムブロシウス、オリゲネスの全集をも編集したことを加えておこう。

られないが、先に触れたような宗教改革運動の進展の中で両者がそれぞれに良かれ悪しかれ関心を持ち続けていたことは確かである。ここで、エラスムスが友人たちと交換した書簡の中からエックに関して論じられているものをいくつか取り上げ、エラスムスのエックに対する理解とその時代の中におけるエックの立場について理解を深めておこう。

エックについて直接の言及は見られないものの、エックのエラスムス批判や当時の保守的神学者たちからのエラスムス批判についてその不当性を嘆じた書簡がメランヒトンから送られてきたのは1519年のことである。(8) この書簡においてメランヒトンが主張している要点は、なんら価値のない人間があたかも検察官のようにエラスムスの貴重な聖書注解を批判しているということである。そのような批判についてエラスムス自身に注意を促し、そのような悪党がどんなにひどいことをなそうとしているか気づいてほしいと述べる。ラテン語本文では *quadruplatorem*（告発者、詐欺師）という言葉を用いており、自分は「それが誰であるか十分推し量ることができる」とさえ述べている。さらに書簡の最後にはルターについても触れられている。「あなたの名声の熱烈な支持者であるルターは、あらゆる点であなたが称賛すべき者であると認められることを望んでいます」と結ぶ。先に触れたようにウィッテンベルク大学に就任して間もないメランヒトンは、ルターとエックの論争におけるエックの不当性を強調するためエラスムスとルターの良い関係を利用しようとしたのだ

8　Ep. 910 (1519. 1. 5), EE. Tom. III., p. 467-468, CWE. Vol. 6., p. 220-221. この書簡はメランヒトンがエラスムス宛に送った最初期のものであり、その後両者の間には多くの書簡が取り交わされ、またその関係も最後まで良好なまま進行していったことはメランヒトンの項で述べた通りである。

ろう。

この書簡を送った時メランヒトンはライプツィッヒを訪れており、その友人であるモセラヌス〔70〕も次の日1月6日にエラスムスに書簡を送っている。[9] この書簡からは、間もなく開催されることになっていたライプツィッヒ論争前の状況が伝わってくるが、中でも人文学者特にギリシャ語研究者として当時の保守派の動きに対する苛立ちが垣間見える。それとともにこの地の人文学者たちのために手紙を書いて彼らを喜ばせてほしいとの願いをも伝えている。この書簡においてモセラヌスがエックについて次のように書いているのはいかにも古典学者らしい筆致である。カールシュタットに対してエックが論争の戦場に臨もうとしている様子をアリストファネスの喜劇『雲』に登場するソクラテスに模し、そのギリシャ語のせりふをそっくり引用している。[10]（ソクラテス）「空中を歩き、太陽について思いをめぐらしているところ」（ストレプシアデース）「すると地上ではなく、空中の鶏籠の上から神々をはるか下に見下しているというわけですね」と紹介した上で、エックがその論争のために整えようと企んでいる物々しい陣営について論じている。書簡の追記で、メランヒトンについて様々な悪口が聞かれるとしてもそのようなことに惑わされることがないようにとの依

9 Ep. 911, EE. op. cit., p. 468-470, CWE. op. cit., p. 221-225.

10 『雲』は、アテネ郊外に住む農民ストレプシアデースが、その息子ペイディッピデースの競馬（戦車）競走に狂った借金を無かったことにするために弁論を教えるという瞑想塾に入れることから生じる喜劇を描いている。その瞑想塾の塾頭がソクラテスというわけである。本文中の台詞はストレプシアデースがソクラテスを訪ねていった初対面の場での対話である。

頼を伝えると同時に、メランヒトン自身がいかに優れた学問と信仰を身につけた若者であるかを強調している。

これら二つの書簡に対して、エラスムスは4月22日付で二つの返事を書いている。まずはメランヒトン宛書簡を見てみよう。[11]メランヒトンが彼の『校訂版新約聖書』やその『パラフレーズ』について書いたことをあまり気にしないようにと述べ、様々な有益な意見を聞くことは決して悪いことではないと丁重にその意見を受け入れる姿勢を明らかにしている。このことが二人の友情を終生固いものにした絆ともなったといえよう。さらに、そのような見解とは異質なためにするための批判、特に人文学に対して企まれている悪意に満ちた状況をも理解していることに触れ、メランヒトンに心からの信頼を持っていることが述べられる。ルターについて述べた部分では、彼の生き方に対しては大方の賛同があるが、その思想については様々な見解があると伝えている。その上で、ルターの批判が正当なものであるとしても、率直であると同時に適切（過激でなく）な表現をしてほしいとの願いを添えている。追伸としてメランヒトンの健康を気遣い、人文学の擁護のためにできるだけ力を尽くしてほしいと述べる。メランヒトンが自身を大事にして元気で活躍することは野蛮人どもを失望させるためであるとも加える。これもライプツィッヒ論争の中で問題とされることになった当時の学問的状況の反映と見ることができよう。

モセラヌス宛書簡[12]も内容はおおむね同様なものである。主な論調は、やはり人文学とギリシャ

11　Ep. 947, EE. op. cit., p. 539-540, CWE, op. cit., p. 308-310.
12　Ep. 948, EE. op. cit., p. 540-548, CWE. op. cit., p. 310-318.

語研究に対する保守的神学者の無理解と無知、そして彼らが旧来の方法を固守していることであり、その無意味さを様々な事例を挙げて論じている。その中で、ラトムス〔71〕について論じている部分は、当時の人間関係の変容がどのようなものであったかを知る上で重要な情報を提供しているといえる。つまり、ラトムスがルーヴァン大学の神学部に関係するようになって人文学やギリシャ語の研究の危険性を訴え、エラスムスに反対するようになったという事実が挙げられている。それは時代の変化の中で自分の立場を有利に守るためにどのような人間関係を持つことが求められるかということと無関係ではなかったことを意味している。

この年1519年の6月から7月にかけてライプツィッヒ論争が行われている。論争の詳細に触れることはしないが、結論が出ることはなく論争はその後も文書による応酬という形で続けられるようになった。しかし、エックはこの論争によって勝利を得たものと確信しそこで引き出されたルターの発言をもってローマ教皇庁もルター断罪に動き出したのである。この論争が終わった後、エラスムスはアメルバッハから一通の書簡を受け取っている。(13) この書簡の最後の部分である。「ライプツィッヒでの神学論争が最近終わりました。それについてはパリ大学が公にすることでしょう。『ゼウス大神、人間の考えとは何と捕えがたいものでありましょうか』。(14) エックは相変わらず至る所で自分は負けなかったと見せたがっていますし、偉大な凱旋をさえ夢見ているようです。もし、彼がそのようなやり方を続けるのであれば、『私は彼がもっと荒れ狂うことを祈ることはできませ

13　Ep. 1020 (1519. 10. 7), EE. Tom. IV., p. 76-79, CWE. Vol. 7., p. 86-88.
14　アリストファネス『雲』からの引用。

ん』[15]彼はフィリップ・メランヒトンの弁護[16]を挑発しました。しかし、私の考えでは彼は結局角のある獣と出会うことになるでしょう」。論争後のエックの様子をこのように伝えている。

1520年に入ると6月5日に教皇庁はルターに破門威嚇教書を出した。そのことに関するエラスムスの考えが9月9日付ヘルデンフーヴァー宛書簡[17]に見られる。まず、ルターの立場について「痛ましいルターのことで私は非常に心を痛めています。彼に対して至る所で激しい謀議がこらされ、君主たちは彼に憤慨し、教皇レオもそうなのです。私の忠告に従って、攻撃的で過激な者たちから離れておればよかったものを！」と、ルターを気遣った上で、ルターへの激しい攻撃が言語研究や人文学研究への攻撃キャンペーンを生み出していくのではないかと心配している。状況の理解としては、エックが論争をしたこととそれについてルーヴァンではパンフレットの作成がなされたことを報告した上で、誰もがパリ大学の評決を待っていることを伝えている。ところが、「事態は突然教皇勅書と煙の雲となってしまった」と、「教書」と「泡」を意味するbullaをかけて状況の思わぬ成り行きを表現する。ここで、エラスムスが教皇勅書といっているのは上記5月15日に

15　この頃集められた最大のギリシャ語警句集、Anthologia Palatinaからの引用であり、アメルバッハはこの警句集の写しを知っていたということだろう。

16　メランヒトンがエコランパディウスに宛てた7月2日の手紙で、ライプツィッヒにすぐ届けられ25日にはエックがそれに反論していることを指す。その両方ともウィッテンベルクとライプツィッヒにおいて印刷に付されている。

17　Ep. 1141　EE. op. cit., p. 339-340, CWE. Vol. 8, p. 44-45.

出された破門威嚇教書を指しているのでなく9月21日にエックによって出版されたものを指しており、その後ルーヴァンなどで見られるようになった焚書への言及であると思われる。このような記述に続いて「恐ろしいことですが教皇勅書が印刷されました。しかし、教皇はその出版を禁じています」と、エックの行為とは矛盾することを明らかにしている。

1521年になると、1月3日にルターに対し破門教書 *Decet Romanum Pontificem* が公にされ、この年の1月から5月にかけてヴォルムスで国会が開かれる。この国会でルターは異端者として追放処分が決定されたにもかかわらず、ルターを支持する帝国諸領の領主たちは追放のための勅令に署名せず、結果としてドイツにおける宗教的分裂が明らかとなっていった。そして、ルターはザクセンのフレデリックの保護の下にヴァルトブルク城に隠棲することとなる。ヴォルムス国会終了後に見られるエックに関する報告は、ツィーグラー〔72〕からの書簡である。[18] この書簡で、ツィーグラーはレオ10世の招きによりローマに来たことを報告しており、その後の集まりでの様子特に保守的な神学者たちのルターに対する発言やエラスムスについての評価が否定的に語られていることを詳細に述べる。その少し前の部分で、エックに言及している。ローマ教皇座の保護者が二人やって来たこと、その中の一人がエックであることが示唆されている。「かつて彼は、あなたも知っているように、ある会合で優れた不敗の雄弁家という評価を手に入れた人物です」と、ライプツィッヒ論争以後のローマにおけるエックの評判をもとに彼について語っている。

18 Ep. 1260 (1522. 2. 16), EE. Tom. V., p. 17-25, CWE. Vol. 9, p. 23-36.

では、ローマにやってきてエックは何をしたというのだろうか。彼の雄弁家ぶりは頭を振り体を揺すって、身振り手振りで強烈に印象付けるという表現からも察せられるのであるが、内容は禁止されていた貸し金の金利を弁護し利子の正当性を擁護するというものであった。[19] このようなエックへの言及をツィーグラー書簡が示しているローマの神学に対する批判的見解と照合してみると、エックや同類の神学者の学問的営為がその立場や関係の中だけで定位されているという批判と見てよいだろう。

このようなエック評は１５２３年のピルクハイマー書簡にも見ることができる。[20] この書簡では、エックのことを他の神学者たちと並べて「詭弁家の群全体」universa sophistarum turba と呼んでいる。要するにライプツィッヒ論争以後、保守的カトリック陣営では雄弁家の代表格とされていたエックが反対者の立場に立てば詭弁家の代表であるとされているのである。このようなエック評が形成されている一方、エラスムス自身がエックからの批判を気にし続けていたということを示す書

19　エックは利子の問題について、インゴールシュタットで１５１２年に学んでおり、１５１４年にはこの問題についてアウクスブルクでカルメル会士と論争している。交易の拡大により旧い禁止令は変えられるべきであるとして、５％の利子が相当であることを主張している。また、１５１５年にはフッガー家の助力によってボローニャに行き、同様の主張を繰り返している。後にウィーンでも同様な理解を展開し、パリの神学者たちからも同意を得るに至っている。このように、フッガー家との繋がりの中で利子を正当化したエックは、書簡本文の中では「ドイツ人のお気に入り」と呼ばれていることが示されている。

20　Ep. 1344 (1523. 2. 17), EE., op. cit., p. 228-234, CWE. op. cit., p. 402-408.

簡もある。1524年11月にコンスタンツのボッハイム〔73〕から届いた書簡[21]がそのことを示唆している。この書簡は、ボッハイムが改革派であるとのあらぬ疑いをかけられローマに召喚されていることから始まっている。彼はエラスムスに助力を求め、ローマの知り合いを通じて教皇庁に取り成しをしてくれるように依頼する。結果的にこの召喚は実際に行われることはなかったようである。しかし、エックによる攻撃がストラスブールで印刷されていることを気にして、エラスムスが他の書簡を通じボッハイムに問い合わせていたことがこの書簡に記されている。エラスムスが問い合わせたという書簡は存在が分かっていない。ボッハイムの答えは、そのようなことについては何一つ知ってはいないということであり、チューリッヒの人々とその同調者たちがエックに非常に厳しいとんでもないパンフレットをスイスで出版し、それがエックを怒らせたと聞いているということであった[22]。次にエックのことがエラスムスやその友人たちによって取り上げられるのはアウクスブルク帝国議会の開催された1530年以後ということになる。

3　アウクスブルク帝国議会後の関係

プロテスタント教会にとって重要な意味を持つ「アウクスブルク信仰告白」が成立するきっかけとなった帝国議会は1530年に開催される。その代表的な出席者の中にカトリック教会ではエッ

21　Ep. 1519 (1524. 11. 26), EE., Tom. V., p. 583-5871, CWE. Vol. 10., p. 428-434.
22　ここで指摘されているパンフレットは、エックがツヴィングリに論争を提供したことに対し、それを受け入れたツヴィングリが1524年8月に書いた返書 *Iohannis Eggen missive und embieten* のことである。

ク、プロテスタントでは破門中のルターに代わってメランヒトンがあった。この会議におけるエックについての証言を書簡の中から拾ってみる。「宮廷において、あなたの敵対者たちは黙っておりません。エックはすべてのルター主義者たちを皇帝の議会に召喚しました。そこで信仰の条項とカトリック教会を弁護するつもりなのです」とエラスムスに書き送ったのは、先に取り上げたボッハイムである。[23]この帝国議会が４月から10月の間開催され、アウクスブルク信仰告白が皇帝に提出されたのが６月であったことを考慮すれば、ボッハイムは早い時期にエラスムスに報告したことになる。しかし、エックがエラスムスを異端であると断じたことについてはエラスムス自身がメランヒトンに宛てた書簡からも明らかにされている。「私のことを『ある者』と述べてはいますが、確かにエックは私のいくらかの文章を異端の中に入れているのです」と書かれた８月17日付書簡である。[24]８月29日付ピルクハイマー宛書簡でも同じ言葉でエックの批判を取り上げているが、そのことに関して何も恐れてなどいないと述べている。[25]

エラスムスは、エックの陣営からも書簡を受け取っている。アウクスブルク帝国議会にルター派

23　Ep. 2310 (1530. 4. 13), EE., Tom. VIII, P. 422, CWE. Vol. 16., p. 288. エックが問題にした「信仰の条項」とはルターとその同調者の異端性を論破するためにまとめた「４０４箇条」を指している。

24　Ep. 2365 (1530. 8. 17), EE. Tom. IX., p. 12-13. エックがここで「ある者」と呼んで異端視していたのはエラスムスのルカ福音書23・28とヨハネ福音書19・11についてのパラフレーズである。

25　Ep. 2371, op. cit., p. 20-22.

の信条を検証すべく参加していたクレッツ〔74〕からである。10月29日付書簡(26)において彼はエラスムスに対し最大限の尊敬の念を示した賛辞を送り、それに続いて次のように述べている。「あなたに対する私の尊敬の印は『ロッテルダムのエラスムスはルター主義者であるか』(27)という私の書物が証明しています。私はそれを6年前に公にしたいと願っていました。その時は、多くの者があなたをルターの陣営に押しやることを企てていたのです。しかし、今やそのことについての弁明は全く無用であります。確かに、エラスムスがカトリックであることは全世界に明らかに認められているからです」と。さらに続けて、エラスムスを我々の時代のヒエロニムスと呼び、「私たちカトリック信仰の戦車であり御者であり最も強力な保護者である」とまで讃えている。また、「私はあなたの作品を読みました、私はそれを愛していますし尊敬もしています」とエラスムスへの好意を伝えている。同一の書簡において、彼の自宅がエックをはじめとするカトリック神学者たちの公的宿舎になっていることにも触れている。このようなクレッツの書簡が、エックの指示によって書かれたものであるのか、その詳細について証言するような文言は見当たらないが、エラスムスを味方につけたいとの思惑はあっただろう。このクレッツ書簡に対しエラスムスは12月22日に返書を送っている(28)。その中でエラスムスはエックを評価してはいないし、彼が作り出した災厄に困惑もしていると書いている。エックを表す言葉として「私たちの友人」とか「共通の友人」という表現を使って

26 Ep. 2402, op. cit., p. 72.
27 この文書の断片がライプツィッヒの文書館に残されているという。
28 Ep. 2414, op. cit., p. 96-97.

いるのはクレッツへの礼儀でもあっただろうが、いかにもエラスムスらしいとも思われる。

当のエックからの書簡が送られたのはそれに先立つ９月18日のことである[29]。実は、前年からエラスムスはエックが自分のことを「子供っぽい神学者」と呼んだことについて、この書簡がエックから届いた後も怒りに満ちた不平を友人に伝えている[30]。エック自身はそのことについて、エラスムスのことを「子供っぽい神学者」と友人に言ったのは、直接エラスムスと言及するよりも誰のことか識別し難くするためであったと弁明している。しかもこの言葉でエラスムスを貶めようとするのは自分の本意ではなかったが、友人たちはその仄めかしによってエラスムスへの非難であると曲解したのではないかと述べている。エックは「私はあなたのことをいつでも最も雄弁な神学者であると讃えているのです」と彼のエラスムス評を明らかにし、国会に提出した「４０４箇条」はルター派に対するものであって決してエラスムスを貶めることが目的ではないとも弁解している。しかしそれにもかかわらずエラスムスの不平は続いていたのである。エリカ・ランメルは[31]、その後の関係について事柄はそのうちに沈静化したと指摘し、その原因を「おそらく、共通の友人であるクレ

29　Ep. 2387, op. cit., p. 53-54. エリカ・ランメルは、この書簡についてこれまでの二人の関わりを前提として、エラスムスがエックに怒っていたのに比べエックのほうは平静に受けとめており、エラスムスだけが怒っていることが読み取れるといっている。Erika Rummel, *Erasmus and His Catholic Critics*. Vol. 2, p. 27.

30　たとえば、Ep. 2406（コーラー宛、1530. 11. 12), op. cit., p. 83-85. Ep. 2443 (Jacopo Sadoleto 宛 1531. 3. 7), op. cit., p. 157-168 等に見られる。

31　Erika Rummel, loc.cit.

ッツが二人の間に平和を取り戻すことに成功した」からであると述べ、説明のためにコーラー〔75〕の書簡を引用している。[32]「クレッツはいい人です。素直で学識もあります。彼はエックとファーベルの親しい友人でもありまして、もしあなたが望むのでしたら、エックがあなたに好意を持つように計らってくれることでしょう」という文言を取り上げ、混乱した状況の中で異なる立場の人間が和解していくこともあったことを示している。

32 Ep. 2437 (1531. 3. 2), EE. Tom. IX, p. 146-148.

第８章　ベダとエラスムス

1　宗教改革に対する危機感とベダの保守性

ノエル・ベダ（Noël Béda, 1470-1537）[1]はフランス、ピカルディー地方に生まれ、１５０４年から35年まで一貫してモンテーギュ学寮で教えたカトリック神学者である。彼は早い時期にモンテーギュ学寮においてエラスムスと知り合っていたが、エラスムスがヨーロッパのキリスト教界でその名を知られるようになり、特に教会改革への見解を明らかにし多くの著作を公刊するようになるとフランスにおけるエラスムス批判者の代表的存在となっていった。ベダは、モンテーギュ学寮における前任者スタンドンク[76]の後を受けて１５０４年に学寮長となっている。その後１５３５年まで指導者として働き、その間にモンテーギュ学寮を豊かで有名な施設としていったとも言われているが、一方では彼が学寮の頽廃に手を貸していっただけであるという批判も存在する。また、彼はカ

1　Noël Bédaという名前は、ラテン語のNatalis Bedaに由来する。つまり、Natalisは「誕生（日、所、神）」を意味しているので、フランス語のNoëlに相当するのである。以下、Noël Bédaで統一することにする。

トリック教会の一致およびその権威を守ることに力を尽くしており1516年フランソワ1世と教皇レオ10世との間で結ばれた政教条約に抵抗することとなった。彼の活動とその影響が大きくなっていくのは、1520年以後宗教改革の波がヨーロッパ中に広がりを見せ、広範囲にその影響が及ぶようになってからである。カトリック教会に危機感が呼び起こされるようになったからである。この頃から、彼は大学管理にも力を尽くすようになり、特にその影響を無視できなくなってきた改革者や人文学者に対して追及を強めて、彼らの文書を批判譴責するようになっていった。特に、人文学者についてはその聖書研究、批判的注解の方法が教会の基本的一致を乱すと理解したからであった。これから詳細を明らかにしていくように、エラスムスに対する執拗なまでの非難を繰り返すのみならず、フランスのルフェーブル・デタープルやベルカンに対してはもちろんルターに対しても厳しい批判を繰り返していくことになる。しかし、彼の理解には過ちも多くあり熱心さのあまり強引なところも見られ、ソルボンヌ大学においてさえ彼に対する批判的見解を持つ者がいたのである。その強引さ故に一般に bête noire（猪）のニック・ネームで呼ばれている。また、英国のヘンリー8世の結婚問題に関してソルボンヌに反対意見を出すように働きかけてもいるが、フランソワ1世はヘンリー8世からの借金をあてにしていたことから国王と対立するようになっていく。しかも、後にコレージュ・ド・フランセに発展していくことになる王立教授団の学者たちを攻撃したことも国王との関係を悪化させていく原因となった。これらのことはすべて彼が徹底的にカトリック教会の権威やその一致を保とうとした保守的カトリック神学者の代表であったことから生じたものである。それではこのように徹底的にカトリック教会の保持のために働いた神学者とエラスムスの関係はいかなるものであったのか、フランスの歴史的状況の中で考察を始めよう。

まずはエラスムスがベダに送った書簡から見ておく。この書簡の背景になっているフランスの状況はソルボンヌが宗教改革に対する厳しい姿勢を明らかにしていくようになり、改革的文書に対して検閲を開始したことに端を発している。つまり、１５２３年５月にベルカンの家宅捜索とその蔵書の押収によってエラスムスの著書への検閲が始まったということである。同年８月になるとソルボンヌ大学によってウルガータ訳以外の聖書出版が禁止されている。それはギリシャ語本文から訳されたエラスムスの『校訂版新約聖書』も問題とされることを意味していた。その結果はすぐに表れ、１５２４年１月にはベダによってエラスムスの著作に対する検閲が始まっている。

このような状況の中で、１５２５年４月28日にエラスムスはベダに最初の書簡を送っている。[2] そしてこの書簡がエラスムスとパリ大学神学部との一連の論争の始まりとなったものである。おそらく、ベダの検閲が始まっていることを察知して書かれたものであろうことはその書簡の内容からも読み取ることができる。エラスムスは、まずベダが自分の『ルカ福音書パラフレーズ』について細心に検討したことを感謝する言葉をもって書簡を始めている。同時に他のパラフレーズについても同様に検討することを望みつつ、できれば、まずは『校訂版新約聖書』の注解 *Annotatio* に関して検討してほしいと述べる。なぜなら自分の書物についてはどんな小さなものでも過ちや躓きを取

2　Ep. 1571, EE., Tom. VI, p. 65-69, CWE., Vol. 11, p. 95-101. この書簡の最初にエラスムスが取り上げているルカ福音書のパラフレーズについての見解は、前年の１月にベダが神学部のために開始した検閲を前提にしている。

り除きたいからであると、他の友人たちの誰にでも依頼しているのと同じ願いを伝えている。そのため、有益な助言を与えてくれた人々、たとえばアテンシス(77)やラトムスの名前を挙げ、その学問的にしっかりした批判といたずらに敵対的な批判が違うことを強調する。しかし、ここで言及されている人物、特にルーヴァン大学の保守的神学者たちが有益な助言を与えていたとは考えられないので、ベダに対する皮肉だろうかとも思われる。なぜならば、書簡ではそのすぐ後でペトルス・ストールに言及し、彼がいかに悪口の限りを尽くし、その内容は全く愚鈍で無知に満ちたものであるかを断言しているからである。次のとおりである。「彼は、その著作全体の中で『似非神学者、偽雄弁家、似非学者、ロバ、変節漢、狂気、無思慮、躓き、異端、冒瀆』等という言葉以外のことを言い立てることはない」とその悪口ぶりを指摘して、「新約聖書の翻訳はヒエロニムスの仕事であり、それは聖霊の働きかけによって示されたものである。そして、このようなことは教会によって保障されているとして、私の翻訳が古いものを排除して自分のものを権威あるものとして読ませようとしていると主張するのである。彼は、このような前提から新しい翻訳はすべて躓きであり、異端的であり、かつ冒瀆的であると結論している」と。続けて、もしそうであるならカトリック神学者の内トマス・アクィナスやリールのニコラウスのような権威者や、さらにベダ自身でさえ聖書を部分的に解釈しているのだから、それも冒瀆的であるということになってしまうと批判断言している。エラスムスは、自分の仕事の正当性についてハドリアヌス6世やその他の人々を引き合いに出し、ハドリアヌスが「新約聖書についてなしたのと同じことを旧約聖書についてもするように励ましてくれた」と述べている。ストールが、自分のものをしっかり読みもしないで批判し、誹謗中傷していること、ソルボンヌの神学者たちも同様であり、どんな豚でもそれほど無教養ではなくどんな道化師でもそれほど恥知らずではないとその怒りを爆発させてこの手紙を結んでいる。

同年5月21日付でベダはエラスムスに返事を書いている。(3)書簡の冒頭で、ベダはエラスムスの優れた天性の賜物を称賛しこれまで公にもエラスムスへの称賛を語ってきたとした上で、しかしながらカトリック教会の教義理解についてエラスムスが従順であるとは思えないことを明言する。そのことを強調するために、彼はアムブロシウス、ヒエロニムス、アウグスティヌスや他の聖人、学者さらにその教えを保持している中世の学者、トマスやボナヴェントゥラの正しさを取り上げ、エラスムスが敢えてこれらの学者たちに対立することはなかろうと述べる。また、エラスムスが多くの著作を著わしていることについても批判している。つまり、私たちに必要なことは教会の真理に聞くことであり、次々と本を書いて人々を教えたり試みたりすることではないと。そして教会にとって不必要な論述をしないように求めている。(4)「だれでも、聞くのに早く、話すのに遅く」という「ヤコブの手紙」の一句を引用して注意を呼び掛ける。さらに自らの過ちを認めることの必要性をも訴え、「イザヤ書」の中から二つの預言を引用する。「この民を導くべき者は、迷わす者となり、導かれる者は、惑わされる者となった」(5)そして「わたしの民よ、お前たちを導く者は、迷わせる者

3　Ep. 1579, EE. op. cit., p. 81-86, CWE. op. cit., p. 117-28.
4　ヤコブの手紙1・19。
5　イザヤ9・15（新共同訳）、ウルガータ訳では9・16となっている。

で、行くべき道を乱す」[6]と。要するにエラスムスの著述が人々を惑わすものであり不必要なものであることを言い立てているのである。特に、彼の注解を取り上げてその不当性を問題としている。「あなたは、最も有害なことを論述しキリスト教徒をひどい躓きに陥れたのです。すなわち、聖職者の独身、修道誓願、断食や肉食の禁止について、祝祭日の尊重について、福音的勧告、聖書の日常語への翻訳、人間的な法と教会法、キリスト教徒の離婚、教会の信条等について、その他の同様なことどもについてです」と。そのことについては、無教養でもなく愚かでもないエドワード・リーやラテン名ストゥニカがエラスムス批判を展開していることにも触れている。

エラスムスが前の手紙で依頼した、『ルカ福音書パラフレーズ』についての検討、またその他の福音書や使徒書簡の『パラフレーズ』の検討に関してベダはそれを承認することができないと明言している。ただ自分の検討について、その一つ一つについて何も語ってはいないし公に何かを書いてもいないが、ただエラスムスの注解によって引き起こされた混乱の原因を取り出して論じているだけであると弁明している。手紙の最後に、ベダは次のように述べている。「昨日、最も重要な会議であなたの多くの作品が議題として上がってきたことをお知らせしておきます。誰であるかは分かりませんが、あなたの信奉者がフランス語に翻訳した『結婚礼賛』『主の祈り』『使徒信経』等です。その他にもありますが、私には分かりません。翻訳は、現在パリで慣行となっている通り、印刷されるべきか否か（を訊ねるために）私たちの組織に送られてきたのです」とした上で、その翻

6　イザヤ3・12（新共同訳）。本文での引用は「あなたを幸福に導く者があなたを騙すのである」となっている。

訳者がベルカンであると疑われていることを伝えている。またエラスムスとルフェーブル・デタープルがパリ大学で同じ批判の対象になっており、同じ運命になるだろうと脅しともとれる文言を並べ「あなたのために祈り、よかれと願いつつお別れします」と閉じている。

2　ベダの批判に対するエラスムスの苛立ち

この書簡に対して6月15日付でエラスムスは長文で極めて素っ気ない返事を送っている。[7] しかも、日付から判断すると、その返事は即座に書かれたものと考えられる。この書簡では、エラスムスの主張が詳細に述べられており、二人の往復書簡全体を代表するものと考えることもできる。他の書簡も1526年と1527年に書かれた二通を除けば、先に取り上げたのと同様1525年のものである。このように見ていくと、二人の書簡による応酬は短期間になされたものであることになる。

エラスムスは、まず自分に対する批判の不当性について述べる。自分は俗っぽい密告や疑惑に動揺したりためらったりすることもないと宣言して「不正で、いわば劣悪な人間には不安を感ずることもありません」と、不当な批判に対する毅然とした姿勢を打ち出そうとしている。そして批判は

7　Ep. 1581, EE. op. cit., p. 87-107, CWE. op. cit., p. 130-162. この書簡は、最初ベダのもとに届かなかったので、エラスムスは次の書簡（Ep. 1596, 1525年8月24日付書簡）とともに、これを再送したと言われる。その際、内容に変更が加えられたと言われているが、ベダに読ませたいと願ってこの変更はなされたことであるので、本文ではそのまま紹介することにした。

称賛と裏腹の関係にあることに触れ、極端な称賛の無責任さをも取り上げている。たとえば、ルターが現れるまでは、ドイツにおいて「学問の王者、研究の大家、真の神学の保護者、ドイツの星、飾り」等と誉めそやされていたが、今や状況が一変してしまったという。それまでは平静なうちに学問研究が盛んであり教養ある人々の間で幸いな友情が育まれ自由な表現ができたという。しかし、争いが生じることによって学問への批判が生じ、両方からの攻撃を受けるようになったことに触れ「それ以後、私はいかなる追従によってもいかなる脅しによっても、誹謗によってもどちらの陣営にも動かされることはなくなったのです。恐らく、ある人はこれを首尾一貫性というよりも予防策と呼ぶのでしょう」と自分の立ち位置を述べた上で、「もちろん、私がルターの陣営に身を投じていたなら、私は自分の将来はより安全になるだろうと考えていました。というのは、私は多くの人が知らないことを改変していたからです」と、ルターの出現以来自分に対する毀誉褒貶が激しくなっていったことに対する状況を説明している。つまり彼に対する批判が学問的な内容によるのでなくルター出現以来の党派性によっているのだと受けとめていることが明らかである。

書簡はベダの批判についての反論を展開していく。先の書簡でベダがエラスムスの著述を取り上げて彼に対し無益なことを書かないようにと忠告したことについて、自分の学問に対する一貫した姿勢を述べ学問への攻撃が状況の変化の中で生じてきたと論じ、その攻撃がいかに不当なものであるかを指摘している。その代表的なものが、新約聖書の翻訳、注解に対する攻撃であり、エラスムスの反論もこの点では厳しさを増していく。新約聖書に関する仕事はその真正な読み方を回復しようという企て以上のものではなく古いラテン語訳をギリシャ語原典に加えるようなことはしていないと、何がキリスト教にとって必要なことであるのかという視点から反論する。エラスムスの『校訂版新約聖書』が出版され次の年１５１７年にルターの「95箇条提題」が公にされ、そのことによってエラスムスへの批判が強められるようになったことはたびたび述べてきた通りである。この書簡の中では、ルーヴァン大学の神学教師であり説教者として活躍していたカルメル会のエグモンダヌス(78)を取り上げ槍玉に挙げている。「(校訂版) 初版を出版して後、私はルーヴァンに移りました。そこでは、あまり期待はしておりませんでしたが、多くの神学者たちが友情をもって迎え入れてくださいました。ただ、カルメル会士のエグモンダヌスはこの版の出版によって私を反キリストであると大きな叫び声をあげたのです。個人的な会話の機会に彼に対してどんな訂正を必要だと考えているのか問い、また私のために何かしてくれるのであればそれ以上に感謝すべきことはないことを納得してもらいました。ところが、彼の答えは (私の) どんな著作も読んだことはないということでした」と驚くべきことを書いている。続けてアテンシスの名を上げ、彼の忠告がいかに有益であるかということをエグモンダヌスと対比している。そしてアテンシスは自分の見解とは異なるにもかかわらず、敬意をもって接していたが、リーの登場により事態が一変してしまったとも述べる。アテンシスさえも公平な判断をしなくなってしまったと嘆くのである。

ここで、エラスムスは自分の仕事に対する批判を拒もうと願っていたのではなく、無責任な伝聞やある種の思い込み、さらには状況によって作り出された、ためにする批判や毀誉褒貶を批判していたことが分かる。真正な批判や助言にはむしろ感謝している様子も書簡からは読み取ることができる。１５２２年に出された『校訂版新約聖書』第三版を例にとって何か過ちがあれば注意するように、特に「キリスト教の教えの原理」について他の人への判断を依頼したことを記している。その結果がおおむね好意的であったこと、そして教皇ハドリアヌス6世は、先にも引用した通り新約聖書のみならず、旧約聖書に関しても同様の研究を進めるように依頼してきたことを告げている。さらに、準備中の第四版（1527年出版）についても助言を受け入れる用意があることを明らかにしている。

以上の批判は、エラスムスの学問に対する首尾一貫した姿勢からくるものであり、同時に状況の変化によって学問そのものに対する批判が激しさを増していったことに対する彼自身の危惧を表しているということもできる。そのような批判のありようは、著わされた内容に対する批判というよりも党派性によって作り上げられたものであることに問題の深刻さがあるというのがエラスムスの認識であった。先に取り上げたエグモンダヌスの例がそのことをよく示している。彼は事あるごとにルターとエラスムスを並べて異端であると叫び回っていると言う。以下の通りである。「毎日人々の所や公の講演の中で異端者ルターとエラスムスに用心せよと命じ、毎日のように私たちが悔い改めるように私たちのために祈るよう命じ、また毎日の会話の中で、車や船の中でエラスムスは異端でありその頭目であり偽物であると呼びかけているのです」と。そして、同様の様々な批判や誹謗を列挙したうえで、そのようなことはすべて党派や騒乱の中で生じてくるものであると断言している。批判者たちの党派性というのは、新しい学問を拒絶して古くから教会の中で重要視されてきたスコラ学の立場を堅持していくということであった。それ故、ベダがスコラ学者のものを読むように強調するのに対しては、「あなたはジェルソンやグラティアヌス、[8] その他のスコラ学者たちのものを読むように私に促しました。私は彼らを全体として決して侮ったりしてはおりませんが、しかし彼らの本の中に少なからざる過ちが見いだされますし、しかもその過ちをお互いが是認しあっているのです。彼らの間に著しい不一致がある場合でも、あなたはそれをいわばとるに足りないものとして無視しています」と、むしろそのような学問に対する姿勢の問題を指摘している。時代の変化の中で、教会の教義や公会議で決定されたことも再度吟味され分析されるべきであるし、公会議自体が様々な討論を経て承認されたものである事実を考えなければならないとも批判している。そして、当代の神学者が学問的な命題について理性的な対応をすることを退けふさわしい論議がなされていないことを嘆き、「聖書正典よりも大きな権威などありはしない」と論議の源に帰っていくことの重要性を示している。ロンバルドゥスやトマス、それにドン・スコトゥスも過ちを犯すのであるから源泉である聖書に戻って議論は尽くされるべきであることを表明する。

議論をすることが審問の対象とされるとすれば、過去の学問とりわけ正統とされる教義さえも当然審問の対象とされなければならない。そうでなくもし教義が不変なものであるとするならば、学派や時代とともに変わったりしないだろう。かつては実在論が力を持っていたが、今や唯名論が優勢となっているではないか。[9] だから、どうして批判を伴う教義の読み方が禁じられるのか理解で

8　二人ともスコラ学者の伝統的な権威と考えられている。
9　この表現は、ベダに対するエラスムスの痛烈な皮肉だろう。つまり、パリ大学においては１４７４年に唯名論を教えることが禁止されており、１４８１年にはその禁止が取り下げられている。ベダやエラスムス

きないという。要は、「あらゆる人間的な事柄は変化するということなのである」と議論の正当性を主張している。それに続けて、エラスムスは自分の立場を理解してくれる人々、司教、教皇、学者、国王、女王等々の励ましやその有益な助言をベダの側に立っている人々の批判と対比し、「あなた一人の他には、私に黙るように命ずる人は一人もおりません」「どちらに聞き従うほうが相応しいのでしょうか。大勢の優れた人々でしょうか、それとも一人のベダでしょうか」と問いかけている。

エラスムスに対する批判が多く存在している中で、最も重要なものは彼がその全力を傾けてなし続けていた聖書の翻訳に対する批判であった。そして、カトリック教会の一致と権威を守ることが自分の使命であると認識していたベダにとっては、教会が正典として大切に守り続けてきたウルガータ訳聖書と違う訳また批評的研究は教会にとって許すことのできない暴挙であった。それ故の審問の厳しさでもあっただろう。しかし、エラスムスにとっては、聖書の過ちを正すことこそが人間に課せられた責任ある役割であり当然の義務であると理解されていた。その背後には「あらゆる敬虔さは利得にとって代わられ、宗教の代わりに迷信が支配的となり、修道士たちの不正は世がこれ以上長く耐えることができないほどに大きくなってきた」という現実があった。そのようなキリス

が学んだ時期のパリではその勢力は大きなものとなっていたのである。それを推し進めたオッカムの思想は、スコトゥスやトマス学派の「古風なやり方」via antiqua に対して「新しいやり方」via moderna として発展していったのである。エラスムスはこのような学問の歴史を取り上げることによって、人文学者に対する審問の不当性を強調しているのである。

ト教界にとっての悲劇は聖書が正しく読まれていないことに原因があるとエラスムスは考えていたのである。すべての人が自分たちの言葉で聖書を読むことができるようになれば、このような悲劇的状況も変えられるだろう。しかも聖書翻訳が禁止されるという状況は教会の歴史的現実ともかけ離れていることを次のように述べている。「聖書が一般の言語に訳されるべきではないという禁止は教会の決定と一致してはいないようです。もしその決定が本当であるならば、今日まで至る所でこの決定に反したことがなされたことになります。なぜならば、私の子供の頃から様々な聖書がフランス語やドイツ語で読まれていたのです。私は、このような規則は薬のように、時代の状況に合わせて調合されるべきであると考えています。教皇はルターの書物を読まないように命令を出しました。しかし、あなた方によって読まれているではありませんか。私は聖書を俗語に訳したことはありませんし、誰かをそうするように促したこともありません。しかし『マタイ福音書パラフレーズ』の冒頭に記した文章の中で、私はそれが実現されることを慎重に望んでいたことは明らかにしております。これに対して、農民たちの暴動がこのような書物によって引き起こされたと考えているあなたの判断は、ベダよ、まったく間違っています」と。騒乱は扇動家たちによって起こされたのであり、自分への批判の多くは中傷する人間の扇動によってなされているとして、その他にもっと重要な原因があることを述べる。それは学問を自由にすることができないことであるとしている。

3　平行線上の議論

ところで、上に取り上げた書簡はベダに届くことがなかったので、エラスムスは8月24日付で再度その要旨を論じた書簡を送っている。[10] 内容は簡潔である。問題のないところに無理に問題を作り出して論じようとしているのには何か他の動機があるということを指摘する。自分の説明、弁明、訓戒は自分のことを配慮してそうしているのではないとためらうことなく述べて、たとえば、「教皇が公会議より上にある」ということは論議されるべきことであるし、「聖書は一般の言語に訳されるべきではない」というようなことは不可能でありとても承服できるものではないと断言している。したがって、論議をすることを不信であるなどとみなすべきではない。論議をするのは決定されたことについての躓きを取り除き、しっかりしたものにするためであるとその目的を明らかにする。書簡の最後には、「私は、自分がカトリックだと信じていますし、教皇、皇帝、フェルディナント、司教たちと平和を保っているだけではなく、ルター派がエラスムス以上に憎んでいる者は他に誰もいないのです。私は両側から攻撃を受けています。それが私の運命の内にあることだとしましても、キリストに吟味されるその日のために全身全霊で備えるべく努力しているのです」と結んでいる。これは短い書簡であるが、問題の所在と自分の立場を簡潔に述べて先の書簡とともに再送されたものである。

ベダは、上記二通の書簡を同時に受け取ったものと思われ、9月12日付で、すぐにエラスムスに返事を書いている。[11] 最初に、6月15日付書簡がまだ届いていないことを述べ、届いていたとしても返事を書くつもりがないこと、また自分の判断についてエラスムスが書いた様々なことについて

10 Ep. 1596, EE. Tom. VI., p. 147-48, CWE. Vol. 11., p. 236-39.
11 Ep. 1609, EE., op. cit., p. 163-66, CWE., op. cit., p. 267-72.

も沈黙を守ることを伝えている。それは多くの問題についてエラスムスが混乱していて、とても答えることのできるものではないからであるという。その上で、自分がエラスムスのためにどんなに有益になるようにと願っているかまた関係がうまくいくように神に願っているかという思いを訴える。先の書簡で、エラスムスが自分をカトリックであると主張したことに対しては、カトリックであると認められるのは教会の聖なる儀式と慣習に沿ったことを書いているからであり、あなたが語ることはキリスト者の風紀にとって有害であることは白日の下に明らかであると批判している。つまり、エラスムスが書いていることはルター派の多くの信条を容認していることになり、ルター派がエラスムスについて次のように言っていることを理由として挙げる。「我々は、あなたの書物によってあなたと固く結ばれています。なぜなら、あなたは多くの見解においてわたしたちと同じですから」と。ベダは、このことを非常に激しく悲しんでいると述べる。そして、エラスムスの信仰に関する教義、行為についての原則や他人の著作を論じる時の姿勢が問題であると指摘する。つまり、エラスムスの論じ方には節度ある論調が見られないという批判である。自分の願っていることはエラスムスを苛立たせることではなく、不快にさせることでもなく、その役に立ちたいことであると断言する。さらに、エラスムスの『校訂版新約聖書』への序文のうち、*Apologia* を取り上げ、「あなたは、教会の偉大な権威であり、教会が彼らに負っていると信じるべきヒエロニムスやアウグスティヌスを否定しているのです」と批判したうえで、彼がオリゲネスを称賛していることを問題にしている。[12]

また自分が善意をもって批判したことに対しエラスムスが最初の手紙でなしたことは、問題をこじらせ悪口や終わることのない争いを巻き起こしたという事実を考えるようにも促す。さらに自分がどんなにあなたに会いたがっているかと述べ、あなたの危険を認識しているがゆえに批判もしていると言う。ベダは、驚くことにエラスムス批判のために彼が読んだ文書について次のように語るのである。「実際、私はあなたの annotatio を持ったこともありませんし、読んだこともありません。私が論じるために選んだ問題について言及されたところを少し見ただけなのです」と。正直と言えば実に正直な告白ともとれるのであるが、これは明らかにエラスムスが正統な立場を逸脱しているという前提の上で批判すべき場所を探したということではないか。英訳版全集（CWE）に収められているこの文言についての注記では「パリの保守派がエラスムスやその他の人文学者の文書を批判するに際して、その書物全体を読むことなく問題になりそうな部分を見て判断したということの驚くべき好事例である」と記されており、[13] パリ大学の検閲の実態をうかがい知ることのできる文言であると言わねばなるまい。

12　聖書の多様な版が存在していることを述べ、その中でオリゲネスやヒエロニムス、アウグスティヌス及びその他の教父たちを取り上げて論じている個所を指していると思われる。『宗教改革著作集2　エラスムス』（教文館、２０１１年、オンデマンド版）のうち、拙訳「新約聖書序文」の項目「弁証論（アポロギア）」、245―262頁、特に250―252頁を参照のこと。

13　CWE., op. cit., p. 271.

ベダは、それに続けて自分の忠告がとるに足りないものであると思えるなら、それを神学者であるロチェスター司教のジョン・フィッシャー〔79〕やその他同様な優れた学者たちに送付するよう告げている。その際、手紙に次のような文言を付するように要求する。すなわち「私の友人が、キリスト教的な勧告のために私の本から抜粋したものを送ってきました。彼はほとんどの人がそれを是認することはないだろうと付け加えています。その上、私は他人同様私の結果については不確実であります。どうぞよろしく」と。エラスムスのためと言い、神の恵みを祈ると言い、主にあって大いなる希望を抱くと言いつつ、このような嫌味で書簡を閉じている。

エラスムス書簡集の編集者P. S. Allenの解説によれば、上記ベダの書簡と同じ月に書かれたものと想定されている書簡がベダに送られている。しかし、エラスムス自身の書いた日付は単に1525年となっているに過ぎず、内容的にもベダの書簡との関連が見られない。[14] それはエラスムスがブザンソンに旅行したことの詳細な報告で、いかにその地で歓迎を受けたか、そしてその時の自分の健康状態が悪かったかということを報告し、その後にバーゼルに移動したこと、そこで自分に関する無責任な風評があったことなどが記されている。このような内容の手紙をどうして送ったのか詳細は不明である。

先のベダ書簡に対する返事は10月2日に書かれている。[15]「私の長ったらしい手紙があなたに届かなかったことはたいへん喜ばしいことだと思います。なぜなら、それはあなたの感情を害するよう

14　Ep. 1610, EE., op. cit., p. 166-71, CWE., op. cit., p. 272-78.
15　Ep. 1620, EE., op. cit., p. 180-83, CWE., op. cit., p. 294-98.

に思われるからです」と書き出している。しかし、内容を検討してみると、この手紙もベダの痛に障るものであったと言わなければならない。というのは、エラスムスは、ベダの批判や注意に感謝しているように見せながら、実は辛辣な反論をしているからである。たとえば、古代教会から問題にされていた「ヘブライ人への手紙」の著者をパウロとしていることに検討を加えたことについて、これまでどんな教会の権威もそれを疑うことを禁じてはいないし、疑うことが不信仰であるということもないことは明らかであると述べる。この問題についてのベダの忠告を、「あなたは、憤りに満たされた最悪の忠告を書いたものです。このような忠告は大切なものではありません」と拒絶している。

また、エラスムスはベダが自分をルター主義者あるいは彼らと同等な主張をしていると理解していることに対しては、ドイツやバーゼルにおける彼らの生活様式つまり結婚、肉食、断食を取り上げ、時代の変化の中で慣習が変更されることを教父たちも否定するものではないとしながらも、自分としては教会の権威を超えてその変更がなされるべきではないとの立場を主張する。

ベダが依拠しているパリ大学の正統派について、エラスムスはこれまでソルボンヌの神学者について好意的であったことを明らかにした上で、しかし彼らの変節ぶりを問題にしている。具体的には、クリヒトヴェーウス(80)を取り上げる。つまり、「使徒言行録」17章24節でアレオパゴスの議員ディオニシウスがパウロによって回心したという記事の理解をめぐり、人文学者改革者ルフェーブル・デタープルを、ベダは保守的神学者の立場から公平に評価しているとは言えない。またクリヒトヴェーウスも同様であるとエラスムスは批判する。同様な批判をペトルス・ストールにも向ける。スートールは、この書簡がやり取りされた同じ年にエラスムスが単なる小雄弁家であり、自分にふさわしくない神学問題をいじくり回しているという批判書、『聖書の翻訳について』*De tralatione Bibliae* を公にしている。(16) エラスムスは、そのような批判はベダの影響下にあるものと理解したと思われ次のように書簡に書いている。「願わくは、ペトルス・スートールにこんな書物を出版させないようにしてください。あるいはもっと穏健に書かれた書物を出版させるようにしてください。と申しますのは、それは無教養で狂っているとしか読まれないからです。彼の書物以上に私を貶めているものは他にありません。私は、その書物が教養ある人々や高貴な人々から唾棄すべきものとされていることを聞いております」と、揶揄とも取れる言葉で反撃している。前の書簡で、ベダがつまらない批判には答えなければよいと言ったことを取り上げ、丁度よい時にそのような説得が欲しかったと、スートールへの反駁書を書いてしまったことを仄聞させる言葉である。

最後に、プロテスタント教会の聖餐論争に触れている。この年、ツヴィングリがその改革を指導していたチューリッヒにおいてカトリック教会のミサが廃止されたということも影響しているのだろうが、バーゼルのエコランパディウスもツヴィングリ同様な聖餐理解をしていることを述べ、その根源はカールシュタットが生み出しているとしている。「カールシュタットはその他すべての新しい悲劇を私たちに生み出してしまいました。彼は聖餐の中にはパンとブドウ酒以外の何も存在しないと説いています。その見解をツヴィングリが出版した本で強化し次にエコランパディウスは、

16　エラスムスは、これへの反論『ペトルス・スートールの精神錯乱に対する反駁』*Apologia adversus debacchationes Petri Sutoris* を8月に公にしている。

説得と雄弁でもって同じことをおこなっています」と書き、自分はそのような状況が回復されることを望んでいるが、困難な闘争の中に引き込まれそうになっていることを嘆いてこの書簡を閉じている。[17]

エラスムスの書簡にベダが返事を送ったのは10月21日である。[18] その中でEp. 1610の内容についても追伸の中で触れ、ブザンソンへの旅のことについて何も言うつもりはないし、多くの噂があったことについても何度も聞いて分かっているとしている。この文章から、Ep. 1610の日付が想定されているのだろう。

ところで、このベダ書簡の主な内容とその趣旨は、エラスムスが前の書簡で問題としていたソルボンヌの神学者についての言及である。ソルボンヌの神学者についてエラスムスが批判的な言辞を弄していることに対し、特にクリヒトヴェーウスやスートールを含むソルボンヌの神学者たちへの信頼が損なわれたと書き送ったことを取り上げ、ベダは次のように述べている。「あなたがソルボンヌの神学者について感じ、また以前感じていたことはあまり重要ではありません。学部はこれからも生き残るでしょうから」と記した後で、「尊敬する友よ、私はあえて申し上げます。あなたがソルボンヌの人たちと呼んでいる神学者たちの集団が、昔から否定されていた古い過ち同様に現代

17 CWEの注を参照すると、ツヴィングリやエコランパディウスの聖餐理解がカールシュタットを根源にしているという考えは、ルター同様誤った理解であるとして、このような誤解はチューリッヒやバーゼルへの訪問によって形成されたものだろうとしている。

18 Ep. 1642, EE. op. cit., p. 222-24, CWE. op. cit., p. 367-70.

の過ちをも攻撃することをせず、それに新しい力を与えたりすれば、キリスト教の教えは格段に不幸な状態に陥ったでしょう。彼らのことをある人々が悪く言っているという事実は、この神学者たちを動かすことはありません。彼らはルター主義者の言葉や新しいものを好む者たちを恐れたりはしないのです。というのは、彼らはそんな連中よりも信仰の純粋さにもっと近いのですから。それに彼らはフランスにおいてはすべてのカトリック教徒から実に良く思われているのです。彼らの将来における評判についてあなたがご心配なさることはないでしょう。それよりむしろ、様々な項目を検証することで新しい教義の審問に携わって、自分の責任を果たしている神学者に対し敵対するような人の信仰は明らかにされるということを考え、あなた自身の心に注意深く思いを巡らすべきではないでしょうか」と、徹底的にソルボンヌの正当性を主張している。同時に、スートールに関しても弁護しており、エラスムスの「スートールへの反論」について、多くの人がエラスムスに同意しているわけではないし、むしろスートールに好意を持っているかもしれないと様々な見解があることを示している。パリ大学の一致した審問内容はその文章のスタイルではなく教義そのものであると述べて、スートールやベダがエラスムスや同様な学者たちをただの雄弁家に過ぎないとしている理解が、その文体より教義内容について問題にしていることを強調しようとする。

最後に、エラスムスが取り入れ「よい学問」bona litera と呼んでいる人文学、つまりギリシャ語はじめ古典語の研究を取り上げ、それが人々を狂わせまたキリストの花嫁である教会をキリストから引き離すことになるとして、「あなたのいくつかの仕事は、カトリックから好意的に是認されることはないでしょう」と結論付ける。

この書簡にエラスムスは１５２６年3月13日付の返書を送っている。[19] エラスムスがまず取り上げているのは、ソルボンヌの神学者について全部を否定的に批判しているということに対する弁明である。つまり、自分が否定的に取り上げているのは神学者の名に値しない者であって、ソルボンヌの神学者全体については尊敬もしているし自分との間にいささかも相違はない。それにもかかわらず、あたかも私がソルボンヌの神学者たちの滅亡を望んでいるかのごとき理解は、いわば言いがかりのようなものであって、彼らがフランスでよく思われているということは喜ばしいことであり、あなたについても世界中でよく思われることを望んでいるというのである。その上で、エラスムスは再度カルトジオ会士であるストールのことを取り上げている。自分にこんなにも暴力的な攻撃を仕掛けることが相応しいと言えるのかと問いかけた上で、攻撃を仕掛けるべきは自分ではなくルターやその仲間だと断じている。この文章の少し後でルターの『奴隷意志論』が取りあげられていることを考えれば、前年に出版されたこの文書に対する怒りをここでも吐露したということだろう。「今、ルターが私に書いている書物を読んでくださるなら、それが全く悪臭に満ちた嘲りと道化的な誹謗に満ちたものであると、あなたは言うに違いありません。実際、今まで彼は誰に対してもこんな狂ったことを書いたことはないのです」と。

また、前の書簡でベダがその名前を特定しないまま「良い学問」やギリシャ語研究が人々を狂わせ教会から引き離していると批判したことについてエラスムスは、エコランパディウスの名を挙げ、

19　Ep. 1679, EE. op. cit., p. 285-88, CWE. Vol. 12., p. 84-92.

次のように反論している。「エコランパディウスについて、彼が信仰から離れたのはあたかも言葉の研究や良い学問が原因であるかのようにあなたは書いておられます。洗練された言語と文書についての知識が神学研究と結合しているという理解は最も古いものであるにもかかわらず、この学問は今や革命を望むものであると呼ばれているのです。しかし、新しいことというのは神学がアリストテレスやアヴェロエスあるいはスコトゥスのような詭弁家の論理で扱われることなのです（彼らは、倫理哲学の代わりに小理屈を導入しているのです）」と、人文学的な聖書研究がラテン、ギリシャ教父の健全な神学に帰ろうとしているのに対して、スコラ神学者たちは神学に不健全な新奇なものを持ち込もうとしていることを批判しているのである。

ベダの忠告に対しては、それが公平なものであれそうでないものであれ、自分にとってはそれほど意味のあるものではなかったという感想を述懐している。さらに、先の書簡でも取り上げたサクラメントの問題については、「ベルカンは、フランス語に訳された1、2冊の本を送ってきました。彼は私の著作から選び出し、自分の見解を付け加えているのですが、それは私に関わりのないものです」と弁明している。事実、ベルカンはエラスムスの見解としてルフェーブル・デタープルの理解やルターのものをさえ付け加え、それがパリにおいて容赦なく異端と断定される原因を作り出したものと考えられる。エラスムスは、ベルカンの文書について「そこでは、カールシュタットの見解が強調されています」と書き、続けて「カピトはドイツ語で本を書いていますし[20]、ツヴィング

20　カピトがドイツ語で聖餐論を書いたとしているのは、エラスムスの誤解と思われる。

リは多くの書物でその主張をしています。また、エコランパディウスもそのことについて二度も書いておりますし、彼の最初の書物が公になった時に、支配者たちはそれを禁止すべきだと命じたのでした」と繰り返している。しかも、その禁止に関して「彼らはベルス〔81〕、カンティウンクラ〔82〕、ボニファティウス・アメルバッハ[21]そして私に個別に助言を求めてきたのです。私は書物を徹底的に吟味して、正統な人間にふさわしく返事いたしました。こうして、その書物はここでは売りに出されることなく、エコランパディウスにはそれを公にしないように命じたのです」と、バーゼル市議会の決定を伝えている。事実エラスムスは、バーゼル市議会に文書を提出している[22]。しかし、なぜ聖餐論についてのエコランパディウスの見解とバーゼルにおけるその成り行きまで詳細に告げる必要があったのだろうか。もちろん、ベダの先の書簡において、良い学問や言語研究が人々を教会の正統な教えから引き離しているという批判があったことは意識されていたと思われる。それにしても、エコランパディウスについての否定的な判断をベダに伝える必要はなかったのではないか。そこで、先に触れたルターの『奴隷意志論』との関わりが問題となってくる。つまり、意志論論争

---

21 ここに名前の挙がっている3人ともエラスムスの親しい友人であり、彼らはルターやエコランパディウスその他の改革者指導者たちの運動の方向性やその結末に対する疑問をも共有していた。また、バーゼル市の有力な家庭のメンバーでもあったことから市の支配者たちは、エコランパディウスの聖餐に関する文書『主の言葉の真実について』*De genuina verborum domini* の出版を禁じたのである。

22 Ep. 1636, EE. op. cit., p. 206, CWE. Vol. 11., p. 343. エラスムスが提示した見解の冒頭部分だけが残っており、後の文章は失われてしまったという。その冒頭部分の要点は、「教会の一般的な見解と違っているなら、それは危険と判断されるべきである」ということである。

が進展していく中で、エコランパディウスは教父たちの自由意志に関する抜粋を公刊し、その中で自由意志を主張する現代のペラギウス主義があることをエラスムスの名前を挙げることなく主張していたことは既に述べたとおりである。ベダへの手紙にエコランパディウスのことを詳細に報告しているのは、このような背景があったことをうかがわせるものである。

4　最後の往復書簡

上記のエラスムス書簡にベダが送った返書の日付は1526年3月29日である。[23]二人の論争におけるベダの最後の書簡ということになる。この書簡以来ベダがエラスムスに書簡を送らなかった理由を考えてみると、ベダにとって一連の論争にこれ以上の発展的展開が望めないと判断したのか、あるいは納得できる一応の解決を見たと判断したのかいずれかだろう。このことを理解するため、論争が始まった1525年から26年のベダとパリ大学の動きを追っておこう。1525年初頭からルフェーブル・デタープルをはじめ、モーの福音主義グループの活動が活発になり、パリ大学神学部はその動きに警戒を強めている。このような動きに、エラスムスは保守派からの検閲に先駆けてベダに書簡を送ったのであった。エラスムス自身についていえば先にも触れたように、バーゼルで進展していた宗教改革についての見解を市参事会から求められており、それについての個人的な助言を送っている。[24]しかし、それは公に印刷されベダにも知られるようになっていたのだろう。5、

23　Ep. 1685, EE. op. cit., p. 298-300, CWE. Vol. 12., p. 112-20.
24　Ep. 1539 (1522. 1.), EE. op. cit., p. 6-11, CWE. op. cit., p. 11-16. この書簡において、エラスムスは中庸の立場

6月になると、パリ大学神学部はエラスムスの著書やそのフランス語訳を検閲、告発して禁書処分にしている。8月になると、スートールがエラスムスを批判して書いた『聖書翻訳について』に対する反駁書『ペトルス・スートールの精神錯乱に対する反駁』を出版している。同じ頃、ルフェーブル・デタープルのフランス語訳聖書が神学部によって禁書処分を受け、10月になるとパリ高等法院は彼を異端審問委員会に出頭するよう命じているが、彼はストラスブールへ亡命している。

1526年になると、ベルカンが逮捕投獄され、3月には異端審問委員会によって異端とされている。その6日後にここに取り上げるベダ書簡が書かれたことになる。書簡の中でも明らかにしているように、5月にはエラスムスとルフェーブル・デタープルを批判する文書『ルフェーブル・デタープルとエラスムスについてのナタリス・ベダのコメント』が印刷出版されているのである。恐らく、この厳しい批判書を公刊することによってベダは論争に一区切りをつけたものと理解できる。

書簡の書き出しである。「あなたの言葉に忠誠を誓う者以外はあなたにとって良い神学者ではないことがお手紙からはっきりと結論付けられました。私はそのような考えとは全く違うところに立っております。つまり、あなたが書いているものに賛意を示すとか、あなたが広めている過ちに反対もしないような良い神学者というものはどこにもいないと私は判断しています」と厳しい判定をとることを勧めるとともに伝統の大切さをも伝えている。その内容を三つの項目に分けて、第一は書物の出版、特に古典や聖書に関する出版、第二は肉食について、第三は僧侶や修道士の結婚についてである。ベダの書簡で、これらのことについてエラスムスを批判する文言が見られることを考えると、エラスムスが検閲を気にしていたことが現実になったことが分かる。

しつつ、あなたが何も書かなければ敢えて反論することもなかったとしている。また、パリ大学で問題とされていたルフェーブル・デタープルについても触れ、彼に注意を与えるように要請され続けていたので、彼のパウロ書簡と福音書注解の欄外に詳細な注釈を書き入れて注意を促したが彼はそれを拒絶したという。それゆえ、ルフェーブル・デタープルとエラスムスの過ちについて文書を公にするつもりであることを告げる。なぜなら二人の過ちは同様な点にあるからであるとして、事実5月には上記の文書が出版されたのである。

ルター主義者たちとの関係についても触れ、エラスムスが彼らの役に立っていることを問題にしている。しかしそれに続いて彼が方向転換をしたこと、つまりルターに対して『自由意志論』を書いたことで高く評価する。「あなたが、彼らに向かって筆鋒を向けたことに大いに敬意を表します。あなたは本当の栄光を獲得したのですから、主はあなたに恵みをもたらしてくださいます」と、エラスムスが『自由意志論』を書きルターと対決したことを喜んでいる様子が明らかに読み取れる。ここからもベダの基本的な論調の土台を推し量ることが可能となる。つまり、徹底的にカトリックの伝統を守り、それに反するものを攻撃するという姿勢である。このような基本的姿勢がベルカンについての言及にも表れている。ベダがこの書簡を送った6日前に、ベルカンは異端審問委員会から異端宣告を受け世俗司直の手に渡されていた。「ベルカンのことについて、彼がこれからどうなっていくのか私は存じません。確かに、彼は今月23日に教会の最高の判断によって判定を下され異端との宣告を受けました。そして、最高法院すなわち世俗の手に引き渡されたのです」と、自分が関わっていないかのような、あるいは他人事のような論調で報告している。

スコラ学の正統性についても伝えている。アウグスティヌスがドナティストを論駁した際に論理や修辞法を用い、彼らの過ちを指摘して教会の真理と一致を守ろうとしたことを取り上げ、「スコラ神学を知りもしない者が神学問題を解明しようと着手すれば、彼自身が恐るべき危険に遭遇することになるのです。キリスト教が過ちの闇に傷つけられようとしているこの時に、誰がこのような神学を極めて必要なものであると考量しないでしょうか」、スコラ学の必要性、教会の一致を強調し、人文学者たちの神学問題への関わりを否定する姿勢を示している。これは、皮肉なことにルターが『奴隷意志論』の中でエラスムスに投げかけた、人文学者の限界を認識せよという言辞と通じるものである。最後に、エラスムスが、ルター派とカトリック両方から追い立てられていると嘆いていることについて、その原因はあなた自身にあると突き放している。これが、ベダがエラスムスに送った最後の言葉であった。

その後もパリ大学やパリ高等法院の異端に対する激しい追及は続いていくことになる。このような状況の中で、フランソワ1世はエラスムスやルフェーブル・デタープル等の人文学者を擁護し続けパリ大学と対立する。エラスムス自身、国王、パリ高等法院、パリ大学神学部にも書簡を送りベダの攻撃がいかに理不尽であり的外れであるかを述べた上で善処を求めたことはフランソワ1世の項目で既に述べたとおりである。

エラスムスがベダに書簡を送ったのは、1527年11月16日になってからである。[25]ベダはこの

25　Ep. 1906, EE. Tom. VII., p. 248-50, CWE. Vol. 13., p. 458-63.

書簡について公的な発言をした様子が見られないことから、これが彼に届いたのかどうか不明である。しかし、エラスムスにすれば１５２５年以来のベダとの往復書簡でますます激しくなっていった厳しい応酬の最後の書簡を送ったということになる。この書簡が送られた4日前にはソルボンヌ宛に書簡を送っているし、[26] 2日前にはパリ高等法院宛の書簡を送っている。[27] その両方とも、ベダの批判がいかに間違ったものであるか、また故意にエラスムスの意図を曲解したものであるかを詳細に述べ、それを放置しておくことは両方の機関にとってその評価を貶めるものとなるだろうと警告を発しているのである。このような内容とベダに宛てた最後の手紙の内容が重なっているのは当然だろう。

「私は、あなたがその行為やお書きになったもので示しているのがあなたの本当の姿であるとは判断したくありません。むしろ、あなたのことをキリストにある兄弟また司祭あるいは神学に関わる同僚と思っているのです」との書き出しで、すぐに攻撃的な言葉でベダを批判している。すなわち、あなたの無謀な策略で高名なソルボンヌの名を汚さないようにと彼のつまらない過ちに満ちた仕事を取り上げている。その策略はすべての者に明らかであり、嘘は知れ渡り恥知らずな誹謗もはっきりしていると。さらに、あなたが故意にゆがんだ強情な心で為そうとしていることは、殺人以上に極悪なものであり毒殺以上に忌わしいものであると厳しく断定している。ベダが教会の権威としてしばしば言及しているアウグスティヌスにも触れ、「あなたが尊重しているように思えるアウ

26　Ep. 1902 (1527. 11. 12), EE. op. cit., p. 233-42, CWE. op. cit., p. 431-49.
27　Ep. 1905 (1527. 11. 14), EE. op. cit., p. 245-48, CWE. op. cit., p. 453-58.

グスティヌスは、何時ドナティストやその仲間に対して騒ぎ立てるようなことをしましたか。あなたは友人であり兄弟であるエラスムスに対して騒ぎ立てているのですよ。あなたが教会の敵として呪っている者に対し、危険を引き受けて争っている者のことを騒ぎ立てているのです[28]」と、その無定見を指摘する。その無定見は「エラスムスが書いたものの中に不敬虔なものなど見出すことは不可能です。ただ、あなたの語り方や言葉からは讒言を作り出す悪意に満ちた曲解しか出てきません」という言葉に集約される事態である。さらにエラスムスに対する誹謗や讒言を弄するベダの仲間については、リーの例を挙げ「その凶暴さが私の敵にさえ喜ばれなかったリーの例はあなたにはたいへん喜ばれているようですが、イギリスにおける彼の友人たちにもそれは不興を買っていたのです。彼がスペインでしていることを信じる者などイギリスにはおりません。あなたは彼を完全な神学者と呼んでおりますが、彼は神学研究の入り口にも到達してはおりません。あなたにとって大事なことは、彼がエラスムスを憎んでいるということ以外には何もないのです」と難じ、リーがパリで出版したエラスムスの新約聖書に対する批判も実はベダ自身が書いたものではないかとの疑惑さえ提示している。

このようなベダの所業は、キリストの霊によるものではなく、サタンの霊に捉われている証明である。そうでなければ、こんな大きな悪だくみや虚偽、非難攻撃が人間の心に生じることはないとして「ベダよ、本心に立ち戻りなさい」と呼びかける。そして、ベダが攻撃して止まないエラスム

28　『自由意志論』を書いたエラスムス自身のことを指し、アウグスティヌスの反ドナティスト論争と比較しつつ、それがまっとうな論理的闘いであることを暗示しているのだろう。

スの『パラフレーズ』がいかに有益なものと評価されているかを述べ、それを批判することは「人間の救いをねたんでいるあの蛇の唆しだとは思いませんか」と問いかける。またベダが正統派を言い立てていることに対しては、「どうして、あなたはキリストの霊の器であることに自分を委ねないのですか。あなたは自分を教会の擁護者であると豪語していますが、あなたが教会を激しく争いの中に誘い込み、新しい不和の種を掻き立てる役割を果たしているのではないでしょうか」と論じて、その理由を「ベダよ、私を信じてください。あなたは極悪な助言者に耳を貸しているのです」とまとめている。この書簡の最後の言葉は、「私は神があなたに良い心を与えてくださるように祈りましょう。もし私の祈りが聞き届けられましたなら、神の恩情に感謝しあなたにお祝いを述べることにしましょう。私は過去の悪を思い出すことなど好きではありませんから」というものである。こうして1525年以来継続していた書簡による論争は終わっている。しかし、パリ大学神学部は、その直後（12月17日）にエラスムスの著作にある多くの見解を異端であると決め、エラスムスがウィクリフの徒、ルターの徒であると断定している。また、ベダの攻撃も相変わらず続けられるが詳論する必要は無かろう。

ベダとエラスムスの往復書簡の内容を見てきた。そのやり取りから次のような状況が読み取れる。まずベダと彼を取り巻くカトリックの保守的神学者の対応である。ドイツ宗教改革の影響がフランスにも及び、フランス国内でもモーのグループのような改革運動が生じるようになると、彼らの保守性がますます明確になり、彼ら自身その保守性の正当性を強く主張するようになっていった。しかも、その中にはエラスムスと近しい関係にあった者さえも含まれ、パリ大学の立場という視点からその態度を変化させていったことが見えてくる。しかも、彼らのエラスムスに対する批判は一つの前提の上に立ってなされたものであった。すなわち、エラスムスはルターの徒でありルター派にとっては有力な支持者であるということである。したがって教会の統一を乱すものとして、宗教改革運動にまつわる諸々の事象は許すことのできないものであり、教会がこれまで伝統的に守ってきた典礼や教義、およびその根拠となっている聖書正典の改訳や批判的解釈は異端の仕業であって審問にかけられて当然であるということである。そのように教会の統一性を危機に陥れている原因は何か。聖書についての新しい取り組みをしている人文学がその方法や方向性を提供しているというのである。『校訂版新約聖書』を手掛け注解を書き、さらに本文のパラフレーズを精力的に出版しているエラスムスの動向は当然彼らにとって目障りであり審問の対象とされるべきものであり、多くの異端的思想の源泉であると判断されたのは当然の成り行きであった。

一方、エラスムスはカトリック教会の修道士であり、教会の諸悪からの回復を願う者として発言し、多くの人間関係を築きつつ彼らと希望を共有しようとしていた。そのために、人文学的素養を身に付け、その素養を十分に生かして教会内部からの改革を目指していたといえる。その代表的仕事が、新約聖書に関する研究であったし、多くの人文学者がその仕事に大きな期待を寄せていた。また人文学に好意的であり、そのためによい理解を示した教皇や諸君主も同様であった。ところが、エラスムスのこのような仕事に対する評価が高まっていくと同時に、一方では宗教改革運動が拡大し、ヨーロッパ全体を巻き込む政治的混乱を生じさせる事態を生み出していったのである。そのような状況の中で、エラスムスは政治的勢力関係とは無関係に人文学を介して多くの人々と学問的な交流を深めていった。彼の思想、方法論、その目指していた目的は１５１６年の『校訂版新約聖書』の序文に収められた内容とその前後に書かれた諸著作に明らかであり、ベダとの往復書簡の中でもいささかも変わってはいない。状況が学問を変化させるのではない。逆に学問が歴史的状況に働きかけて、大きな変動をもたらしたというべきだろう。その意味では、ベダはじめ保守的なソルボンヌの神学者たちの危惧は当然の成り行きであったといえる。

しかし、本来的には人文学者としてエラスムスと交流のあった人々の中でも、状況の変化に伴ってその姿勢を変えていく者が出てくる。学問的真理を求めるのか、現実の状況の中で保身を図っていくのかが問われている。このことについても二人の往復書簡で論じられている。ベダとエラスムスの書簡は、本文でも論じたように１５２５年から１５２７年という短期間に取り交わされたものである。この期間は、特にフランスにおいて対宗教改革の動きが激しくなった時期であり、人間が大きな混乱の中でどのような身の処し方をしていくのか観察する興味深い事例と見ることができたのではないだろうか。

終章　まとめに代えて

エラスムスと同時代人達の関わりについてその書簡を通じて見てきたのであるが、その内容全体をまとめ問題提起をしておこう。

１５１７年にルターの『95箇条提題』が出されると、インゴールシュタット大学のエックは早速Obelisci（短剣）という文書を草してその贖宥に関する見解を批判し、宗教改革の論争が開始されていく。１５１８年にエックはエラスムスの『校訂版新約聖書』の注解についても批判を開始している。要点は三点であった。福音書記者が誤りを犯すことはないし、聖書の権威は聖霊がすべての真理を示すことによって守られるということが第一点である。第二点は、使徒達のギリシャ語能力は聖霊の賜物であること。そして、第三点として聖書と教会の決定と共に尊重されるべきはアウグスティヌスであること。これは、どちらかといえば聖書解釈の内容に関する批判というよりテキストの扱い方についての問題、特に聖書の権威をめぐる理解の問題であった。もちろんエラスムスは、これら諸点に関して反論している。特に１５１９年から22年頃までの他の人々（メランヒトン、モセラヌス、そしてピルクハイマー等々）との往復書簡を通してみると、エックの無理解を批判すると同時に人文学とギリシャ語研究を擁護していこうという姿勢が鮮明に読み取れる。しかも、この段階ではルターに同情を示しつつも、彼の運動が学問研究への誤解を与え弾圧の口実をも与えることのないようにメランヒトンに繰り返し書き送っていることが注目をひく。

１５２０年代に入ると、ヨーロッパ各地で宗教改革的立場に立つ者とカトリックの立場を保守的に守ろうとする者との争いが激化してくる。当然エラスムスもその渦中に投ぜられる。特に、カトリック信仰の擁護と保守的神学の牙城となったのはパリ大学神学部ソルボンヌであった。１５２３年には人文学者ベルカンの家宅捜査、図書押収、文書検閲が始められ、聖書の翻訳出版禁止という措置が取られるようになった。そうした動きを代表する人物がベダであった。エラスムスは１５２５年4月、ベダに対し最初の批判的書簡を送り、その後書簡を通じての論争が始まり１５３２年まで続くことになる。エラスムスは保守的神学者たちのなりふりかまわぬ批判を無教養恥知らずのなせる業として痛烈に反論する。ベダの批判はエラスムスの聖書解釈を離れて宗教改革で問題となり始めた諸問題、たとえば聖職者独身制、修道請願、サクラメント、断食、祝祭日、離婚問題にまで広がる。それらの原因をエラスムスの自由な神学的論述の異端性によるものであるとして、ソルボンヌの権威を背景に彼の異端性を主張し続けている。エラスムスの批判反論はここでも明快である。学問に対する首尾一貫した姿勢、状況の変化により学問を攻撃することの不当性はもとより、教会の歩んできた歴史的事実を取り上げていく。すなわち論議することや、聖書翻訳を試みることは当然であり、それを禁止することはカトリック教会の歴史的事実と矛盾すると主張し、論議を否定して党派性による騒乱を引き起こすことこそ問題であるとしている。このように、二人の書簡は１５２０年代後半の状況を反映したものといえるが、しかしながらその中においてもエラスムスの主たる関心と主張の論点は変化していないということができる。

エラスムスと立場を異にしながらも終生友情を保ち、それぞれの立場を超えて励ましあった人物はルターの後継者となったメランヒトンである。エラスムスはその死の直前まで彼に手紙を送り続けている。二人の関係はメランヒトンがエラスムスを称えるギリシャ語の詩を贈った１５１６年から始まっており、１５１８年にはヴィッテンベルク大学のギリシャ語教師に就任し、その後ルターと行動を共にしていくことになった。１５２０年までの書簡を見ると、エラスムスの『校訂版新約聖書』や『パラフレーズ』に関する学問的やり取りを中心に、ルターについては基本的に理解を示しているエラスムスの見解も表明されている。ところが１５２０年ルターに破門警告教書が出されると、ヴィッテンベルクでは教書を焼却するという事件が起こり、メランヒトンも学生に檄文を書いたりしている。１５２１年破門状が出された後は、カールシュタットやツヴィングリにより画像破壊が始まり、その他の熱狂主義者たちも台頭し始める。１５２３年になり、熱狂主義者たちはルターとも敵対し学問にも反対の立場を明らかにするようになる。するとメランヒトンは学生達に教室に戻って学問に精を出すように説得し、熱狂主義や再洗礼派と対決の姿勢をとらざるを得なくなっていった。１５２４年から25年には農民戦争が激化の一途をたどるようになっていく。

そのような直中で、１５２４年9月にエラスムスは『自由意志論』を発表、この頃のメランヒトンとの往復書簡では二人とも過激な暴力行為、狂気による破壊活動への批判と同時に人文学の意義を高く評価するという視点を共有している。メランヒトンは意志論に関する自由な論議の有意義性を認めつつ、エラスムスにはルターへの理解を求め続けている。その後の書簡においても、福音的な生き方、人文学への献身、分裂や不和が癒されることへの願いを二人とも表明している。1530年アウクスブルクの帝国議会でも問題が解決されなくなると、戦争の危機をめぐり、それを避けるためにカール5世へのとりなしや君主達の動きに関して情報を交換し何が福音的な一致であるかを問い合っている。そしてメランヒトンは現実の論争の不毛性を嘆きつつ教会の平和のために働いていることを伝えていく。その往復書簡に見られる共通理解は、立場の違いを超えて求めることの一致点を示している。さらに、このような現実問題を共に体験し意見を交換しつつメランヒトンの『神学綱要』やパウロ書簡注解についての学問的な対話を継続している。そのことの中にこの二人の関係の要を見出すことができるといってもよい。

ところで、エラスムスが人文学者として高い評価をしていたもう一人の人物はエコランパディウスであった。1516年エラスムスの『校訂版新約聖書』出版に際し、特にヘブル語原典引用については全面的に協力し、そのことによってエラスムスから非常に高い評価を得たのである。ところが、エコランパディウスは1518年ピルクハイマーの世話でアウクスブルクに移り、そこでルターの著作に出会い改革への関心を深めるようになっていく。1525年にバーゼル市議会が改革の決議をすると、その全権がエコランパディウスに委託されている。その間に二人の間で書簡の交換があったが、エラスムスの書簡を見る限りでは、『校訂版新約聖書』出版当時の評価を思わせるような内容は一切出てこないばかりか、ギクシャクした関係を思わせるばかりである。1520年代のバーゼルをめぐる状況、あるいは宗教改革運動全体の動きを見て、メランヒトンへの書簡等と比較してみると、そこにエラスムスの意図とは全く違う方向へ走り出したエコランパディウスへの悲観と批判があったといえる。そのようなエラスムスのエコランパディウス批判も彼の一貫した姿勢の現われと見ることができる。

エラスムスに関心を持ち、エラスムスとの関わりを持とうと望んだのは人文学者や改革者のみではない。当時の君主達も例外ではなかった。フランソワ1世、ヘンリー8世とエラスムスの関係を見てきた。エラスムスはいくつもの君主論を公にしている。いずれの書物も君主を公共の人格として捉え、その地位は特権ではなく、責任を持って公共の利益を求めるべき重荷として与えられていることを明らかにする。模範として最高の王はキリストであるということがその君主論の土台となっている。文書の性格上『痴愚神礼賛』では、現実の王への批判的見解が吐露されているが、『平和の訴え』では戦争の原因と君主の責任について論じ、現状の中で模範的君主としてフランソワ1世、マクシミリアン、カール5世、ヘンリー8世を挙げてその君主論をまとめている。しかし、実際にエラスムスは君主との関わりの中で彼らを理想的な君主と認識し続けていたのだろうか。あるいは、これらの君主達に何を期待していたのだろうか。

エラスムスは1499年英国に渡っており、その時人文学者たちとの交わりだけでなくその後長く続くことになる英国との関係ができている。その年、エラスムスは8歳のヘンリー王子に詩を献じている。これはヘンリーの学問に対する熱意を称え、王の徳とは教養によるものであると断言した上で、一般的な王達の無知、無教養を批判したものであり、英国君主との関係は非常に早い時期から教養という点を中心にして結ばれていたことになる。アーサーが死去した後を受けてヘンリーは王に即位し、同時にアーサーの妻であったキャサリンとの結婚の特免をユリウス2世から受けている。その後のエラスムスの手紙も、王にとっての知性の大事さを訴えるためにプルタルコスのラテン語訳作品と共に送られている。さらに1515年には、レオ10世も彼らの間に入り関係はますます固くなっていく。この時にはヘンリーの離婚問題もなく、ヘンリーと教皇、エラスムスの間には親密な関係が築かれていた。

1515年はフランス王にフランソワ1世が即位した年でもある。フランソワ1世は前世紀より中央集権化を推し進め、絶対王政のもとにフランスの独立を主張して神聖ローマ帝国のカール5世と対立し続ける一方で、芸術、学問の復興者あるいはパトロンとしても精力的な働きをしていた。1517年2月にはエラスムスをフランスに招請する動きが始まっている。その経緯の中で、キリスト教的君主としてのフランソワを称えて、さらにレオ10世の下に君主達が平和と一致のため心を傾けるようになったとの認識を示す。特にフランソワについては、15世紀中葉からフランス王の形容詞として用いられる Tres-Crétien、ラテン語で Christianissimus を用いて最大限の敬意を示し、高い道徳性とキリスト教信仰の隆盛及び真の文学、美しい学問についても支持をしていることへの評価が目立っている。

フランスでは、1521年モーの司教ブリソンネを中心とした信仰刷新運動が強化されていくと、政教条約に苛立ちを持っていたソルボンヌの神学者たちが、宗教改革運動の進展とも絡んで人文学者たちの取締に乗り出していく。フランソワは人文学者擁護の立場を貫いて、エラスムスの来仏を期待し続けており、エラスムスはその期待に応えることはできなかったが、その書簡において変わることなく人文学の重要性と君主としての理性的判断、平和を創出する責任を伝え続けている。

ヘンリー8世は、ローマに対しては反教皇の立場を取り、プロテスタントに対してはこれを容認することをせずルター批判の立場を明らかにしていた。エラスムスは彼の依頼によりルターの所説に対して『自由意志論』を書き、これをヘンリー8世に献呈している。

フランソワ1世にしてもヘンリー8世にしても、その後の世界の動きの中で様々な問題を持ったことは否めないが、エラスムスとの関係が人文学あるいは人文学者たちを介して彼に対する甚大な期待によっていたことは事実である。さらに、エラスムスにしてみればそのような人文学保護者としての君主達についてキリスト教世界の平和と一致の回復のため大きな期待をかけることになったのは当然の成り行きだろう。

教皇との関係については、レオ10世とクレメンス7世を取り上げてきたが、エラスムスは学問のパトロンであったメディチ家出身の両教皇に対し大きな期待を抱いていたことが分かる。レオ10世の在位は1513年から1521年までである。エラスムスとの関係はその在位期間中続いており、その内容も非常に友好的なものであり感情の行き違いや意見の相違を見出すことはできない。レオ10世との間に交わされた書簡の内容は一貫して学問の自由とその擁護、キリスト教世界の平和と一致ということを軸に展開されており、エラスムスは教会と信仰の再建にとって要になるのは福音と使徒の文書に源泉を持つ Philosophia Christiana であり、その内容を正しく理解するために新約聖書全体を校訂したとギリシャ語研究や人文学の助けが不可欠であることを明らかにしている。レオ10世もこのようなエラスムスの姿勢に同調して、保守的神学者に対してエラスムスを擁護する立場を貫いている。

クレメンスにもエラスムスは同じ期待を抱いており、書簡の内容もレオ10世に対するものとよく似ている。そして、エラスムスに対する対応の仕方も基本的にはおおむね好意的であった。しかし、ルターの問題がヨーロッパキリスト教全体を巻き込んでいくに及んで、教皇庁内部でエラスムスへの好意的扱いだけを特別に温存しておくことが難しくなっていったことは容易に推測できる。ただ、上記のような歴史的展開の中にあってもエラスムスの主張する内容にはいささかの変化も見られず、他の種類の人々への書簡の内容とも一致していることを指摘できる。

以上のように、1520年代を中心に保守的神学者、人文学者、諸侯、教皇等との関わりを見ていく限り、エラスムス自身は特別な立場、特に政治的傾向を持った立場を取ってはいない。しかし、特別な立場を取らなかったことが、あのような激動期においては極めて特殊な立場を取っていたと理解される結果を招いたといえる。

つまり、エラスムスの変わることのない立脚点は学問、思想の自由という極めて現代的な意味を持ったものであった。ルターによる改革運動がヨーロッパ全体の人々の意識に上るまでは、エラスムスの立場はそれ程危険なものとは思われなかったし、問題でもなかったのである。時代を代表する優れた知識人として、各方面から期待され、その友誼を得ようと多くの人々が彼に接近してきたのである。それはローマ教会も改革陣営も同じであった。つまり、時代の寵児とも言うべきこの知識人、人文学者との接触は当時の人々、特に学問に多少とも関心を持つ人々にとっては誇りであり、自らの立場を主張する際に有効な材料ともなっていたのだろう。

ところが、1516年に『校訂版新約聖書』を公にし、さらに1517年以降新約聖書各巻の

『パラフレーズ』を出版し始めることにより、事情が変化し始める。しかもそれらの出版物と並行してルターの改革運動が展開され、世界中に広がっていったのである。エラスムスの聖書校訂及び注解は、前世紀から始まりつつあった聖書の読み方についてのパラダイムの根本的な変化を含むものであったといえる。そこに、ルターという改革者が出現し、教会のあり方や信仰のあり方についてのパラダイムの見直しを迫ってきたのである。当初は、エラスムスの聖書研究についての批判は言語学的な領域に限られていた。しかし、宗教改革運動の進展に伴い、その批判は神学的な内容に変化し始める。特に1520年代半ばからその兆候が顕著になっている。改革運動がヨーロッパ中に広がり、修復の可能性に絶望的な状況が見え始めた時期と一致するのである。

カトリックの保守的神学者たちはエラスムスをルターの徒として、あるいはルターを出現せしめた張本人としてルターよりも危険人物と見なし始めている。歴史的な文脈においてみれば、彼らの判断は間違っていないというべきである。なぜならば16世紀の大きな動乱、キリスト教界の変化への兆しは、政治的な色彩を取り除くことはできないとしても、やはりそこには新しい学問の影響、特にエラスムスが徹底して守ろうとした人文学 bona littera の影響が影を落としているからである。その意味で、保守的神学者たちのエラスムス批判は当然の成り行きであったといわなければならない。

それに対して、当初エラスムスを自分の理解者と考えていたルターは、教会分裂の様相が明白になった状況の中で、自分の陣営に加担しなかったエラスムスを裏切り者、二心の者としてむしろ激しい批判の対象とし、エラスムスを単なる文学者、文筆の徒として神学問題に口を挟むなと罵倒するようになる。それは、全く別の次元からではあっても保守的神学者たちが人文学者としてのエラスムスを批判したのと現象的には同じことであり、自分の改革の背景にある新しい学問を自ら否定するという矛盾に陥ることを意味している。したがって、ここで問わなければならないことは、ルターが自分の改革について、教会のあり方や信仰のあり方を含めた徹底的なパラダイムの転換であるという意識を持っていたのか、ということである。もしそうであれば、その土台に人文学的な学問と思想の自由という理念があったことをどれだけ自覚的に受けとめていたかということが、さらに問われなければならなくなる。そのことを抜きにしては、ルターのエラスムス批判はただの党派性から出たものでしかないと批判されても仕方ないことになる。また、エラスムスは彼の主張する人文学の自由、論議の自由ということが時代を転換させるほどの大きな影響力を持つものと自覚的に捉えていたのだろうか。

これらの問題を問い直すことなしに、カトリック教会とルーテル教会を始めとするプロテスタント教会との対話は成り立たないだろうし、真の意味での一致を見出すことも不可能であると思われる。そして、そのことは当然、宗教改革とは一体何であったのかという根本的な問いをも含むものであることを指摘しておきたい。

おわりに

「私は何ものにも属さない」*Concedo Nulli* という、エラスムスが好んで用いた標語がある。何かに身を投ずるとか屈するということはない、という意味である。フローベン書店から出版した自身の著作の表紙や裏表紙の飾りに用いた意匠でもある。また、彼が用いていたメダルの意匠としても用いられている。いずれも、そこには同時にローマの境界線の標識として用いられるテルミヌス像が刻印されている。同時代の著名な画家、ハンス・ホルバインが描いた版画のエラスムス像は、テルミヌスの頭部に手を置いた姿である。テルミヌスは「ユーピテルの神殿が建立される以前からカピトーリウムにあり、ここにいた他の神々が大神に場所を譲ったのに、テルミヌスのみはこれを拒んだので、ユーピテル神殿中に席を与えられた」と言われているように、エラスムスは16世紀の動乱期の中で自身の立ち位置を動ずることなく守り通した16世紀のテルミヌスであったと表現することができよう。

本書においては、エラスムスと同時代人達の往復書簡を取り上げ、宗教改革期の人間関係を様々な視点から検討することを課題とした。16世紀ヨーロッパの混乱期の中で、それぞれの立場を明らかにし、どの陣営に付くかが厳しく問われていた状況の中であっても、必ずしもすべての人がどちらかの陣営に付くかの旗幟を鮮明にしていたわけではなかった。しかし、歴史的評価というものは、その時代の当人の意志と関わりなく後代の歴史家の視点で決定的となる場合があることは多くの事例が示している通りである。それは真正な評価と言えるのだろうか、という問いに著者は何時も直面してきた。というのは、中には改革を求めながらも旧勢力であるカトリックに止まり、その中で苦悩しつつ自己の立場をどうにか確定していこうとした人物もいるし、宗教改革派に数えられながら古い友人たちとの友情をも温めつつ、改革を推し進めていった人物もいたのである。また、一時的に改革の影響を受け、その思想に共鳴しつつも行動規範という点でどうしても全面的に一致することができず、結果的にカトリック教会に復帰していった人物も多くいた。

本書の各章で直接表題として取り上げた人物たちは、どちらかといえばその立場が鮮明であった人々であると言える。人文学者であり改革者としてメランヒトンとエコランパディウス、政治的な影響力を持っていた君主としてフランソワ1世とヘンリー8世、宗教改革期の只中で教会の方向性を委ねられた教皇としてレオ10世とクレメンス7世、そしてカトリックの保守的神学者として終始エラスムスを批判攻撃し続けたヨハン・エックとノエル・ベダを取り上げた。しかし、これらの人物にしても一貫した姿勢を保っていたように見えながらもなお時代の状況が刻々と変化していく中で、それぞれの心は揺れ動いていたことが書簡の文面から読み取れる。それが、歴史の真相だろう。このような事態は、これらの人々を取り巻いていた周辺の人物との関わりからも鮮明に読み取ることができる。それゆえ、その書簡に現れた人々、そして関係する事件に共通して関わった人々の書簡を取り上げることにより、人々の様々なありようが浮かび上がってくるのである。その中から、これまで見えていなかった宗教改革の姿、またそこにある人々の本当の姿が見えてくるし、そのような多様な関係性の中に置いて見た時にエラスムスの真意もはっきりと浮かび上がってくるのではないかという期待があり、ある程度はその期待も満たされたと思う。つまり、異なる種類の人々との往復書簡の中でエラスムスが主張し続けてきたことには一貫性があり、それは彼が宗教改革期の中で主張して止まなかった論旨であり、そこに彼の *Concedo Nulli* を成り立たせる根拠があったというべきだろう。

ところで、本書では全書簡の完訳を目的とはしなかった。それは膨大な分量になるし、本書が目指している多様な人間関係の中からエラスムスの真意を汲み取っていくためには、適宜部分訳を付したり、内容の概要紹介にとどめたほうがよいと判断したからである。２０１５年に岩波書店から『エラスムス＝トマス・モア往復書簡』（沓掛良彦・高田康成訳）という優れた翻訳が出版された。４００頁を優に超す分量である。著者に余力が残されていれば、いずれエラスムスと誰かの往復書簡を全訳してみたいものだと願っている。

すでに読者諸氏はお気づきのことであると思うが、本書では人文主義あるいは人文主義者という概念を用いていない。著者は、これまでの著書や論文においてもこの概念を用いることを意図的に避け、人文学者という概念を用いてきた。各種研究書や邦語は言うに及ばず外国語の辞書類でもエラスムスを人文主義者と表記するものが多い。人文主義者とは16世紀において何を意味していたのか。用語として用いられていたのは文献的には、イタリア語の umanista であるという。それは当時ギリシャ、ローマの古典研究者、古典研究の学生を意味していた。したがって、学問に携わっていたほとんどの人物はumanistaということになる。カトリックの保守的神学者は言うに及ばず、ツヴィングリやルターのような宗教改革者の聖書理解の背後には人文学に対する深い造詣があり、その影響は避けられなかったはずである。しかし、彼らは人文主義者には分類されない。つまり、人文学は方法論であってそれぞれの立場を方向づける決定的要因ではなかったことになる。では、どうしてエラスムスだけが人文主義者なのか。彼の*Concedo Nulli*は、ただ人文学の立場に立つだけで、決断のできない中途半端な姿勢を指しているというのだろうか。それならば、人文学主義者とでも名付ければよさそうなものである。いずれにせよ、人文主義という近代的な概念を16世紀の人間に当てはめて固定化することには疑問を呈したいと思う。

最後に、著者はエラスムスの*Concedo Nulli*を全面的に肯定するものではなく、世界が大きく変化していく混乱期の中で持ち得る一つの立場に過ぎないと認識している。歴史の中で生きている人間は、その経過の中で決断をし、大事にしていた方法論でさえ放棄することが求められることもあり得るのであり、気に染まない立場を選択しなければならないこともある。ただ、状況の変化の中で自己正当化や自己防衛のためだけに右顧左眄することを拒み続け、論敵のそのような姿勢を批判し続けてきたエラスムスからは学ぶべきものがあると感じることも事実である。

宗教改革から500年目の記念の年とはいえ、厳しい出版状況の中で今回も新教出版社、ことに小林望社長には全面的にお世話になった。心からの感謝を捧げたい。

人文学者エラスムスを現在の世界や日本の状況の中でも変わることなく語らしめる喜びを、一人でも多くの読者と共有したく思う。

人名解説

〔1〕**ロイヒリン** Johannes Reuchilin（1455-1522） ドイツ人文学者でフライブルク、パリ、バーゼルでギリシャ語、ラテン語を学んだ後オルレアン、ポワティエで法学を修めてドミニコ会の法律顧問や宮廷御用掛を務め、1521年チュービンゲン大学のギリシャ語、ヘブライ語教授となった。特に生涯を通じてタルムードやカバラ等のユダヤ教思想の研究、原典の保存に努め、それによってキリスト教の真理を証明しようとした。1506年には辞書を含むヘブライ語文法書 *De rudimentis Hebraicis libri iii* を出版しドイツにおける聖書の言語研究の土台を築いたことで有名である。学問的な自由、啓蒙思想さらにその頃の極端な反ユダヤ主義運動に対してはユダヤ人解放運動の先駆者としても重要な働きをした。最後までカトリック教会に止まり、ルターの宗教改革運動には反対でありメランヒトンをルターから引き離そうとも努めている。学問的自由の擁護者としても有名である。一説によれば、メランヒトンの母、Barbara Reuter はこのロイヒリンの姪であったという。

〔2〕**カールシュタット** Karlstadt（ca.1480-1541） 本名は Andreas Bodenstein であるが、ドイツのカールシュタットに生まれ、出生地の名をもって通常このように呼ばれる。法学と神学を学び、ヴィッテンベルク大学の神学教授としてルターに博士の学位を与えて同僚とし、宗教改革を推進していく。ライプツィッヒ論争ではルターと協力してエックと討論している。ルターがヴァルトブルクに滞在している間改革を指導したが、彼の改革運動が画像破壊や神学研究の拒否をする等

過激化していったことからルターと対立するようになった。牧師となりルター攻撃の文書を発行するなどしたが、後に和解した後も各地を遍歴し、晩年はバーゼルで旧約学教授として過ごした後、同地において没した。

〔3〕 **フェルディナント1世** Ferdinand I（1503-1564） スペインで生まれ、スコラ神学を学ぶが、ブルゴーニュの宮廷でエラスムスの影響を受けた。１５２６年にはボヘミアとハンガリーの王に即位、１５３１年からはカール5世の皇帝代理の役を務めた。特にプロテスタント系諸侯との融和政策に熱心で、アウクスブルク帝国議会では宗教和議を実現させ、ルター派教会の信仰の自由を実現に導いた。１５５８年、皇帝に即位すると、中断されていたトリエント公会議の再開を目指していた教皇に対し、独自の案を提案して公会議を最後まで導いた。オーストリアの君主としては、国内のカトリック復興のために教育政策を推し進め、イエズス会学校の設立などを支援した。

〔4〕 **カール5世** Karl V（1500-1558） ハプスブルク家出身の神聖ローマ帝国皇帝（在位 1519-56）。同時にカルロス1世としてイスパニア王（1516-56）。宗教改革期の混乱の中で、フランス、オスマン・トルコと争い、同時にドイツ国内の宗教改革勢力とも戦いつつ帝国と教会の一致をもたらそうと努力した。そのためルターを異端として断罪したヴォルムス国会（1521）、シュパイエル帝国議会（1526, 29） アウクスブルク国会（1530） 等を開催して事態の打開を図ろうとしたが、いずれも頓挫した。その後も、両教会の和解を図るため会議を重ねるが、ルター派からの信教の自由要求が強く、ついにアウクスブルク講和（1555） において両派諸侯の同等な権利付与を決定せざるを得なかった。１５５６年に退位して修道院に隠棲し、58年死去。

〔5〕 **カピト** Wolfgang Fabricius Capito（1478?-1541） フライブルク大学で医学、法学、神学を修めた後、司祭となり１５１５年にはバーゼルに招かれて神学教授、説教者となっている。そこでエラスムスをはじめとする人文学者たちと交わり、ルターをはじめとした宗教改革者とも知り合うこととなった。ギリシャ語、ラテン語、ヘブライ語に堪能であり、特にヘブライ語に関しては

エラスムスの『校訂版新約聖書』についての助言を依頼され、彼もそれを喜んで引き受けた。終生エラスムスとの親交を保ち人文学者として活動を続けつつも、ルター主義者としてストラスブールにおける宗教改革ではマルティン・ブーツァーと協力して同市の改革に尽くしている。人文学者としての資質を強く持つゆえに寛容な姿勢を保ち、異説にも心を開いていた。

〔6〕 **フレデリック選帝侯** Frederick III of Saxony（1463-1525） ザクセンの選帝侯。フレデリック賢公の名で呼ばれる。ルターを守るに際して、大きな戦略的技巧を用いルターのローマへの召喚を見越してアウクスブルク帝国議会を開催し、その後ルターへの追放が決定されるとワルトブルク城に匿った。しかも、教皇も神聖ローマ帝国皇帝もドイツでの影響力は強くはなく、それに加えてフレデリックは財政的にも政治的にも周辺に対して力を保持しており、選帝侯の中でも大きな影響力を持っていた。ルターを支持する一方でカトリックとの関係を保ち、聖地への巡礼を行ったり聖遺物の収集をも行ったりしている。また、アルブレヒト・デューラーやルーカス・クラナッハなどの芸術家を雇ってその活動を援助している。彼のキリスト教信仰に関する新しい理解はアウグスティヌス隠修修道会士でルターの師であったシュタウピッツに負うところが大であった。最後には新しい信仰を告白し、その死に臨んではパンとブドウ酒の二種陪餐を受けている。

〔7〕 **リー** Edward Lee（1482-1544） ケントの高貴な家に生まれ、オックスフォードとケンブリッジで学び、修士を取得した後、ノーフォークの教会で助祭に叙任されている。１５１６年からルーヴァンでギリシャ語を学んでいる。その時にエラスムスの関心を惹き、その学びの熱心さを称えられている。しかし、エラスムスの『校訂版新約聖書』第二版出版の際、その注解ノートをエラスムスに丁寧に否定されたことから関係が悪くなる。その結果リーは人文学者たちを嘲笑するようになっていった。リーはヨークの大主教、英国教会の大主教となったが、最初は首長法に反対していた。後に、その法に従い、ヘンリー8世の宗教改革を助けた。

〔8〕 **フッテン** Ulrichi von Hutten（1488-1523） 11歳の時にフルダ修道院に入るが、後に修道院を

離れエルフルトの人文学者たちのサークルに入り詩作に打ち込んだ。皇帝マクシミリアンから桂冠詩人と称賛される。エラスムスとの関係は1515年から始まっており、当初はエラスムスをドイツのソクラテスと崇めていたが、後に宗教改革に対する姿勢の違いから相反するようになり、特にツヴィングリの下でエラスムス批判の文書 *Expostulatio*（愁訴）を書いたことによりその対立は決定的となった。1523年エラスムスは彼の批判に対して反論 *Spongia adversus aspergines Hutteni*（フッテンの撒き散らしたものを吸い取るスポンジ）を書いた。

〔9〕**アレアンドロ** Girolamo Aleandro（1480-1542）　イタリアのモッタで生まれ、その地で学びを始め、また後にはヴェニスやリミニでヘブル語、ギリシャ語を学んでいる。人文学者としてのエラスムスとの交わりは、1508年ヴェニスを訪問した際に二人が一つ部屋で生活するなど、非常に親密であり、エラスムスの『格言集』の多くについて助言を与えている。しかしカトリックと改革派の論争が激しくなるにつれて、二人の関係も冷たいものとなっていった。アレアンドロは、ルターと徹底的に対立し、カトリックの擁護を最後まで貫いた。

〔10〕**カンペッジョ** Lorenzo Campeggi（1474-1539）　ミラノで生まれ、家庭の伝統としてパドヴァとボローニャで法学を学び、自身もボローニャで法学教授として教えた教会政治家。妻を失ってから、司祭となり、教皇庁に出仕する。1518年教皇の依頼により英国に渡り、ヘンリー8世に対しキリスト者君主間における和平の交渉に臨んでいる。また、1522年には教会改革の計画を提出。1524年から25年にかけてドイツ、ハンガリー、ボヘミアに使節として送られルター主義の問題に取り組んでいる。エラスムスとは1519年に知り合い、エラスムスは『校訂版新約聖書』第二版を贈り、英国における人文学保護と彼の学識を称えている。宗教問題については、ルター主義にも中庸と寛容な和平を守る立場で接するよう、エラスムスは書簡を送っている。1528年にはヘンリー8世の離婚問題を処理するために教皇特使として英国に渡るが、結果的に王の怒りを買いローマに帰ることになる。同様に教皇特使として参加したアウクスブルク帝国

議会（1530年）ではカール5世と共に反宗教改革的な姿勢を貫いた。

〔11〕**カメラーリウス** Joachim Camerarius（1500-1574） ドイツ人文学者。ライプチヒ、エルフルト、ヴィッテンベルクで学び古典学者となった。1535年にチュービンゲン大学、41年からはライプチヒ大学の教授となっている。

〔12〕**フローベン** Johann Froben（1460頃-1527） バーゼルで書店を営んだ人文学者。アメルバッハに印刷を学び後に自ら起業し、宗教改革期の印刷の中心地であるバーゼルで活躍する。特にエラスムスの『校訂版新約聖書』のみでなく、ルター等改革者の著作も印刷。古典の校訂版や復刻にも力を尽くし、印刷文化上重要な足跡を残している。エラスムスはこの書店の一室を死の床としている。現在、バーゼルのErasmus House書店となっている。

〔13〕**ディルフト** Frans van der Dilft（?-1550） アントワープの富裕な家庭に生まれ、1519年にルーヴァンの三言語学寮に入るが、後にバーゼル大学に入学し1524年から25年12月の終わりまでエラスムスの家に共に住んでいた。その時には既にアントワープの市参事会の聖職給を支給されていた。一時バーゼルを離れるが、再びバーゼルに戻り、1528年2月までエラスムスと共に生活している。その後、ドイツに旅行し、そこでエラスムスの友人たちを訪ねている。巡察のために滞在していたイエナでメランヒトンに出会ったのもその折であった。晩年はアントワープに帰り、1536年から41年まで市の参事会員や市長を繰り返し務めている。

〔14〕**ヘルデンフーヴァー** Gerard Geldenhouwer（1482-1543） オランダ生まれの人文学者。最初エラスムスと同様デーフェンターの学校で教育を受けるが、その後ルーヴァンに移って1510年に博士学位を得ている。人文学者と交わり、トマス・モアの『ユートピア』の出版にも関わった。宗教改革が起こると、その思想に共感を覚え1525年にはヴィッテンベルクに行き、ルターやメランヒトンの講義にも参加、それに感銘を受けている。エラスムスとの関係は最初良好であったが、エラスムスの名前を宗教改革と関係づけようとしたことに対し、エラスムスはそのパンフ

レット「偽福音主義者を駁する書」*Epistola contra pseudevangelicos* で激しく反論を書き、その中で彼のことを「ハゲタカ、貪欲な奴」Vulturius と詰っている。その晩年はマールブルク大学で歴史と神学の教授として生涯を送っている。

〔15〕 **フィリップ** Philipp of Hesse（1504-67）「寛大なる方伯」とも呼ばれる。初期の頃から事柄に合理的な対処をしてきたことで知られており、宗教改革に関してはザクセン選帝侯フレデリックと共にルターを支持しつつも、様々な会議の際には中庸を保ち、特に教義問題の一致のためには自ら中道 via media の立場で行動していた。教会の改革とその好ましい状況の土台として初代教父達を尊重するというメランヒトンやブーツァーの見解に従い、１５４０、41年にはそれまで敵対していた皇帝が提唱したハーゲナウ、ヴォルムス、レーゲンスブルクのカトリックとプロテスタントの対話を支持した。

〔16〕 **ペラルグス** Ambrosius Pelargus（1493-1561） ヘッセンに生まれ、フランクフルトのドミニコ会に入る。１５１９年にはハイデルベルク大学に入学しているが、詳細は不明。１５２５年から29年までバーゼルのドミニコ会で説教師、講師として働きミサ聖祭についてのエコランパディウスとの論争にも加わっている。１５３０年ごろからアナバプテストについての見解を明らかにし始め、洗礼についての見解をめぐってエコランパディウスとの対立が激化する。アナバプテストには死罪で罰するべきだと主張し、画像破壊者への攻撃、ミサについてはカトリックとプロテスタントの対話を試みた。後フライブルク大学から博士学位を授けられ、トリールのドミニコ会に移り、そこで説教者、教授としての地位を得ている。エラスムスとも親交を深めているが、エラスムスがトマス・モアに宛てた書簡（Ep. 2211, １５２９年9月5日）においてペラルグスをバーゼルでの混乱を起こした人間と述べたことが原因で、関係は冷えていった。後に関係は一旦修復され、１５３４年にトリールの大学と大司教に対してペラルグスの推薦状を書いている。エラスムスに中傷的な意見も持っていたようだが、彼の書いたものについては何であれ、出版の価値があると

も考えていた。当時の複雑な人間関係を彷彿とさせる出来事といえる。

〔17〕 **サドレート** Jacopo Sadoleto（1477-1547） モデナで生まれ、フェッラーラとローマで古典を学ぶ。特にローマにおいては人文学者たちや芸術家と交わり、その将来の資質を形成したと思われる。1511年叙階され、その学識により1513年にはレオ10世によって書記に任じられ、1517年にフランス、カルパントラの司教に任じられている。しかし、書記としての務めを果たすために1527年まで中断の時期があったにせよ、ローマに留まっている。ローマ教皇庁にあっては、エラスムスに対する誹謗中傷、あらゆる批判に反対し、彼を弁護していた。それは改革の必要性と教皇庁の過ち、堕落への批判という事実の両方を理解しつつも、中庸を保つ姿勢の類似によるものといえる。また、メランヒトンにも尊敬に満ちた手紙を書き、その友情を得ようとしたが、メランヒトンはそれに応えていない。その姿勢に対してドイツのカトリック陣営では、エックを中心に猛烈な批判が巻き起こっている。1536年には、パウルス3世によってローマに召喚され、教会改革委員に任ぜられ同時に枢機卿に任命されて、ガスパロ・コンタリーニなどと共にカトリック改革に取り組んでいる。自身で『パウロのローマ書注解』を書いているが、半ペラギウス主義との批判を受け、改訂版を出している。

〔18〕 **ニコラウス** Nikolaus von Amsdorf（1483-1565） トルガウ生まれ、ライプチヒで初期の教育を受ける。1502—3年冬学期、新しくできたヴィッテンベルク大学の最初の学生として入学し、1511年には神学と哲学の講義をするようになる。1513年と1522年にはヴィッテンベルク大学の学長に選任されている。ルターの運動の最初から支持者となり、ライプツィッヒ論争やヴォルムス国会にも同伴している。ルター派正統主義の立場で、ルターの死後はメランヒトンへの批判を強めており、ルターとエラスムスの論争に際しては徹底的にルターの側に立って、人文学的信条がプロテスタント教会とその教義にとっては危険なものであると信じていた。Ep. 2970の中でエラスムスは、彼のことを「無教養で取るに足りない人間」と呼んでいる。

〔19〕**ヴィンフェリンク** Jacob Wimpfeling（1450-1528） フライブルク、エアハルト、ハイデルベルクで学んだドイツ人文学者。ハイデルベルク大学で修辞学や詩学を教え教会改革にも協力した。修道士批判をなし、ルターの出現を歓迎したが後には宗教改革に反対するようになった。エラスムスとも親しく書簡を交わしている。

〔20〕**アンニウス** Johannes Annius（?-1502） おそらく1430年代に生まれたと考えられるドミニコ会士であり、近東地方、ギリシャ、ローマの歴史家達からの引用で古代の知識に関するコレクションで有名である。エラスムスは彼を好んでおらず、イエスの系図についてアンニウスが偽フィロンのテキストを利用していると論じている。エラスムスはアンニウスについて、彼はドミニコ会士であり、向こう見ずで尊大な者であるから参考にすべきでないと友人たちへの手紙で書いている。

〔21〕**アドリアヌス** Matthaeus Adrianus（?-1521） 公式記録は1501年以降のものしか存在しない。スペイン生まれのユダヤ人キリスト者で、ヴェニスでヘブライ語文法書を出版した。ヘブライ語学者として重要な働きをなしていた。

〔22〕**ピルクハイマー** Willibald Pirkheimer（1470-1530） ニュルンベルク貴族の末裔、パドヴァでギリシャ語、パヴィアで法学を学ぶなどイタリアにおいて総合的な人文学教育を受けた後、1496年から23年まではニュルンベルク市参事会員で、自宅は人文学者たちの活動の中心となっていた。またそのために自宅の豊富な書庫も公開している。ルターの破門教書の裏書をしたが、一方ではルターに共感するところもあり、ルターと共にエックを批判し破門に処せられた。しかし、後に教会と和解して改革に距離を置くようになった。それにはエラスムスの影響があったと理解されている。特にエコランパディウスやニュルンベルクの改革者たちとは厳しく対立した。姉のカリタスが院長を勤めるクララ会修道院が閉鎖を命ぜられた時には市参事会宛の弁明書を提出して再びカトリックに転じている。

〔23〕**ペリカヌス** Conradus Pellicanus（1478-1556） アルザス地方のルファハに生まれ、ハイデルベルクで学んだ後、ルファハのフランシスコ修道院に入っている。1499年にヘブライ語を学び始め、ロイヒリンとも個人的な関係を持つようになった。1503年にはバーゼルのフランシスコ会修道院で神学を講じることになり、そこで改革思想を持った人文学者たちと関わるようになった。修道会の中では改革を宣伝することを許し、1523年にはエコランパディウスと共にバーゼル市議会によって大学の神学教授の席を約束されている。しかし、ツヴィングリの招きにより、チューリッヒに移りその死に至るまでギリシャ語とヘブライ語の教師を務めた。バーゼルでは、エラスムスを取り巻くサークルに属していたが、エコランパディウスの聖餐論以来、エラスムスとは対立的になり、彼の弟子であることを認めなくなった。

〔24〕**カニウス** Cannius, Nicolaas Kan（1555没） アムステルダムの生まれでルーヴァン大学で教育を受ける。特に三言語学寮の講義に参加しエラスムスは彼のギリシャ語筆写を貴重なものとして用いているし、バーゼルではエラスムスの家令として働いている。また英国をはじめとして各地にエラスムスの使いをしている。エラスムスは『対話集』の中に彼を登場人物としても取り上げている。

〔25〕**ギヨーム・ビュデ** Guillaume Budé（1467-1540） 古典学者としても優れた資質を持ち、『ギリシャ語考』Commentarii linguae graecae（1529）の著作もある。今日の国立図書館の基礎を築き、さらに三言語研究のための王立教授団（後のコレージュ・ド・フランセ）設立を計画、そのためにエラスムスの来仏を熱心に画策した。

〔26〕**ギヨーム・プティ** Guillaume Petit（?-1536） おそらく1470年ごろの生まれと思われる。彼はドミニコ会に入り、パリで学んだ後1503年に神学の博士号を得ている。1508年にはブロアの尼僧院院長となり、しばしば宮廷に出入りするようになる。フランソワ1世が即位すると、その聴罪司祭となり、フランソワ1世は同時に彼を王立図書館に任じている。多くの人文学者と

の親交もあり、ビュデやコップと共に三言語学寮設立のために、エラスムスを招聘しようと努力した人物である。

〔27〕 **ポンシェ** Etienne Poncher（1446-1525） 教会法、世俗法の研究の後、聖職に関わるようになり、1491年にはトゥールのサン・マルタン教会、1492年にはパリのノートル・ダム教会の司教座聖堂参事会員となり、1496年にパリ司教秘書を経て、1503年2月にパリ司教となっている。フランソワ1世の下で、彼はハプスブルク家や英国との交渉に関わりを持った。彼はまた、ルフェーブルやその他の人文学者同様教会と修道院の改革の必要性を感じ取っており、そのために彼もエラスムスの招聘には熱心に働いたのである。

〔28〕 **ギヨーム・コップ** Guillaum Cop（?-1532） バーゼルに生まれる。フランスの学者仲間の中ではよく知られている存在である。1478―79年の冬学期にバーゼル大学にいたことが分かっており、1483年に修士になっている。1492年にパリで医者の資格をとり、1496年に医者になっている。1498年より前に大学の評議員となり、同時に外科学を教えている。1512年から王ルイ12世の個人的な医者となり、フランソワ1世も彼を用いた。彼はバーゼルとの関係を保っていたが一方でパリの人文学者のグループとの関係も深く、ギリシャ語の研究にも携わっている。1497年までにエラスムスとも会っており、後に親しい友人となっている。付け加えておけば、彼の息子ニコラウス・コップはカルヴァン等の改革的グループに属し、パリ大学総長就任演説で、改革的言辞を弄したために当局の追及を受けることになり、バーゼルに亡命している。

〔29〕 **ブリソンネ** Guillaume Briçonnet（1472-1534） トゥール生まれのフランス福音主義者。1507年には枢機卿であった父によってサン・ジェルマン・デ・プレ修道院長に就任した後、1516年にはモーの司教となりルフェーブル・デタープルと共に「モーの人々」を形成し、福音主義運動を担った。

〔30〕 **ルフェーブル・デタープル** Lefèvre d'Etaples（1450/55-1536） フランスの神学者、人文学者。司祭に叙階された後、パリとイタリアで学びを続け、1507年にパリのサン・ジュルマン・デ・プレ修道院の司書となっている。ブリソンネに招かれ、モーの改革運動に加わり、教会改革と聖書のフランス語訳に従事して宗教改革的人文学者の代表的人物となった。

〔31〕 **ベルカン** Berquin, Louis de（1490-1529） 宗教改革者としてフランス最初の殉教者となる。パリで学んでいる時にルフェーブル・デタープルを中心とする人文学者と出会い、彼らと共に教会改革を目指し、フランソワ1世に庇護された。ソルボンヌの反宗教改革運動が激しくなった際には異端者としてその著書が禁書とされ投獄されるが、一度はフランソワ1世によって助けられる。しかし1529年に火刑に処せられた。

〔32〕 **カロンデール** Jean de Carondelet（1469-1545） ブルゴーニュ公に仕え、ハプスブルク家で多くの地位を得た。地方大学で法学を修めて聖職者となり、1519年にはパレルモの主教に任ぜられている。幾つもの聖職禄を得ており、ブルージュの教会に葬られている。エラスムスとの関係は親密であり、特にオランダのハプスブルク家におけるエラスムスの主たる擁護者であった。

〔33〕 **ロビンス** Jan Robbyns（?-1532） ルーヴァン近くのメヘレンに生まれ、ルーヴァン大学で教育を受け修士を得た人文学者。三言語学寮設立に際して助言者としても働いている。エラスムスは生涯彼の変わらない三言語学寮への支持を感謝していた。

〔34〕 **スートール** Petrus Sutor あるいは Pierre Cousturier（1475-1537） フランスのカルトジオ会士で、保守的神学者。ソルボンヌ大学で学び、神学博士の学位を取得。宗教改革者や人文学者に反対しており、特に聖書の新しい改訂や翻訳に対しては異端的であるとして対抗し、ベダと共同して保守的神学を守ろうとした。エラスムスに対して徹底的に批判的立場に立ち、1525年には *De tralatione Bibliae* を公にし、新しい聖書翻訳の不当性を主張している。それに対してエラスムスは激しい反論をフローベン書店から出版している。しかし、パリ大学神学部では委員としても

積極的な働きはしていない。

〔35〕**パピヨン** Antoine Papillon（?-1525） パリ高等法院のメンバーで、王の姉であるマルグリート・ド・ナヴァールの保護を受け、ベルカンをはじめとする改革精神を持ったフランス人文学者たちの保護者であった。

〔36〕**マウントジョイ卿** William Blount（1478-1534） 四代目マウントジョイ卿で、パリ遊学中エラスムスを家庭教師として主に古典を学んだ。その後エラスムスの友人、保護者として英国にエラスムスを招待し、多くの人文学者とエラスムスを引き合わせることとなった。自身が英国に帰ってからはヘンリー８世の友人また家庭教師としても働き、エラスムスを紹介し、英国への移住を進めるために尽力している。

〔37〕**トマス・ウルジ** Thomas Wolsey（1474-1530） オックスフォードでの学びを終えるとすぐに政府の仕事につき１５１１年には枢密顧問官となる。ヘンリー８世の下で有益な働きをするが、リンカーンやウェールズ、ウィンチェスターの司教を歴任し、後にヨークの大司教（1514）、枢機卿、大法官（1515）、国王顧問官、教皇庁使節として働く。一時は教皇位をも目指したが果たすことはなかった。王の離婚問題に関して対応を誤り、１５２９年に大法官の位置をトマス・モアに譲り、１５３０年には大逆罪の嫌疑をかけられロンドンへの移送中に病死したが、１５１７年当時は王の信任を取り付けていた。

〔38〕**ネーセン** Wilhelm Nesen（1493-1524） ドイツ人文学者。バーゼルで学び、ツヴィングリとの友情を培った。彼は保守的神学者に対する攻撃を継続し、ヴォルムス国会の際にルターとも出会っており、ルターの支持者となった。後にヴィッテンベルク大学で古典文学を教えるが、１５２４年エルベ河の事故で亡くなっている。

〔39〕**ペイス** Richard Pace（1483-1536） ウィンチェスターの近辺で生まれ、後パドゥアおよびボローニャで学ぶ。フェララで学んでいる時にエラスムスと出会っており、エラスムスはマウントジ

ヨイ卿宛に彼のギリシャ語、ラテン語を称賛する手紙を書いている。格言を集めるなど人文学者としての有能な働きをした。また、ヘンリー8世の秘書として共に旅をするなど宮廷との関係も深い人物であった。1519年にはセント・ポール大寺院の首席司祭となったカトリック司祭。

〔40〕 **ギルフォード** Henry Guildford（1489-1532） 親の代から宮廷と親しい関係を持った家柄に生まれ、ヘンリー8世より1あるいは2才年長の王の友人であったし、戦争で名を上げ王の旗手となっていた人物であり、宮廷に影響力を持った人物であった。

〔41〕 **ジョン・コレット** John Colet（1466-1519） フィレンツェのプラトン・アカデミーの影響を受けた英国の代表的人文学者。1499年エラスムスが初めて渡英したときからの友人であり、特にエラスムスが新約聖書の研究（中でもギリシャ語原典の研究）を志すように影響を受けたことは重要である。ロンドンのセント・ポール大聖堂首席司祭を勤め、後に人文学とキリスト教に基づくセント・ポール学院を創設し教育実践をした。

〔42〕 **ラプセット** Thomas Lupset（1498-1530） ロンドン生まれの人文学者。セント・ポール学院でコレットの薫陶を受け、その関係でエラスムスと知り合い親しくなった。ヨーロッパ各地に学び、後に英国に帰って Wolsey の息子の家庭教師として働き、さらに彼の推挙によりソールスベリーの司教座教会の参事会員となった。特に、エラスムスとの関係については、エラスムスの『天国から閉め出されたユリウス』*Julius exclusus e coelis* の原稿を預かった際に、それが他に流出して公にされるという事件があったが、その件についてもエラスムスは彼を許している。

〔43〕 **ビベス** Juan Luis Vives（1492-1540） スペインの人文学者。ルーヴァン大学の講師をしている時にエラスムスやトマス・モアなどの人文学者と知り合い、1523年からキャサリンに招かれメアリーの家庭教師を勤めた。キャサリンは彼を信頼しており、彼もキャサリンのために1524年に *De institutione foeminae Christianae* を献じた。

〔44〕 **クランベルト** Francis Cranevelt（1485-1564） オランダのナイメーヘンに生まれ、ケルンやル

ーヴァンで学んだ後ヨーロッパ各地で政治的な活動をする傍ら、学問の世界とも関係を持ち続け、特にエラスムスやビベスなどの人文学者と交わった。エラスムスを通じトマス・モアとも関係を持つ。ルターの結婚やヘンリー8世の離婚問題についての情報も、彼からエラスムスに伝えられている。

〔45〕 **アメルバッハ** Bonifacius Amerbach（1495-1562） バーゼルに生まれ、フライブルクで人文学の教育を受けた後、アヴィニョンで学び、後にバーゼルに帰った時に大学でローマ法の席を準備されるが、最初はそれを断りつつも1550年に止めるまでの間ローマ法全般にわたり同僚と共にその職を荷った。また、1535年には市の助言者に就任し、宗教改革で弱体化した大学の再建に尽くした。婚姻法に関しては厳格な考えを持ち、姦淫や義務の放棄の場合を除いて、たとえ身体的、精神的病気の場合も離婚は認められないと考えていた。これは彼が教会法を前提に考えていたことを示している。宗教改革に対してはエラスムスと同様な立場に立っており、行き過ぎた福音主義には批判的であり、1529年ミサが廃止された後、礼拝説教や聖餐式への出席強制が行われるとそれに参加することを拒否した。エラスムスはその死に際して彼を法的相続人に指定している。

〔46〕 **マルシリオ・フィチーノ** Marsilio Ficino（1433-99） イタリア生まれの人文学者で、若い時からコジモ・デ・メディチの庇護を受け、プラトン主義、新プラトン主義的伝統の中にある古代ギリシャ、ローマの思想をルネサンス期ヨーロッパに受容し再生した。1462年には、メディチ家の別荘で始められたプラトン・アカデミーの長としてヨーロッパ全体に影響を与えるようになった。ジョン・コレットやロイヒリンに対する影響は時代の変化にもつながっていった。

〔47〕 **ピコ・デッラ・ミランドラ** Giovanni Pico della Mirandola（1453-94） モデナ近郊ミランドラの領主の三男として生まれ、ボローニャで法学を学ぶが、その後フランス、イタリアを広く回り多くの蔵書を収集する。1486年ローマにおいて『900の論題』を出版し、多くの学者と論

議を重ね、神学と哲学の融合を目指すが、異端の嫌疑を受けフィレンツェに逃れた。かの地ではサヴォナローラの影響で敬虔な生活を送り、31歳の若さで病没している。

〔48〕**アントニー** Antoon van Bergen（1455-1532） ルーヴァンで学び、後シトー会に加わる。ブルゴーニュ地方の修道院長に就任するが、ベルゲン家の策略により１４９３年からその死に至るまでセント・オマール修道院長の職にとどまった。エラスムスとの関係は１５０１年ごろから始まっている。エラスムスの仲介でトマス・モアとの交友関係をも持っている。

〔49〕**ウイリアム・ウォーラム** William Warham（1456-1532） １５０３年から英国とローマが決別する前までの最後のカンタベリー大司教。国家問題にも指導的役割を果たしたが、特に学問の興隆に好意的に接して、英国におけるエラスムスの最大の保護者となった。また、英国にプロテスタント運動がおこると、これには反対の立場をとった。

〔50〕**カラッファ** Giovanni Pietro Caraffa（1476-1559） ナポリの貴族出身で教皇庁に入ると教会改革の最も熱心な指導者となった。テアティノ修道会を創設し（1524）、修道院改革にも熱心でありプロテスタントへの対抗改革を推進し、異端審問についても熱心であった。１５１３年に教皇特使として英国に渡り、５年間を務めた。１５５５年には教皇パウルス４世として選出されている。

〔51〕**レーナヌス** Beatus Rhenanus（1485-1547） ストラスブールの人文学者、バーゼルで印刷業のフローベンと共に古代ローマの著作や教父の著作を編纂した。エラスムスと親しく、最初のうちはルターの教会批判に賛同していたが、後にはルターに批判的になっていった。

〔52〕**アンモニオ** Andreas Ammoius（1478-1517） ルッカの由緒ある家系に生まれたイタリアの人文学者。ボローニャで学んだ後、ローマに旅をし、イギリスに渡っている。１５０９年にはマウントジョイ卿の秘書となり、１５１１年まではヘンリー8世のラテン語秘書として仕えている。１５１５年にイギリス国籍を取得した後、教皇レオ10世のイギリスにおける徴税官を務めた。イギリスにおけるエラスムスの最も親しい友人の一人となり、その関係でトマス・モアの家にも出

入りするようになった。また、エラスムスの財政的安定や修道会からの自由のために助力もしている。

〔53〕 **プッチ** Antonio Pucci（1484-1544） レオ10世と同じフィレンツェ人であり、ピサ大学で哲学と神学の学位を得ている。聖書に関する優れた発表により教皇庁に召されている。ラテラノ公会議では改革の必要性を説いている。叔父の Lorezo Pucci の後を受けて司教となった後枢機卿となり、教皇特使としてしばしばスイスに渡っている。その主な目的はトルコ戦争のためにスイスから傭兵を集めることであった。

〔54〕 **ラング** Johann Lang（?-1548） エルフルトで生まれ、教育を同地とヴィッテンベルクで受けた後、ニコマコス倫理学やギリシャ語を教えた。１５１７年には神学教授資格、１５１９年に神学博士の学位を得ている。１５２２年には所属していたアウグスティヌス修道会を退会し、ルターと共に宗教改革を推進したが、過激な農民戦争が起こると、それに対してはミュンツァーに対立する立場をとった。

〔55〕 **ボンバシウス** Paolo Bonbace（1476-1527） エラスムスにとっては、彼がギリシャ語を学ぶためにイタリアへ渡った時助力してくれた古い友人。ボローニャで生まれ、教育を受け人文学に秀でており、エラスムスの『格言集』編纂に際して多くの助言を与えた。１５１８年に教皇庁に移って後は、ヴァチカンの写本からエラスムスの聖書校訂作業に有益な情報を送っている。宗教改革運動が広がると、教皇庁のエラスムス批判者に対してエラスムスを弁護した。

〔56〕 **ストゥニカ** Diego Lopez Zuniga（?-1531） スペインのカトリック学者。１４９０―１５０３年までサラマンカ大学でギリシャ語を学び、ラテン語へブル語およびアラム語やアラビア語にも堪能であった。後アルカラ大学において枢機卿ヒメネスと共に新約聖書の『多言語聖書』*Polyglotta Compulutensis* の編集に携わっているが、出版の許可が得られず、エラスムスの『校訂版新約聖書』に先を越されてしまう。ヒメネスはその出版を急がないように忠告しているが、彼

は1519年と20年にアルカラの出版社からそれを刊行する。1516年エラスムスの『校訂版新約聖書』が出版されると、彼は盛んにエラスムスを批判し始めている。エラスムスに批判書を書き、彼を異端者として厳しく告発している。エラスムスはこれに反論を書いている。教皇ハドリアヌス6世は、彼のエラスムス批判を黙らせようとするが、教皇の死後批判を強めている。エラスムスは友人への多くの手紙において、彼とエドワード・リー、そしてベダを主たる敵対者と呼んでいる。ストゥニカの批判は、エラスムスに限らず、ルフェーブル・デタープルのような学者にも及んでいる。

〔57〕 **マンリケ** Alfonso Manrique（1460-1534） サラマンカで学んだ後アウグスティヌス修道会に加入を願ったが許されず、トレドの司教座聖堂参事会員及びサラマンカの聖堂付属学校の校長として働く。1523年にセビリャの大司教に任命されその年にスペインの宗教裁判所の所長になっている。彼はスペインに蔓延し始めたルターの多くの著作を一掃しようと努力していた。エラスムスはルター派であるとのスペインにおける噂にもかかわらず、マンリケはスペインにおけるエラスムス擁護者を自認しており、1527年当初には修道会の各修道院長に対しエラスムスへの公的な攻撃に対する禁止令を繰り返し出してもいたのである。

〔58〕 **ベルナルド** Bernard of Cles（1485-1539） 1512年からトレントの司教座聖堂参事会員となり、1514年には聖職者でなかったにもかかわらずトレントの司教に選ばれ、皇帝マクシミリアン1世の顧問官として働くと同時に、カール5世の選出にも助力した。1520年、21年に宮廷でエラスムスと出会い、その後関係を深めており、再三エラスムスをイタリアに招待していた。

〔59〕 **シェーンベルク** Nicolaus von Schönberg（1472-1537） ローマへの途上フィレンツェでサヴォナローラの説教に感化され、サン・マルコ修道院に入り、ドミニコ会に入会している。短期間の内に頭角を現しドミニコ会の重要な職について、ルッカ、シエナ、そしてサン・マルコのドミニコ会の修道会会長に選任され、1520年にカプアの大司教に任ぜられている。クレメンスは

1524年3月に彼をカール5世、フランソワ1世、ヘンリー8世の間に和平を作るよう使者として送ったが、秋になっても何の進展も見られず、その任務を果たすことができなかった。

〔60〕**ギベルティ** Gian Matteo Giberti（1495-1543） パレルモで不法に出生。法律の勉強をしたという以外その教育については不明である。文学特に詩を愛す。後の教皇クレメンス7世、ジュリオ・デ・メディチの秘書になると同時に1514年12月教皇レオ10世によって出生を合法と認められ、多くの修道院からの収入や聖職禄を与えられる。1519年にはレオ10世の秘書となり最も信頼される助言者となった。1523年ジュリオが教皇に選出されると聖職禄を扱う教皇庁掌璽院院長、ベロナの司教となる。同時にクレメンスの政治的な助言者として反帝国、親フランスの立場をとり、イタリアと教会の独立を確実にしようとして、帝国主義者のシェーンベルクと激しく対立した。しかし、1537年のローマ略奪によりその計画は終わった。教会改革にも熱心で、パウロ書簡や福音書の研究を進め、初代教会の霊性を聖職者たちに取り戻すよう勧めていた。ローマにおいては、芸術、学問の支援者として多くの人文学者をも集めた。エラスムスも1524年には『自由意志論』を贈り、ルーヴァン大学から批判された際は助けを求めている。

〔61〕**ニコラウス** Nicolaus Mariullanus（?-1529） ルクセンブルク生まれで、ルーヴァンで苦学し、1511年には修士の学位を取り神学の勉強を始めたが、その間ファルコン学寮においてアリストテレスの論理学、物理学を教える。1515年から21年まで、彼の同僚達は彼のために聖職禄の特権を与えるよう彼を推薦したのである。また1522年には大学の空いている聖職禄の特権を守るためにローマに送られている。1517年に創設された三言語学寮に深く関わり、その二代目の学寮長として働いた人物で、エラスムスとは深い友情で結ばれていた。

〔62〕**ピギウス** Albert Pighius（1490-1542） ルーヴァン大学に学び、1509年修士の学位を得た後、ユトレヒトで後の教皇ハドリアヌスのもと神学を学び、1522年ハドリアヌスが教皇に選出されたことによって彼の侍従となる。ハドリアヌス死後、教皇がクレメンスに移ってからもその地

位を保っていた。宗教改革に対しては教皇庁神学顧問として批判文書を多数著している。

〔63〕 **ヘジウス** Theodoricus Hezius (?-1555) ルーヴァン大学に学び、1509年修士の学位を得、ファルコン学寮において哲学を講じたが、ハドリアヌスと関係を持ち、ハドリアヌスが教皇になると秘書官として彼の右腕になった。教皇の死去によりリエージュに移り、司教座聖堂参事会員となった。エラスムスとの関係は、最初は良好であったが、本文中にあるようにルーヴァン大学にエラスムス弁護のために赴いて以来、むしろエラスムスの敵対者となった。それについてギベルティは彼に元々の使命を思い出してそのために働くように手紙を書いている。

〔64〕 **グラピオン** Jean Glapion (?-1522) 北フランスの出身でパリ大学に学び、フランシスコ会原始会則派修道士となり、1520年にカール5世の個人的聴罪司祭となって彼に大きな影響を与えた。

〔65〕 **ファーベル** Johannes Faber (1470?-1531) 生地、生年についての詳細は不明。イタリアにおいてヴェニスのドミニコ会で学び、1507年パドヴァ大学から神学博士の学位を得る。アウクスブルクに行きドミニコ会修道院の院長となる。1513—14年にかけて修道院教会の修復のため贖宥状販売許可を得るためローマに出かけ、帰途ボローニャにおいて贖宥、予定論について公開討論を行なう。皇帝マクシミリアンによって宮廷説教師に任ぜられる。マクシミリアン死後はエラスムスに依頼してカール5世の宮廷で同じ職を得るための推薦状を書いてもらうが、成否は不明。始めは宗教改革運動、ルターの所説に反対の立場を保持し、後に人文学者にも批判的となった。1529年頃には、エラスムスを宮廷のご機嫌とりをする者としてローマに中傷し、エラスムスの反撃を受ける。

〔66〕 **セプルベーダ** Juan Ginés de Sepúlveda (1490-1573) コルドバの近くに生まれる。アルカラ大学に学び、1515年枢機卿ヒメネスの推薦でボローニャのスペイン学寮に入り、そこで聖職者となった。ボローニャにおいて1523年神学の博士学位を得、ハドリアヌスや後のクレメンス、ジュリオ・デ・メディチと親交を得た。カール5世とも関係を保ち、1530年皇帝につい

てスペインに帰り、コルドバの司教座聖堂参事会員になる。1536年にはカールの公的な記録官、チャプレンとなる。スペインに帰ってコルドバの宮廷に仕え、しばしば文書検閲の助けをしていた。彼は特にスペインのアメリカ征服を弁護した論争で有名であり、アリストテレス学者としても著名。エラスムスを攻撃し、エラスムスも学問的反論を書いている。

〔67〕 **ピオ** Alberto Pio（1475-1531） カルピの君主で、その母はピコ・デラ・ミランドラの妹、カテリーナであり、その教育は人文学者によって授けられた。彼はカルピの相続権を売り渡し、1513年にレオ10世が教皇に選出されるとローマにおける皇帝の外交官として働き、教皇ともよい関係を持った。しかし、皇帝マクシミリアンが死んでカール5世が後を継ぐと、その職を続けることはできず、クレメンスに助けを求め、反皇帝の神聖同盟に助力したりするが、後没落していく。エラスムスは、彼が死の3日前にフランシスコ会の衣装を纏い、葬儀も同会の慣習によって執り行われたことを皮肉って、1531年版『対話集』の中にExequiae Seraphicaeという作品を書いている。拙論「エラスムスのExequae Seraphicae（1531）について」『神学研究』第44号関西学院大学神学研究会、1997年3月、参照。

〔68〕 **ザシウス** Udalricus Zasius（1461-1535） コンスタンス生まれの法学者、人文学者。特にフライブルクで活動し、その地の人文学者たちとの交友を深めた。エラスムスとの関係は、彼のお気に入りの弟子であったボニファティウス・アメルバッハを通して形成されている。宗教改革に対しては当初ルターを支持していたが、後に教会法の変更を巡る意見の対立からルターとは決別している。

〔69〕 **フィレルフォ** Francesco Filelfo（1398-1481） イタリアの人文学者。コンスタンティノープルでギリシャ語を学び、ギリシャ作家の作品をイタリアに紹介、あるいはラテン語に翻訳、フィレンツェ、シエナ、ボローニャの各大学で教え後に教皇シクストゥス4世の招きによりローマに行くが、再度フィレンツェに戻った。多くの詩を書き、その中にギリシャ語、ラテン語の書簡と共

に文化史的に重要なものが含まれている。

〔70〕 **モセラヌス** Peter Mosellanus（1493-1524） Peter Schadeという名であるがその出生地のMosselle渓谷からこのように呼ばれている。ドイツの人文学者、ギリシャ語学者であり、メランヒトンと並ぶ者と言われ教育学に関する著作もある。新約聖書釈義に関してライプツィッヒの神学者たちと争い、後ウィッテンベルクに移っている。そこで、教授候補としてルターの推薦を受けたのであるが、結果的にはメランヒトンが招かれることになった。しかし、メランヒトンとの友情は終生変わることはなかったと言われている。後にライプツィッヒ大学の学長を務めることになった。

〔71〕 **ラトムス** Jacobus Latomus（?-1544） エラスムスは彼より3歳若いと述べているが、生年は不詳である。最初はパリで学んでいるがその後、ルーヴァンに移って学び、さらにルーヴァン大学の貧しい学生たちを世話する寮の頭を努めた。１５１９年8月には神学博士の学位を取得しており、神学部で教えるようになった。後には学部長としての働きもしている。１５１７年にエラスムスがルーヴァンに移った当初は他の神学者と共にエラスムスに友情を感じており親しく交わっていたが、１５１９年になると人文学に敵対するようになり、特にギリシャ語やヘブライ語を教えることに反対している。それと共にエラスムスとの友情も消えていた。『校訂版新約聖書』第二版を準備している時には、エラスムスはラトムスはじめ他の神学者にも助言を求めている。エラスムスはルーヴァン大学においてはルターと同様危険な学者として、その著書は検閲にかけられることにもなったのである。ラトムスは生涯の終わりまで、ルターとエラスムスを最大の強敵として激しく批判し続けた。

〔72〕 **ツィーグラー** Jacob Ziegler（1470-1530） ドイツの人文学者、神学者。エックと同様、インゴールシュタットで学び、そこで数学や天文学に深い興味を覚えるが、その後ケルンやウィーンを遍歴した後レオ10世の招きでローマに滞在するようになった。１５２１―25年のローマ滞在中に

ローマ教会の実情に失望し、宗教改革の支持者となってウィーン大学で神学教授となった。

〔73〕 **ボツハイム** Johann von Botzheim（1480-1535） イタリアで、法学の学位を得て故郷のコンスタンツに帰郷し、聖堂参事会員の地位に就いた。1526、27年コンスタンツで宗教改革派が勝利するとその地を離れている。多くの人文学者との書簡のやり取りを通じて彼自身コンスタンツでの人文学サークルの中心人物となっていた。エラスムスとも親しい関係を保ちつつ、ルターの運動にも共感を持っていたが、教会法とカトリック教会の精神からの離反に関しては反対であり、将来にわたってもその誓いを立てていた。また、チューリッヒのツヴィングリには徹底して反対の立場をとった人物である。エラスムスとの関係のクライマックスは彼が1522年秋にコンスタンツを訪れた際に築かれた。

〔74〕 **クレッツ** Matthias Kretz（?-1543） 1480年ごろアウクスブルクの近くで生まれ、ウィーンとチュービンゲンで教育を受けた後、1516年インゴールシュタット大学に入り、1519年にエックの下で神学博士の学位を得ている。後アウクスブルクの司教座教会の説教者となるが、宗教改革派に共感を覚えている。そのためしばしば説教を邪魔されていた。しかし、1530年の帝国議会では本文に述べたようにカトリックの側から出席している。

〔75〕 **コーラー** John Choler（?-1538） 教会法で博士号を取得（1512）し、1524年以後アウクスブルクに在住して活動を続けている。終始カトリックの立場に立っていた。エラスムスとの関係では、フッガー家からの招待を仲介してエラスムスをアウクスブルクに住むように勧めていた。エラスムスは結果的に招待を断っているが、コーラーの書簡の素晴らしさを讃えており、彼の知識人としての資質を認めてその関係が続いたと考えられる。彼はマキャベリアンであり、ルターに対してエラスムスと議論するよう促す文書を送ったりしている。二人が出会ったかどうかに関して確かな証拠を見出すことはできない。

〔76〕 **スタンドンク** Jan Standonck（?-1504） その生年については諸説あるが確定できない。ベル

ギーのメヘレンで生まれ、オランダ、ハウダの共住生活兄弟団学校で教育を受けている。後にパリに移り、モンテーギュ学寮で学び、ソルボンヌの神学部で14年間の課程を修めることとなった。1483年からモンテーギュ学寮で改革を始め、禁欲生活に同意する貧しい学生には食事と部屋を提供する等している。ちょうどその頃（1495-96）にエラスムスはモンテーギュ学寮で生活したことになる。また、ベダもそのころ学生として共に生活したことになる。

〔77〕**アテンシス** Jan Briart（1460-1520） 後には、Jan Atensis の名前で知られている。1478年入学して以来、生涯ルーヴァン大学、特に神学部との関わりをもって過ごした。エラスムスとの交友については、彼がルーヴァンに来た時以来、ルーヴァンでエラスムスに批判的な神学者たちもいたが、彼は終始エラスムスとの交わりを保っていた。エラスムスは、1517年ローマ書パラフレーズを出版する前にその原稿を見せ、彼から素晴らしいとの証言を得ているし、『校訂版新約聖書』第二版（1519）についても、印刷屋に送る前にその賛意を得ている。

〔78〕**エグモンダヌス** Nicolaas Beachem of Egmond（?-1526） カルメル会のエグモンダヌスと通常呼ばれている。1487年ルーヴァン大学に入学して以来、一貫してこの大学で学び、1505年に神学博士の学位を取得し、1506年にカルメル会に入会している。1510年からカルメル会と大学で神学を講じると同時に聖ペテロ教会の説教師としても活躍している。エラスムスの『校訂版新約聖書』が出版されると、それはキリスト教の堕落であり反キリストの到来であると説教するようになる。彼はルターとエラスムスの初期の敵対者となり、説教の度にエラスムスをルターと結び付けて攻撃し始めたという。『校訂版新約聖書』第二版が出た時（1519）にも同様な批判をしている。エラスムスは、新しい学問による聖書研究への不当な批判に反論し、それが彼らの論争となった。両者の論争についての詳細な報告が1520年にトマス・モア宛のエラスムス書簡に収められている。

〔79〕**フィッシャー** John Fisher（1469-1535） ヨークシャー、ヒヴァリの裕福な商人の家に生まれ、

ケンブリッジで教育を受ける。後に総長をも務めるようになる。彼は保守的な神学者で、終始カトリック教会の司教として行動した清廉な人物であり、ヘンリー8世の信望をも得ていた。しかし、後に王の離婚問題が生じると、王に批判的な立場を貫き、最後には処刑され殉教者となる。人文学の普及に努め、そのためにエラスムスを招聘するなど、エラスムスのよき理解者、支持者であると同時に友人でもあった。

〔80〕 **クリヒトヴェーウス** Clichtoveus, Jodocus（1472-1543） フランドル出身の神学者。パリ大学に学び、後に教授として働く。同時に人文学者としても資質を養い、ラテン語原典の編集者としてその能力を発揮する。人文学者としては、ルフェーブル・デタープルの弟子となり、彼について多くの注解書を作成、出版している。彼は修道院改革にも精力的に働き、エラスムスの生活批判に反論もしている。パリ大学が、ルフェーブル・デタープルを批判するようになると、その師であった彼を批判する立場に変わり、ベダの影響を強く受けるようになって保守的神学者となっていった。

〔81〕 **ベルス** Ludwig Berus（1479-1554） バーゼルに生まれ、パリ大学で学び、また教育経験を積んだ後バーゼルに戻る。その後、アメルバッハと親交を結び、バーゼル大学で神学を教え、また学部長として活躍した。エコランパディウスの聖餐論を出版することに関して、反対意見を市議会に提出するようアメルバッハから協力を要請されたが、中立の立場をとった。エラスムスとも親しく交わりを持った。宗教改革には終生反対の立場を守っている。

〔82〕 **カンティウンクラ** Claudius Cantiuncula（?-1549） フランス北東部のメスに生まれ、ルーヴァン大学で法学を学ぶ。後にバーゼルに移り、ルーヴァン大学時代からの友人ドルプの推薦もあり、エラスムスやアメルバッハとも友情を交わすことになる。宗教改革の波が押し寄せることには批判的であり、エコランパディウスの聖餐論について反対の立場をとるようにエラスムスを説得したのも彼である。

書簡年表

（本文および注記において取り上げた書簡のみを記した）

日付	書簡番号	宛先と差出人	
1501年7月30日	Ep. 162	ジョヴァンニ（後のレオ10世）宛	エラスムス書簡
1506年11月17日	Ep. 204	ヘンリー8世宛	エラスムス書簡
1507年1月17日	Ep. 206	エラスムス宛	ヘンリー8世書簡
1509年5月27日	Ep. 215	エラスムス宛	マウントジョイ書簡
1513年7月	Ep. 272	ヘンリー8世宛	エラスムス書簡
1514年7月8日	Ep. 296	ステイン修道院長ロゲルス宛	エラスムス書簡
1515年5月21日	Ep. 335	レオ10世宛	エラスムス書簡
1515年7月10日	Ep. 338	レオ10世宛	エラスムス書簡
1515年7月10日	Ep. 339	ヘンリー8世宛	レオ10世書簡
1515年9月9日	Ep. 657	ヘンリー8世宛	エラスムス書簡
1515年9月9日	Ep. 658	ウルジ宛	エラスムス書簡
1515年11月2日	Ep. 694	ピルクハイマー宛	エラスムス書簡
1516年2月1日	Ep. 384	レオ10世宛	エラスムス書簡

1516年2月18日	Ep. 389	エラスムス宛	アンモニオ書簡
1516年3月7日	Ep. 394	レギウス宛	エラスムス書簡
1516年4月1日	Ep. 396	ウォーラム宛	エラスムス書簡
1516年8月9日	Ep. 446	レオ10世宛	エラスムス書簡
1516年8月20日	Ep. 454	エラスムス宛	メランヒトン書簡
1516年8月27日	Ep. 457	ロイヒリン宛	エラスムス書簡
1517年1月26日	Ep. 517	アンモニオ宛	レオ10世書簡
1517年1月26日	Ep. 518, 519	エラスムス宛	レオ10世書簡
1517年2月5日	Ep. 522	エラスムス宛	ギヨーム・ビュデ書簡
1517年2月6日	Ep. 523	エラスムス宛	ギヨーム・コップ書簡
1517年2月14日	Ep. 529	ポンシェ宛	エラスムス書簡
1517年2月15日	Ep. 531	ギヨーム・ビュデ宛	エラスムス書簡
1517年2月21日	Ep. 533	フランソワ1世宛	エラスムス書簡
1517年2月21日	Ep. 534	ギヨーム・ビュデ宛	エラスムス書簡
1517年2月24日	Ep. 537	ギヨーム・コップ宛	エラスムス書簡
1517年2月26日	Ep. 541	カピト宛	エラスムス書簡
1517年3月27日	Ep. 563	エラスムス宛	エコランパディウス書簡
1517年4月5日	Ep. 568	エラスムス宛	ギヨーム・ビュデ書簡
1517年7月	Ep. 605	エコランパディウス宛	エラスムス書簡

1517年7月17日	Ep. 609	エラスムス宛	ギヨーム・ビュデ書簡
1517年12月21日	Ep. 744	エラスムス宛	ギヨーム・ビュデ書簡
1518年2月2日	Ep. 769	エラスムス宛	エック書簡
1518年3月13日	Ep. 797	エコランパディウス宛	エラスムス書簡
1518年4月12日	Ep. 810	エラスムス宛	ギヨーム・ビュデ書簡
1518年4月17日	Ep. 816	ネーセン宛	エラスムス書簡
1518年4月20日	Ep. 819	エラスムス宛	ギヨーム・ビュデ書簡
1518年4月25日	Ep. 834	ヘンリー8世宛	エラスムス書簡
1518年5月15日	Ep. 844	エック宛	エラスムス書簡
1518年8月26日	Ep. 860	プッチ宛	エラスムス書簡
1518年9月10日	Ep. 864	エラスムス宛	レオ10世書簡
1519年1月5日	Ep. 910	エラスムス宛	メランヒトン書簡
1519年1月6日	Ep. 911	エラスムス宛	モセラヌス書簡
1519年3月28日	Ep. 933	エラスムス宛	ルター書簡
1519年4月14日	Ep. 939	フレデリック選帝侯宛	エラスムス書簡
1519年4月22日	Ep. 947	メランヒトン宛	エラスムス書簡
1519年4月22日	Ep. 948	モセラヌス宛	エラスムス書簡
1519年5月	Ep. 962	リチャード・ペイス宛	エラスムス書簡
1519年5月15日	Ep. 964	ヘンリー8世宛	エラスムス書簡

1519年5月15日	Ep. 965	マウントジョイ卿宛	エラスムス書簡
1519年5月18日	Ep. 967	トマス・ウルジ宛	エラスムス書簡
1519年5月30日	Ep. 980	ルター宛	エラスムス書簡
1519年5月30日	Ep. 983	ラング宛	エラスムス書簡
1519年7月15日	Ep. 998	リー宛	エラスムス書簡
1519年8月13日	Ep. 1007	レオ10世宛	エラスムス書簡
1519年19月7日	Ep. 1020	エラスムス宛	アメルバッハ書簡
1519年~20年冬	Ep. 1037	エラスムス宛	リー書簡
1520年2月1日	Ep. 1061	エラスムス宛	リー書簡
1520年2月5日	Ep. 1064	エコランパディウス宛	エラスムス書簡
1520年4月30日	Ep. 1095	エラスムス宛	ピルクハイマー書簡
1520年5月2日	Ep. 1097	トマス・モア宛	エラスムス書簡
1520年5月3日	Ep. 1098	ヘンリー8世宛	エラスムス書簡
1520年5月15日	Ep. 1102	エコランパディウス宛	エラスムス書簡
1520年6月前?	Ep. 1113	メランヒトン宛	エラスムス書簡
1520年9月9日	Ep. 1141	ヘルデンフーヴァー宛	エラスムス書簡
1520年9月13日	Ep. 1143	レオ10世宛	エラスムス書簡
1520年11月8日	Ep. 1155	ロイヒリン宛	エラスムス書簡
1520年11月11日	Ep. 1158	エコランパディウス宛	エラスムム書簡

1522年2月16日	Ep. 1260	エラスムス宛	ツィーグラー書簡
1522年12月10日		ツヴィングリ宛	エコランパディウス書簡
1522年12月14日	Ep. 1328	エラスムス宛	ビュデ書簡
1523年1月5日	Ep. 1333	フェルディナント大公宛	エラスムス書簡
1523年2月17日	Ep. 1344	エラスムス宛	ピルクハイマー書簡
1523年7月7日	Ep. 1375	エラスムス宛	フランソワ1世書簡
1523年8月23日	Ep. 1381	ヘンリー8世宛	エラスムス書簡
1523年8月31日	Ep. 1384	ツヴィングリ宛	エラスムス書簡
1523年9月4日	Ep. 1385	ヘンリー8世宛	エラスムス書簡
1523年12月1日	Ep. 1400	フランソワ1世宛	エラスムス書簡
1523年12月17日	Ep. 1403	フランソワ1世宛	エラスムス書簡
1524年1月8日	Ep. 1408	ピルクハイマー宛	エラスムス書簡
1524年1月16日	Ep. 1409	ベルナルド宛	エラスムス書簡
1524年1月31日	Ep. 1414	クレメンス7世宛	エラスムス書簡
1524年2月8日	Ep. 1415	カンペッジョ宛	エラスムス書簡
1524年2月13日	Ep. 1418	クレメンス7世宛	エラスムス書簡
1524年2月18日	Ep. 1417	ピルクハイマー宛	エラスムス書簡
1524年2月21日	Ep. 1422	カンペッジョ宛	エラスムス書簡
1524年3月頃	Ep. 1430	ヘンリー8世宛	エラスムス書簡

1524年3月30日	Ep. 1434	Carondelet 宛	エラスムス書簡
1524年3月31日	Ep. 1435	ロビンス宛	エラスムス書簡
1524年4月11日	Ep. 1439	エラスムス宛	ギヨーム・ビュデ書簡
1524年4月30日	Ep. 1438	エラスムス宛	クレメンス7世書簡
1524年5月8日	Ep. 1446	エラスムス宛	ギヨーム・ビュデ書簡
1524年7月21日	Ep. 1466	ピルクハイマー宛	エラスムス書簡
1524年7月21日	Ep. 1467	JohannvonVlatten 宛	エラスムス書簡
1524年9月2日	Ep. 1481	ギベルティ宛	エラスムス書簡
1524年9月6日	Ep. 1493	ヘンリー8世宛	エラスムス書簡
1524年9月6日	Ep. 1496	メランヒトン宛	エラスムス書簡
1524年9月30日	Ep. 1500	エラスムス宛	メランヒトン書簡
1524年10、19日	Ep. 1509	エラスムス宛	ギベルティ書簡
1524年11月26日	Ep. 1519	エラスムス宛	ボッハイム書簡
1524年11月20日	Ep. 1515	フェルディナント大公宛	エラスムス書簡
1524年12月10日	Ep. 1523	メランヒトン宛	エラスムス書簡
1525年1月25日	Ep. 1538	エコランパディウス宛	エラスムス書簡
1525年4月28日	Ep. 1571	ベダ宛	エラスムス書簡
1525年5月21日	Ep. 1579	エラスムス宛	ベダ書簡
1525年6月15日	Ep. 1581	ベダ宛	エラスムス書簡

1525年7月8日	Ep. 1588	エラスムス宛	クレメンス7世書簡
1525年7月12日	Ep. 1589	ルーヴァン大学神学部宛	ピギウス書簡
1525年8月24日	Ep. 1596	ベダ宛	エラスムス書簡
1525年8月25日	Ep. 1599	ベルカン宛	エラスムス書簡
1525年9月12日	Ep. 1609	エラスムス宛	ベダ書簡
1525年9月12日	Ep. 1610	ベダ宛	エラスムス書簡
1525年10月2日	Ep. 1620	ベダ宛	エラスムス書簡
1525年10月4日	Ep. 1624	トマス・ラプセット宛	エラスムス書簡
1525年10月21日	Ep. 1642	エラスムス宛	ベダ書簡
1526年3月13日	Ep. 1679	ベダ宛	エラスムス書簡
1526年3月29日	Ep. 1685	エラスムス宛	ベダ書簡
1526年4月16日	Ep. 1690	ファーベル宛	エラスムス書簡
1526年6月14日	Ep. 1721	パリ高等法院宛	エラスムス書簡
1526年6月16日	Ep. 1722	フランソワ1世宛	エラスムス書簡
1526年7月15日	Ep. 1727	キャサリン宛	エラスムス書簡
1526年12月18日	Ep. 1770	エラスムス宛	トマス・モア書簡
1527年3月30日	Ep. 1804	トマス・モア宛	エラスムス書簡
1527年5月1日	Ep. 1816	エラスムス宛	マウントジョイ卿書簡
1527年7月7日	Ep. 1902	ソルボンヌ宛	フランソワ1世・エラスムス書簡

1517年7月16日	Ep. 1846	マンリケ宛	クレメンス7世書簡
1517年7月2日	Ep. 1850	エラスムス宛	クランベルト書簡
1527年9月18日	Ep. 1878	エラスムス宛	ヘンリー8世書簡
1527年11月12日	Ep. 1902	パリ大学神学部宛	エラスムス書簡
1527年11月14日	Ep. 1905	パリ高等法院宛	エラスムス書簡
1527年11月16日	Ep. 1906	ベダ宛	エラスムス書簡
1528年2月5日	Ep. 1944	メランヒトン宛	エラスムス書簡
1528年3月23日	Ep. 1981	エラスムス宛	メランヒトン書簡
1528年3月23日	Ep. 1982	エラスムス宛	メランヒトン書簡
1528年4月3日	Ep. 1987	クレメンス7世宛	エラスムス書簡
1528年6月1日	Ep. 1998	ヘンリー8世宛	エラスムス書簡
1529年4月10日	Ep. 2147	エコランパディウス宛	エラスムス書簡
1530年1月16日	Ep. 2256	アメルバッハ宛	エラスムス書簡
1530年2月2日	Ep. 2267	エラスムス宛	アメルバッハ書簡
1530年2月	Ep. 2271	アメルバッハ宛	エラスムス書簡
1530年4月13日	Ep. 2310	エラスムス宛	ボツハイム書簡
1530年6月24日	Ep. 2328	カンペッジョ宛	エラスムス書簡
1530年7月7日	Ep. 2343	メランヒトン宛	エラスムス書簡
1530年8月1日	Ep. 2357	エラスムス宛	メランヒトン書簡

1530年8月2日	Ep. 2358	メランヒトン宛	エラスムス書簡
1530年8月12日	Ep. 2363	メランヒトン宛	エラスムス書簡
1530年8月17日	Ep. 2365	メランヒトン宛	エラスムス書簡
1530年8月29日	Ep. 2371	エラスムス宛	ピルクハイマー書簡
1530年9月18日	Ep. 2387	エラスムス宛	エック書簡
1530年10月29日	Ep. 2402	エラスムス宛	クレッツ書簡
1530年11月12日	Ep. 2406	コーラー宛	エラスムス書簡
1530年11月	Ep. 2411	カンペッジョ宛	エラスムス書簡
1530年12月22日	Ep. 2414	クレッツ宛	エラスムス書簡
1531年3月2日	Ep. 2437	エラスムス宛	コーラー書簡
1531年3月7日	Ep. 2443	サドレート宛	エラスムス書簡
1532年10月25日	Ep. 2732	エラスムス宛	メランヒトン書簡
1534年10月6日	Ep. 2970	メランヒトン宛	エラスムス書簡
1534年10月31日	Ep. 2971	司教サドレート宛	エラスムス書簡
1536年5月12日	Ep. 3120	エラスムス宛	メランヒトン書簡
1536年6月6日	Ep. 3127	メランヒトン宛	エラスムス書簡

『対話の有用性について』*De utilitate Coloquiorum*（1526）……………………………59
『偽福音主義者を駁する書』*Epistola contra pseudevangelicos*（1529）……… 241
『格言集』*Adagia*（1505-33）…………………………………………………99, 239, 251

エラスムス著作索引

『キリスト者兵士提要』*Enchiridion Militis Christiani*（1503）………… 64, 65, 135
『頌詩』*Panegyricus*（1504）……………………………………………………99
『痴愚神礼賛』*Moriae Encomium*（1511）…………………………………65, 226
『君主教育論』*Institutio Principis christiani*（1516）…………………………99, 154
『校訂版新約聖書』*Novum Instrumentum*（1516）………… 第二版以下 *Novum Testamentum* 19, 46, 48, 49, 53, 61, 62, 100, 101, 104, 107, 130, 132, 133, 170, 176, 191, 197, 203, 220, 221, 222, 224, 225, 229, 238, 239, 240, 251, 256, 258
『校訂版新約聖書注解序文』*In Annotationes Novi Testamenti Praefatio*（1516）……………………………………………………………………………… 19, 46
『ヒエロニムス全集』*Hieronymus, Opera*（1516）……………… 48, 97, 125, 129
『平和の訴え』*Querela Pacis*（1517）………………………………………67, 226, 251
『天国から締め出されたユリウス』*Iulius Exclusus e Coelis*（1517?）…… 123, 248
『新約聖書パラフレーズ』*Paraphrasis in Noum Testamentum*（1517） 20, 62, 76, 77, 81, 107, 145, 146, 148, 162, 191, 194, 201, 224, 230
『対話集』*Familiaria Colloquia*（1517 初版以後、続刊） 58, 59, 60, 61, 62, 81, 85, 244, 264, 255, 258
『リーの攻撃に対する反論』*Apologia invectivis Lei*（1520）……………… 52, 76
『乙女と殉教者の比較』*Virginis et matryris comparatio*（1523）…………… 115
『フッテンのまき散らしたものを吸い取るスポンジ』*Spongia adversus aspergines Hutteni*（1523）…………………………………………………… 239
『自伝』*Compendium Vitae Erasmi*（1524）……………………………………… 140
『自由意志論』*De libero arbitrio*（1524）… 22, 24, 28, 29, 57, 81, 107, 109, 110, 111, 117, 157, 215, 218, 224, 228, 253
『前ソルボンヌの神学者、現カルトジオ会士スートールの精神錯乱への反論』*Adversus Petri Sutoris, quondam theologi Sorbonici nunc monachi Cartusiani, debaccationem apologia*（1525）…………… 207, 209, 214, 246
『キリスト教結婚論』*Institutio christiani matrimonii*（1526）… 115, 116, 118, 194
『ルターの奴隷意志論への反駁』*Hyperaspistes adversus servum arbitrium Lutheri*（1526）…………………………………………………………30, 117

マルグリート　Marguerite de Navarre (1492-1549) ………………77, 85, 87, 152, 247
マンリケ　Alfonso Manrique (1460-1534) ……………………………… 150, 163, **252**
モア　Thomas More (1477/8-1535)　65, 92, 106, 117, 118, 240, 241, 247, 259, 250, 251, 258
モセラヌス　Peter Mosellanus (1493-1524) ……………………… 178, 179, 222, **256**
ユリウス二世　Julius II (1443-1513, 在位 1503-13)　95, 122, 123, 126, 127, 139, 141, 142, 226
ラトムス　Jacobus Latomus (?-1544) ……………………………………… 180, 192, **256**
ラプセット　Thomas Lupset (1498-1530) ……………………………………… 115, **248**
ラング　Johann Lang (?-1548)……………………………………………………… 137, **251**
リー　Edward Lee (1482-1544) …22, 51, 52, 76, 88, 105, 106, 194, 197, 218, **238**, 252
ルフェーブル・デタープル　Jacques Lefevre d'Etaples (1460-1536)　77, 83, 84, 85, 86, 190, 195, 206, 211, 213, 214, 215, 216, 245, **246**, 252, 259
レギウス　Urbanus Rhegius (1489-1541) ………………………………………… 130
レーナヌス　Beatus Rhenanus (1485-1547) ……………………………… 128, **250**
ロイヒリン　Johanes Reuchlin (1455-1522) ……… 12, 19, 24, 46, 128, **236**, 244, 249
ロビンス　Jan Robbyns (?-1532)…………………………………………… 82, 83, **246**

ビュデ　Guillaume Budé (1467-1540) ………… 72, 73, 74, 75, 77, 81, 82, 83, **244**, 245
ファブリ　Johannes Fabri (1478-1541) …………………………………………… 109
ファーベル　Johannes Faber (1470-1531) ……………………………… 159, 188, **254**
フィチィーノ　Marcilio Ficino (1433-1499) ………………………………… 122, **249**
フィッシャー　John Fisher (1469-1535) ………………………………… 205, **259**
フィリップ (ヘッセン方伯)Phillip of Hesse (1504-1567) ………………………34, **241**
フィリップ大公　Phillip　(?-1506) ……………………………………………… 94, 99
フィレルフォ　Francesco Filelfo (1398-1481) ……………………………… 175, **255**
フェルディナント一世　Ferdinand I (1503-1564) … 15, 17, 35, 78, 108, 109, 159, 202, **237**
プッチ　Antonio Pucci (1484-1544) ……………………………………… 133, **251**
ブーツァー　Martin Bucer (1491-1551) ……………………15, 35, 39, 40, 73, 238, 241
フッテン　Ulrich von Hutten (1488-1523) ………………………………… 23, 77, **238**
プティ　Guillaume Petit (?-1535) ……………………………………………72, **244**
ブリソンネ　Guillaum Briçonnet (1472-1534) ………………… 76, 77, 227, **245**, 246
フレデリック選帝侯　Frederick III of Saxony ………………………20, 182, **238**, 241
フローベン書店　Johann Froben (1460 頃 -1527) … 19, 30, 39, 46, 125, 128, 130, 155, 232, **240**, 246, 250
ペイス　Richard Pace (1483-1536) ……………………………………… 103, **247**
ヘジウス　Theodoricus Hegius (?-1555) ……………………………… 109, 158, **254**
ペラルグス　Ambrosius Pelargus (1493-1561) ……………………………37, **241**
ペリカヌス　Conradus Pellicanus (1478-1556) ……………………………58, **244**
ベルカン　Louis de Berquin (1490-1529)　… 77, 83, 84, 85, 86, 87, 190, 191, 195, 211, 214, 215, 223, **246**
ベルス　Ludwig Berus (1479-1554) ……………………………………… 212, **259**
ヘルデンフーヴァー　Gerard Geldenhouver (1482-1543) …………… 34, 35, 181, **240**
ベルナルド　Bernard of Cles (1485-1539) ……………………………… 153, **252**
ボツハイム　Johann von Botzheim (1480-1535) ……………………… 184, 185, **257**
ポンシェ　Etienne Poncher (1446-1525) ……………………………… 72, 83, **245**
ボンバシウス　Paolo Bonbace (1476-1527) ……………………………… 138, **251**
マウントジョイ卿　Baron Mountjoy, William Blount (1478-1534) … 92, 95, 104, 115, 116, 118, **247**, 250
マクシミリアン　Emperor Maximillian I (1459-1519)　… 69, 73, 226, 239, 252, 254, 255

グラピオン　Jean Glapion (?-1522)………………………………………… 159, **254**
クランベルト　Francis Cranevelt (1485-1564) ……………………………… 118, **248**
クリヒトベーウス　Jodocus Clichtoveus (1472-1543) ………………… 206, 208, **259**
クレッツ　Matthias Kretz (?-1543) ……………………………… 186, 187, 188, **257**
コップ　Guillaume Cop (?-1522)………………………………………… 72, 73, **245**
コーラー　John Choler (?-1538) …………………………………… 187, 188, **257**
コレット　John Colet (1466-1519) ………………………………… 115, **248**, 249
ザシウス　Udalricus Zasius (1461-1535)………………………………… 167, **255**
サドレート、カルパントラ司教　Jacopo Sadoreto (1477-1547)… 37, 129, 137, 139, 140, 142, **242**
シェーンベルク　Nicolaus von Schönberg (1472-1537) ……………… 154, **252**, 253
スタンドンク　Jan Standonck (?-1504) ……………………………………… 189, **257**
ストゥニカ　Diego Lopez Zuniga (?-1531)………………………… 148, 165, 194, **251**
スートール　Petrus Sutor, Pierre Cousturier (1475-1537) 84, 85, 86, 192, 207, 208, 209, 210, 214, **246**
セプルベーダ　Juan Ginés Sepúlveda (1490-1573) ………………………… 163, **254**
チェリガーティ　Francesco Chierigati (?-1539)………………………………… 136
ツィーグラー　Jacob Ziegler (1470-1530) ………………………… 182, 183, **256**
ツヴィングリ　Ulrich Zwingli (1484-1531) ……………………………………… 15, 16, 23, 24, 28, 34, 45, 46, 48, 53, 54, 55, 58, 59, 60, 61, 62, 63, 70, 115, 169, 184, 207, 208, 211, 224, 235, 239, 244, 247, 250, 257
ディルフト　Frans van der Dilft (?-1550) ……………………………… 30, 31, **240**
ニコラウス　Mariullanus Nicolaus (?-1529) ……………………………… 155, **253**
ニコラウス　Nikolaus von Amsdorf (1483-1565) ……………………………39, **242**
ネーセン　Wilhelm Nesen (1493-1524) ……………………………… 102, 247, **250**
ハドリアヌス六世　Hadrianus VI (14591523, 在位 1522-23)　83, 145, 146, 152, 155, 159, 161, 164, 165, 192, 198, 252, 253, 254, 255
パピヨン　Antoine Papillon (?-1525) ……………………………………………84, **247**
ピオ　Alberto Pio (1475-1531)……………………………………………… 165, **255**
ピギウス　Albert Phigius (1490-1542) ……………………………………… 156, **253**
ピコ・デッラ・ミランドラ　Giovanni Pico della Mirandola ………… 122, **249**, 255
ビベス　Juan Luis Vives (1492-1540) ………………………… 116, 164, **248**, 249
ピルクハイマー　Willibald Pirkhaimer (1470-1530) … 50, 63, 101, 110, 136, 148, 152, 153, 154, 183, 185, 222, 225, 243

人名索引

（人名解説で取り上げた人物の解説場所はゴシック体で表示した）

アテンシス　Jan Briart, Jan Atensis (1460-1520) ……………………… 192, 197, **258**
アドリアヌス　Matthaeus Adrianus (?-1521) ………………………………50, **243**
アメルバッハ　Bonifacius Amerbach (1495-1562)… 119, 120, 128, 180, 181, 212, 240, **249**, 255, 259
アレアンドロ　Girolamo Aleandro (1480-1542)………………………………23, **239**
アントニー　Antoon van Bergen (1455-1532) ……………………………… 123, **250**
アンニウス　Johannes Annius (?-1520) ……………………………………49, **243**
アンモニオ　Andreas Ammonio (1478-1517)………….. 125, 129, 139, 140, 141, **250**
ヴィンフェリンク　Jacob Wimpfeling (1450-1528) …………………………46, **243**
ウォーラム　William Warham (1456 - 1532) …………………… 125, 128, 132, **250**
ウルジ　Thomas Wolsey (1474-1530) ……………………… 100, 101, 104, 119, **247**
エグモンダヌス　Nicolaas Beachem Egmod (?-1526) ………………… 197, 198, **258**
カニウス　Cannius, Nicolas Kan (?-1555) ……………………………… 60, 61, **244**
カピト　Wolfgang Fabricius Capito (1478-1541) …………… 19, 46, 50, 73, 211, **237**
カメラーリウス　Joachim Camerarius (1500-1574) …………………………26, **240**
カラッファ　Giovanni Pietro Caraffa (1476-1559)………………………… 128, **250**
カール五世　Karl V (1500-1558)… 16, 17, 68, 69, 70, 73, 78, 79, 88, 99, 102, 108, 119, 144, 151, 152, 153, 154, 225, 226, 227, **237**, 240, 252, 253, 254, 255
カールシュタット　(Karlstadt (1480-1541)13, 28, 29, 54, 169, 178, 207, 208, 211, 224, **236**
カロンデール　Jean de Carondelet (1469-1545)………………………………82, **246**
カンティウンクラ　Claudius Cantiuncula (?-1549) ……………………… 212, **259**
カンペッジョ　Lorenzo Campeggi (1474-1539)… 25, 33, 110, 119, 120, 146, 149, 159, 165, **239**
ギベルティ　Gian Matteo Giberti (1495-1543) …………………… 155, 156, **253**, 254
ギルフォード　Henry Guildford (1489-1532)……………………………… 104, **248**

著者
木ノ脇悦郎（きのわき・えつろう）

1942年、鹿児島県名瀬市（現奄美市）に生まれる。1968年、関西学院大学大学院神学研究科修士課程修了（神学修士）。1980-81年、カナダ・トロント大学、宗教改革ルネサンス研究所客員研究員。1992年、関西学院大学よりエラスムス研究により博士学位受領（神学博士）。2001-02年、アムステルダム・フライ大学、中世末期宗教改革研究所客員研究員。福岡女学院短期大学教授、関西学院大学神学部教授、同神学部長、福岡女学院院長、福岡女学院大学学長を歴任。
著書：『エラスムス研究——新約聖書パラフレーズの形成と展開』（日本基督教団出版局、1992）、『エラスムスの思想的境地』（関西学院大学出版会、2004）他。
訳書：A. ケニー著『ウィクリフ』（教文館、1996）、エラスムス『天国から締め出されたローマ法王の話』（新教出版社、2010）他。

宗教改革の人間群像

エラスムスの往復書簡から

2017年4月1日　第1版第1刷発行

著　者……木ノ脇悦郎

発行者……小林　望
発行所……株式会社新教出版社
〒162-0814 東京都新宿区新小川町 9-1
電話（代表）03（3260）6148

印刷所……モリモト印刷株式会社

ISBN 978-4-400-22727-4　C1016

エラスムス
木ノ脇悦郎訳

天国から締め出された
ローマ法王の話

法王が天国の門番ペテロに阻まれ天国に入れてもらえない顛末を、対話体で描いた諷刺物語。エラスムス研究の第一人者による解説付き。 四六判 2300円

J・ゴンサレス
石田学訳

キリスト教史 上巻
初代教会から宗教改革の夜明けまで

キリスト教史上の重要事件、人物、思想、また教会と国家の格闘などをダイナミックに叙述した、定評ある通史。図版・年表を豊富に収録。 A5判 5700円

J・ゴンサレス
石田・岩橋訳

キリスト教史 下巻
宗教改革から現代まで

キリスト教が近代世界の形成の中でたどった激動の歴史を詳述。変化する社会状況の中で分裂、多元化、そして一致への信仰のドラマ。 A5判 5500円

B・コットレ
出村 彰 訳

カルヴァン 歴史を生きた改革者
一五〇九―一五六四

カルヴァンの人格と思想を、歴史家の透徹したまなざしで描ききった秀逸な評伝。時代の転換期を拓いた精神像が鮮やかに浮かび上がる。 A5判 5900円

H・グッギスベルク
出村 彰 訳

セバスティアン・カステリヨ
宗教寛容のためのたたかい

セルヴェトゥスの火刑に敢然と抗議し、カルヴァンらとの論争の渦中で史上初めて宗教寛容を理論化した人物の生涯と思想。評伝の決定版。 A5判 6600円

表示は本体価格です。